本书受到北京外国语大学基本科研业务费资助

GUOJI HANYU JIAOXUE ANLI ZHENGMING

国际汉语教学案例争鸣

朱勇 主编

International Chinese
Teaching Cases and Discussions

中国教育出版传媒集团
高等教育出版社·北京

主　编　朱　勇

编　者

王　波　张京京　马秀丽　鞠　慧　张晓明　隋桂滨
迟晓雪　曹丽梦　李　榕　蒋　楠　孟嘉君　郎亚鲜
杨　珮　张　舒　王若琳　吴梦冉　朱丽华　黄应洁

前言

本书是《国际汉语教学案例与分析》(简称《案例与分析》)的姊妹篇。《案例与分析》自出版以来受到了很多前辈学者、师生友人的鼓励，也得到了广大国际汉语人的欢迎，短短一年即印行三次，被一些朋友溢美为“国际汉语宝典”。读者朋友也给了我们很多热情洋溢的反馈，比如“慕名而来，大致翻了一下，接地气，本科生看起来也能如临其境”；“过于活跃的一个夜晚，不过刚翻一个案例就睡意全消啊”；“书今天终于到了，感觉案例都很接地气儿，分析也深入浅出，似乎重温了小时候枕边书《365 夜故事》带给我的喜悦感”。师友们点赞的时候，我常常会以“给新手教师一些接地气的材料而已”来回应，但往往得到“那才是真正有用的东西”的褒奖。

读者朋友除了对案例本身和案例分析非常感兴趣，对书中的思考题也给予了很高的评价。比如我的同事吕滇雯副教授曾作如是评论：

思考题的设计更见心思，像其他教科书中那样要求读者用几句话来简答的综合性理论问题，全书一个也没有。每一道思考题都是操作性的，列出了详尽的语言项目或任务要求，这样的问题设计，对编者而言需要花费大量时间与精力，但对于读者，却无疑更有价值和意义，充分实现了案例教学的功能，即有效促进学生所学知识的内化，培养学生创造性地解决问题的能力。作为书籍，很多案例教学资料容易产生欠缺互动的弊病，这些思考题成功地解决了这个问题。

不过，由于思考题未附答案，不少读者朋友迫切希望能够在思考题解答方面得到一些指导。针对这种情况，《案例与分析》的责编鞠慧老师建议我们通过新浪微博“@对外汉语朱勇”的平台，发布思考题并组织同行一起讨论，以集思广益。虽然这是一件费时费力的事情，但为了促进汉语国际教育学科的发展，给广大国际汉语同仁一个实时交流的平台，我们决定通过微博来讨论。从 2013 年 10 月开始，我们即通过新浪微博组织讨论，并定期汇总各方观点后发布。不少朋友积极参与讨论，贡献了很多有价值的观点。参与讨论者既有海内外的教授，也有普通的大学生，这些不拘一格的讨论给国际汉语人以丰富的启示。每个案例思考题的阅读人次均在 1 万以上，有的多达五六万人次，绝对正能量！此外，我们还约请了几位资深国际汉语教师进行了线下的讨论，这对线上的讨论无疑是有益的补充。在这里，衷心感谢来自世界各地、天南海北的各位同仁贡献的各种观点。

微博讨论得到了各方很好的反响，让我们萌生了集结出版的想法。该想法迅速得到了高等教育出版社国际汉语教育分社社长梁宇女士的大力支持，这给了我们编写《国际汉语教学案例争鸣》(简称《案例争鸣》)的信心。《案例争鸣》一改以往提供标准答案的模式，提倡百花齐放、百家争鸣。我们尽力纳入微博上各种不同的观点，设置了“观点碰撞”模块，让读者因地制宜地去选择解决方案。

本书的适用对象

本书既可以作为教材、培训材料使用，也可以作为课外阅读资源，主要适用于汉语国际教育专业的本科生和硕士生、外派教师、汉语教师志愿者、海内外新手教师、广大国际汉语教学研究者，以及有志于攻读汉语国际教育方向硕士的同学等。

本书的内容与体例

本书共分八章，分别是：教学环节、教学与管理、汉字教学、语言要素教学、文化与跨文化交际、语言技能教学、少儿汉语教学和商务汉语教学。在各章中，每节内容包括：

1. 实战问题。实战问题中的思考题精选自《案例与分析》，一共 100 道，多为在微博平台上讨论比较热烈的话题。

2. 观点碰撞。观点碰撞来自 110 多位国际汉语同仁线上线下的讨论。讨论有共鸣、有交锋，观点大多从一线教学经验而来。读者朋友可以因人而异、因地制宜地吸纳和应用。

3. 理论广角。理论广角是对观点碰撞的升华，主要就思考题涉及的某个教学点或理论点予以介绍，论述多结合实例进行，有助于读者加深理解。

4. 延伸阅读。这部分是参考性文献，旨在为读者提供针对性较强的论文、著作等资源。与《案例与分析》主要提供中文文献不同，《案例争鸣》的延伸阅读中多数为英文论文，以满足国际汉语同仁更高的学术追求。这也是本书的一大亮点。

从事汉语教学研究以来，我一直希望自己求真务实，做点接地气、有意义的事情，希望《案例争鸣》“脚踏实地、仰望星空”，将实践与理论有机地结合在一起，实现读者友好性的目标，让国际汉语同仁能够各取所需。

《案例争鸣》是观点碰撞类书籍，这在国际汉语教学领域恐怕还是第一次尝试。这样的尝试离不开微博上广大同行的支持，北京大学刘颂浩教授、中国传媒大学彭宗平教授、首都师范大学林秀琴教授以及美国布兰戴斯大学冯禹教授等，或讨论，或转发，给微博讨论很多鼓励。我的同事、《案例与分析》副主编之一的张京京老师在编写前期做了很多整合性工作；微博讨论还得到了很多汉语教师志愿者的帮助，每次思考题发布后，不少同学志愿报名参与整理发布观点整合；本书“理论广角”部分参考了前人时贤的论著，他们的成果为本书增色不少；此外，本书初稿完成后，北京语言大学司甜老师、中国传媒大学谢慧敏、华东师范大学刘悦、北京外国语大学李红叶和北京大学沈冰等同学对书稿进行了认真的试读。本书的顺利出版还得到了我的同事陈小明、高育花、方杰等老师的支持和帮助，谨此一并致谢！最后要特别向高等教育出版社李玮、鞠慧等老师致谢，感谢她们的专业精神和高超的业务水平！

此外，为方便使用本书或《国际汉语教学案例与分析》的教师开展课堂教学，减轻教师的备课负担，我们精心准备了教学课件。如有需要，可将邮件发送至 zhuyong@bfsu.edu.cn。发邮件时，请将“国际汉语教学案例课件”作为邮件名，在邮件正文注明单位、身份和姓名。大家在使用本书时若发现问题，欢迎跟我们联系。

朱勇

2015 年 6 月

目录

第一章

教学环节

1 你最担心的课堂状况有哪些?

实战问题

你最担心遇到下列哪种情况？你觉得遇到下述情况时该如何应对?

A. 缺少必备的教学用具。
B. 学生的汉语水平远远低于 / 高于事先准备的教学内容。
C. 教室的环境不适合实施准备好的教学方案。
D. 班里来了很多不在名单上的学生。
E. 其他________________________________

观点碰撞

学生水平与教学计划不一致怎么办?

鞠 慧

学生水平低相对容易处理，教师可选择较为简单的词汇、表达，进入教学环节。学生水平高则较为麻烦，但在第一堂课上，教师除了进行课堂教学，还需创设班级氛围、制订课堂规则，可开展一些破冰游戏，或进行相关的课堂讨论。

范红娟

在对教学环境不熟悉的情况下，我一般会准备两套方案，最保守的、对教学环境没有什么要求的方案和正常情况下的方案。但是在教学前还是应该去了解一下教学环境。所以 A、C 都可以避免，D 对我来说也不是问题。但是 B 让我有点儿担心。

车溪

比较担心 B，特别是对于新带的班级，我备课时一般会提前备好两课的内容，如果发现学生水平高于准备的教学内容就把下节课的内容提前上了，如果学生水平低于准备的教学内容就放慢教学节奏和进度，对难点进行反复练习和讲解，等课后再调整整体的教学计划和内容。新班第一节课一般不会安排课本内容，就是自我介绍和破冰，这也是老师和学生互相摸底的关键一课。

佟叶

在泰国很多学校第一节课不讲课，只是老师和学生聊聊天，熟悉一下就可以了。这样可以让师生相互了解，老师也会根据第一节课了解到的学生情况调整备课内容。但是遇到水平参差不齐的学生，我的原则是：给予“坏”学生更多关爱。所以，遇到“差”生，我都主动凑过去。

朱勇

B 确实比较麻烦，所以备学生很重要。但是有时候又没法备学生的水平（比如孔子学院的班级）。因此第一节课的安排很重要，不一定要安排太多课本的内容，可以考虑互相介绍或者做一些热身游戏。

刘弘

B 这种情况往往发生在第一次上课的时候。如果发现学生实际水平大大高于自己的预计，教师可以对现有教学材料进行“深挖”，比如某篇课文，可能自己准备的一些语言点比较简单，这时候可以用一些课外的、较难的内容进行对比，也就是说，利用容易的引出那个比较难的语言点，然后让学生操练，使课程难度与学生水平相适应。如果学生水平不高，但教材比较难，这时教师就要注意控制语速，降低词汇水平，多用短句，多重复，辅以必要的肢体语言，帮助学生理解教材内容。并且可以提示学生，因为是第一次上课，所以有些听不懂是正常的。学生只要能听懂教师的讲解，就不会有太多意见。我的教学体会是：相对而言，学生水平比预计的高会很麻烦，而学生水平比预计低的话，比较容易处理。在无法充分了解学生能力的情况下，我建议教师最好预先准备好几套不同难度的方案，内容不必太具体，但需要设想如果学生水平过高或者过低，自己应当如何在教学中加以调整和处理。我自己在面对高水平学生时的一个常用预案是在教学中做一些学习方法和教材内容的介绍，这样不仅可以让学生对教学有更加理性的认识，同时我也可以借此观察学生的听力和口语到底是在什么样的水平上。

孙 岩

我比较担心的是孔子学院的学生出勤不好。孔子学院的学生出勤不像学校学生那样规律，老师也很难预料。出勤不好不仅会影响当次课的教学，也会对整体教学进度造成影响。我常常会在开学初将自己的邮箱留给学生，如果学生不能来上课，请其尽可能提前告诉老师，老师可以提前做好调整。课后我也会以邮件的形式告知学生教学进度，请其课后自学相应内容。

淡定面对各种教室环境

方 杰

面对这个问题，我在想：会是什么样的环境不能让我实施准备好的教案？环境混乱、周围声音嘈杂、没有桌椅、没有粉笔……无论是什么情况，首先要做到的就是保持冷静，就算心里着急也不能让学生看出来，要淡定并保持微笑。如果不能继续教学，一定不能让学生离开，要把学生都安排在教室里，可以一边联系相关人员，告知情况，请求帮助，一边安排学生做一些与语言练习有关的游戏，如接龙。总之，学生的安全最重要，在美国的课堂，只要学生在上课的时间都待在教室，你的课就没有问题。学生在上课期间去洗手间，他们需要有老师签字的路条方可出教室。

总体经验和对策

庞红波

这些问题基本都遇到过，刚开始的时候一阵冷汗，头脑里迅速想对策，赶紧调整内容和步骤。时间长了就没有那么慌张了，可以冷静点。

宋海燕

在任何信息都不知道的情况下，准备最常规的、不依赖外部设备和环境的教学方案，围绕某一个常用的功能主题，准备好针对不同水平的内容和活动，到教室灵活应对。

朱 勇

经验很重要，需要相当长的时间积累才行。但对新手教师来说，通过阅读《国际汉语教学案例与分析》中一线教师的真实案例，也许能够给自己增加一些别人的经验，实际遇到类似的问题时，可以凭借这些阅读经验和心理预知更快地解决问题。

方杰

以上这些问题，都是对教师应变能力的考验。多媒体和教具都是教学辅助手段，不能过分依赖，有当然好、锦上添花，没有也无妨。问题B、C和D，都是对教师第一次上课前备课情况的考查。所以，在上第一节课之前，因为教师没见过自己的学生，所以要准备多套方案，灵活机智地应对。

理论广角

数字化国际汉语教学的资源建设

数字化时代的教学离不开现代教育技术的支持，数字化资源建设则是基础。数字化国际汉语教学的资源建设是指硬件、软件、人件与潜件等“四件”的建设（徐娟，2010），其中硬件建设主要是设备、设施的建设，如校园网、多媒体教室等；软件建设包括与硬件配套的教学软件、网络课程与数字化教材、资源库的建设等；在软件应用开发过程中，凡是与人有关的任何事物，诸如管理、组织发展、个性、模型、工具、方法、过程、人机交流等都可以归于人件；潜件包括各种理论体系、方法和相关的研究成果。

徐娟（2010）指出，“四件”建设容易陷入三大误区：（1）重视硬件，轻视软件。这是由于软件建设是一个长期的、高投入的过程，不能使人在感觉上立即得到投入上的满足。但资源是开展各项教育活动的源泉和载体，缺少了它，硬件设备只能是一种摆设。（2）对人件缺乏观念更新与政策保障。由于我国教育长期的文理分家，使得一些国际汉语教师欠缺必备的自然科学素质。他们习惯于在理念上将多媒体技术与网络技术归为理科的事，以至于对信息技术的意识淡薄、态度消极、兴趣不浓，对信息技术技能的掌握程度较低。（3）忽视潜件建设。潜件是我们进行数字化国际汉语教学设计和实施教学必不可少的行动指南，它决定了硬件的选择、软件的编制、媒体的优化组合与恰当运用、信息的反馈、协调学生的生理活动和心理活动等。

总而言之，只有加强“四件”建设的策略研究，才能形成“四件”有机组合的综合系统，最终实现数字化国际汉语教学过程、教学资源、教学效果、教学效益的最优化。国际汉语教师一方面要将信息技术应用于教学，切实提高教学效能，另一方面也要加深对信息技术的理解和应用，让自身在实践中反思、交流和提高。

延伸阅读

1. 徐娟，宋继华．对外汉语教师信息素养的内涵、评价体系与培养．国际汉语教学动态与研究，2006（1）.
2. 徐娟．论数字化对外汉语教学的硬件、软件、人件与潜件．现代教育技术，2010（2）.
3. Damiani, V.B. (2011). *Crisis Prevention and Intervention in the Classroom: What Teachers Should Know* (2nd Ed.). Lanham: Rowman and Little Field Publishers.
4. Garrett, N. (2009). Computer-assisted Language Learning Trends and Issues Revisited: Integrating Innovation. *The Modern Language Journal*, 93 (S1).
5. Huang, G. & Xia, J. (2013). Reflections upon the Classroom Crisis of College English and a Proposal on the Solutions. *Foreign Language Learning Theory and Practice*.
6. Jager, S., Nerbonne, J., & van Essen A. (2014). *Language Teaching and Language Technology*. Abingdon: Routledge.
7. Thomas, M. & Reinders, H. (2010). *Task-based Language Learning and Teaching with Technology*. New York: Continuum Publishing Corporation.

2 教学设备遇到故障怎么办?

实战问题

你课前精心准备了PPT，可是第一节课时设备出了故障，不能播放声音。声音在你的演示中非常重要，这时你会怎么做？为什么？

A. 放弃播放 PPT，用别的教学方案。

B. 继续使用 PPT，声音部分由教师自述。

C. 找人协助维修，直到声音能够播放。

D. 其他____

观点碰撞

多媒体设备罢工怎么办?

车 溪

多媒体教学设备不能正常运转是经常遇到的事儿。如果这节课多媒体是关键，我会找设备维护人员维修，但此时一定要让学生有事情做，比如预习或朗读课文。如果多媒体可有可无，我就用传统的教学方法，学生看惯了 PPT，偶尔一节课全部板书，效果可能会更好。

宋海燕

我最担心多媒体设备罢工，明明确认设备时是好的，结果上课时坏了，这样的情况也难以避免。这时我一般会先进行不需要 PPT 的部分，课间找人修。

鞠 慧

课前做好的方案在课堂上因为各种客观原因不能顺利实施是常有的事儿。教师需要养成提前进教室做好准备工作的习惯。当然，有时在海外授课，也会有课间很短或根本没有课间的情况。因此，建议教师每堂课都准备一两个“救生”活动，这样一来，即便是遇到一些突发情况，也能够帮助自己尽快调整心态和教学方案，从容应对。

刘弘

我最担心多媒体设备出问题，因为这个是教师自己很难控制的。我们学院的大楼管理员不负责设备维护，所以一旦出了问题，报修和维修都很麻烦。我建议教师应保存好相关工作人员的手机号码，以便发生问题能及时联系。上海纽约大学会在教室里将所有设备管理工作人员的手机号码都贴在墙上，这样一旦发生问题，可以立即拨打电话联系。这种做法值得国内高校和机构学习。此外，如果有条件，我建议教师把自己的 PPT 或者讲义打印出来，随身携带一份。一旦遇到设备出问题，还能继续上课。

王波

我一般会提前十分钟进教室把设备准备好，如果设备出问题，条件允许的话换教室或找人维修，条件不允许的话会使用提前打印好的讲义，声音可以自己模拟所以不会有太大影响。

继续使用 PPT，教师配音

鞠慧

如果是播放故事性较强的大段视频，我选 A；如果是播放歌曲，或有音效，我选 B，只能自己“表演”了。

范红娟

我觉得 B 最正常啦！

车溪

在没有时间准备两套教学方案的情况下选择 B。每到此时就在心里告诉自己：考验你演技的时候到了！或者让学生帮忙表演或演示（不过这适用于程度比较好、比较配合的学生）。

朱勇

我可能也会选 B。当然，要是声音我根本无法模仿，那就只好换内容了。

方杰

我会第一时间联系技术人员。在等待的时候，让学生先看画面，做配音练习。

孙岩

如果教学内容顺序可以调整，我会先进行其他教学内容，课间请相关人员协助维修，或者将演示内容推迟到下一次课。如果演示内容必须先进行，就选择 B，声音部分由教师自述。

提前调试设备

刘弘

如果在 PPT 里面准备的是带有故事的声音文件，估计连 B 都做不了。我感觉准备第一节课的时候，要考虑设备是否好用的问题。建议教师在正式上课前先到教室把多媒体设备调试一下。

理论广角

计算机辅助教学

随着科学技术的飞速发展，计算机辅助教学，特别是多媒体辅助教学也逐渐得到了普及。用计算机辅助教学有四大长处：方便、多样、灵活、共享。与此同时，也有三费三限制：费时、费力、费钱；技术限制、经费限制、人力限制（郑艳群，2006：240−245）。确实，现代教育技术在为教师提供更多手段和便利的同时，也带来了一些新问题。教师精心设计的多媒体课件，受教室设备故障或其他因素影响，无法实现视效、音效，甚至全然“罢工”，是很多老师最担心出现的“不测风云”之一。

设计和使用多媒体课件辅助教学，需要注意以下五个方面（郑艳群，2009：22−23）：（1）内容的规范性与完整性。例如汉字的笔画、笔顺要符合规范，拼音和文字内容要正确，字体的选用要使学生看得懂，而不应选用一些艺术字体或连笔字。（2）体现辅助性与真实性。教师要起主导作用，课件不一定要把所有的课文、生词、注释、练习都搬到屏幕上，应该为学生最大限度地创造出真实的交际场景，使学生可在模拟场景中用所学语言练习会话。（3）处理重点和难点内容的有效性。多媒体教学的最大优点是生动具体，直截了当。比如，讲解汉语的复合趋向补语时，如果辅以图示及人物动作，学生便一目了然，很快可以理解“走进来”“跑出去”“拿出来”“放进去”等。（4）版面设计的科学性。如课件中的文字不能过密，间距要适中，背景画面应该简洁，而且背景和文字的对比要强烈。（5）人机交互界面的简易性。教师的精力应该放在把握教学内容、进度、关注学生的反应上，要避免操作带给教师紧张、焦虑的心情。其中的第（2）点和第（5）点都提醒我们，现代教育技术只是辅助手段，是锦上添花的事情。善于利用的同时，切忌过于依赖多媒体课件。同时，对传统粉笔的使用技巧不能轻易放弃。

延伸阅读

1. 郑艳群．对外汉语计算机辅助教学的理论研究．北京：商务印书馆，2006.
2. 郑艳群．汉语多媒体教学课件设计．北京：北京语言大学出版社，2009.
3. Blake, R. J. (2013). *Brave New Digital Classroom: Technology and Foreign Language Learning* (2nd Ed.). Washington, D.C.: Georgetown University Press.
4. Chapelle, C.A. (2009). The Relationship Between Second Language Acquisition Theory and Computer-assisted Language Learning. *The Modern Language Journal*, 93 (S1).

3 如何设计备课的环节？

实战问题

根据你自己对教学的理解，将下列备课的必要环节按照重要性进行排列，并说说，除此之外备课时还需要考虑哪些方面。另外，请对比一下个人备课和集体备课各有哪些优缺点，说说你更喜欢 / 适合哪种备课方式。

A. 确定教学重点、难点。
B. 分析教材与教学内容。
C. 了解学生情况。
D. 进行板书设计。
E. 确定教学方法。
F. 确定教学目标。
G. 准备教学设备与教具。

观点碰撞

先“备学生”

张京京

C、B、A、F、E、G、D，对我来说，“备学生”永远比“备教材”更重要。第一次课一定要尽可能地了解学生，除了要尽量探明学生的汉语水平外，所涉及的教学活动还应该能对教师考察学生的学习、认知风格有所帮助。

宋海燕

C、B、F、A、E、G、D。了解学生当前水平和学习需求，分析教材功能主题，根据学生情况确定在当前主题下适合学生的教学目标，有时可能要根据这个目标对教材内容进行改造，提炼重点和难点，找到最适合学生特点和当前主题的教学方法，准备好配合教学方法的设备与教具，进行板书设计，使设备使用和教具出示及板书相得益彰。

车溪

C、F、B、A、E、D、G。备课先“备”学生，根据学生水平和情况确定教学目标，根据目标分析教材中的教学内容，分析其中的教学重点、难点，有针对性地设计教案，想清楚用什么教学方法学生学起来最有效。最后设计板书、准备教学设备与教具。

刘弘

我认为先了解学生水平，然后有针对性地备好第一节课有点太理想化了。我们一般都是上课前才拿到学生名单，根本不可能对他们有太多的了解。老师对学生的了解是在教学互动中逐渐丰富起来的。备课可能不是一个简单的线性流程。我的经验是，如果是备第一节课，可以假设学生水平低一点。

先“备教材”

张晓明

我的答案:B、C、F、A、E、D、G。备课分为三部分：备教材、备学生、备教法。一般来说，教材是学校已经规定好了的，先分析好教材与教学内容，再结合学生的情况确定好教学目标以及重点、难点，选择合适的教学方法，设计好板书，最后准备教学所需要的设备以及教具。

迟晓雪

我认为排序结果应该是 B、C、A、F、E、D、G，因为教学一般都是以教材为基础，首先要分析教材与教学内容，教学以学生为主体，根据学生的具体情况确定重点、难点，然后确定教学目标，再找到最适合的方法与具体操作步骤。

方杰

我选择 B、F、A、C、E、G、D。讲授一门课，首先应该了解教材，确定教学目标，然后确定教学重点和难点，再根据学生的具体情况及教学点来确定教学方法。所谓教无定法，不同课型、不同学生背景所采用的方法也会有所不同。最后再准备教学设备与教具、设计板书。

王 波

B、C、A、F、E、D、G。“备教材”和“备学生”同等重要。有时候因为客观条件所限，特别是头一次上课，对学生的信息往往无法全面掌握，因此对教材做充分准备就显得更加重要。

孙 岩

我的答案是B、C、F、A、E、D、G。“备教材”与“备学生”都是备课最基础的环节，我个人习惯先备教材，教学内容是固定的，对教学内容心中有数之后，分析学生时可以有针对性地调节内容难度及方法。

个人备课与集体备课

张京京

这个可能涉及“备课”的定义。广义的集体备课，除了课前的备新课，还应包括课后集体总结和研讨、阶段性的教师交流等。狭义的，仅从备新课层面来说，就我目前的经验，个人备课和集体备课“六四开”比较合适，平行班老师们要集体备课，同一个班级不同技能课程的老师也应该集体备课。

宋海燕

作为一个“稍有经验”的老师，喜欢个人备课，因为自己最了解学生，能在最短时间内找到最合适的方案，效率高；集体备课讨论解释沟通环节太多，占用时间。对新手教师可能集体备课更好一些，有人适时答疑启发，利于找到最佳方案。除了备课，课后反思交流也很重要。

朱 勇

新手教师往往能够从集体备课中获益良多，即使是在没有专家教师、熟手教师而只有几个新手教师的情况下。

方 杰

平行班的教学一定要有集体备课，一可以商定教学进度，统一教学重点和难点，二可以分享教学经验，取长补短。教师个人可根据本班学生的具体情况和特点，再去彰显个性，采用适合学生的教学方法。

刘弘

我观察到一个有意思的现象，在没有指导教师的情况下，新手老师合作开展集体备课似乎是有些问题的。比如其中某一位新手教师个性很强，坚持自己的做法。其他教师为了不落人后，也跟着使用那些做法（同时可能还保留自己的做法），这样集体备课的结果是教学内容越备越多。但新手教师似乎唯有如此才感到安心。这种现象可能要从社会文化角度去分析和研究。

孙岩

集体备课确实能给新手教师很多帮助，但是集体备课往往也会有费时、效率低的现象。为避免这些消极现象，每个老师要提前思考，备课时最好有一个牵头组织的老师，保证讨论时不跑题、不偏离重点。

理论广角

备　课

备课是教学中的重要环节，是保证课堂教学质量的前提。备课是教师吸收和储存教学能量、熟悉授课内容的过程，教师准备得越充分，教学质量就越好。

杨惠元（2007）指出，备课不仅仅是授课前的准备活动，平时的积累可以说是一种广义的备课，教师平时要善于接受新事物，吸收新的知识，特别是教学方法方面的新知识，还要在学习、生活、工作中做个有心人，时时、处处为教学积累资料。比如自己教学或听课的时候，随时记录学生常提的问题、常犯的错误，还要记录学生作业或考试中的错误，把学生的考卷收集起来。具体的备课过程，包括以下三方面：（1）备教材：钻研教学大纲、词汇等级大纲等，了解教学时间、教学目标，以及教师需了解的甲、乙级词有哪些，等等；通读教材，注意阅读“前言”和“编写说明”，把握教材的编写思路；精读教材，备课时注意照顾前后课文间的联系。（2）备学生：根据学生的实际情况确定教学的重点与难点。以日本和韩国学生为例，“读”的时间可以相对减少，多加强听和说。（3）备方法：这要求教师按照教学环节选取合适的教学方式，搞清楚如何导入、如何讲练课文、怎样操练等。如对欧美学生来说，认读汉字有问题，用认读方法复习，最后落实到说上，效果会更好一些。

根据备课的组织方式，可以分为个人备课与集体备课两种。集体备课对于新手教师十分有益。需要注意的是，集体备课是所有教师的宝贵资源，经验丰富的教师也可以从集体备课中获益。首先，广义的备课包括了备学生，学生复杂多变的学习进程需要老师们的密切交流；其次，“他山之石，可以攻玉”，教学中的进步、灵感和创新往往来自于教师间的探讨和切磋。如果某些集体备课使有经验的教师感觉太耗费时间，那意味着需要改进集体备课的形式和流程，例如利用“碎片时间”扼要交流当天教学情况，利用QQ、微信等分享本单元教学资源或教学心得，等等。

延伸阅读

1. 李雅芬. 集体备课的颈瓶与突破策略. 教育理论与实践，2011（17）.
2. 刘弘. 国际汉语教学职前教师教学设计能力初探，汉语国际教育人才培养现状与对策. 北京：北京语言大学出版社，2013.
3. 刘智伟. 试论汉语作为第二语言教学集体备课方式. 语言文字应用，2006（S2）.
4. 杨惠元. 课堂教学理论与实践（第五章）. 北京：北京语言大学出版社，2007.
5. Haynes, A. (2010). *The Complete Guide to Lesson Planning and Preparation*. New York: Continuum Publishing Corporation.
6. John, P.D. (2006). Lesson Planning and the Student Teacher: Re-thinking the Dominant Model. *Journal of Curriculum Studies*, 38 (4).
7. Mutton, T., Hagger, H.& Burn, K. (2011). Learning to Plan, Planning to Learn: the Developing Expertise of Beginning Teachers. *Teachers and Teaching*, 17 (4).

4 教案详略有讲究

实战问题

以下内容分别来自两位新手教师的教案，你觉得哪份教案对教学的实际指导意义更大，说说你的理由。

1. 词汇读练（20 分钟） （1）让学生自行把 P101 的词汇看一遍，主要是默读，熟悉音、形、义，然后教师领读词汇。 （2）重点语法复习 来、去、在：×× 来这儿 / 去那儿 / 来 Alice 这儿 / 去 Roberto 那儿 / 在 Roberto 那儿（学生现场表演） 在、有：我们在哪儿？我们在教室。/ 教室里有什么？教室里有学生、老师。/ 我有英汉词典（汉语书、手机）。你有吗？我也有英汉词典。	2. 对话读练（20 分钟） （1）4 人一组，分角色朗读对话并展示。 （2）发问题小纸条让学生提问，集体回答。 安娜有《意汉词典》吗？/ 保罗有没有《意汉词典》？/ 小雨在哪儿？/ 小雨也没有《意汉词典》，对吗？/ 马可用《英汉词典》吗？/ 小雨的《英汉词典》在哪儿？/ 马可晚上有事儿吗？哪儿肯定有《意汉词典》？ （3）4 人一组，尝试不看课本再次练习对话。

1. 词汇练习 P101 的词汇朗读练习。 集体读、个人读、小组读、男女生分读。	2. 对话练习 教师带读。 3 人一起朗读对话，然后展示。 回答教师提问。 完成 P123 的“完成对话”题。

观点碰撞

朱 勇

因为是新手教师，我觉得还是第一种教案更妥当一些。一般而言，新手教师的教学经验不足，需要详细的教案来帮助自己把握教学节奏，帮助自己把握教学的重点、难点，帮助自己及时给出合适的例句，以免一时想不起合适的例句而卡壳。经验不足的教师有必要把教学目标、教学难点、时间分配等内容都填充进去，因为她（他）对于教学的把握远远没有达到自动化的程度，很容易顾此失彼。丰富的教案可以成为他的导航仪（步骤清楚），可以成为他的百宝箱

（例句丰富），可以成为他的“定海神针”（教案有料，怎么都不怕）。教学比较有经验、比较熟练之后，教案可以简略一些。

张京京

教案 2 过于简略，教案 1 则有可能导致上课时频繁看教案，或者虽然“脱稿”，但潜意识里仍然过于拘泥于既有流程而缺乏随机应变。

刘 弘

教案 2 算不上是教案，只是一个教学流程。而且最大的问题是没有练习生词，只是读了一下，这是远远不够的。此外，我觉得教师在准备“在”“有”这样的语言点时，要有句型意识。教师要考虑“在”“不在”“在……吗？”这样的句型怎么通过操练一点一点教给学生。有的教案虽然写了很多例子，但是句型意识不够强，这样在上课的时候，一旦情境变化，教师头脑容易混乱。我建议新手教师在备课时要写清楚练习哪个句型，如何从这个句型过渡到那个句型，同时适当地放几个例子作为提示。

孙 岩

新手教师通过备详细教案可以熟悉授课内容，增强自信心。但是过于详细的教案往往不便于在课堂上使用。作为新手教师，我习惯于课前写出详案，同时做一份简单的备忘录供课上参考，或者在详案上明确标出基本流程。有细节，有线索，教案才更实用。

理论广角

教案设计

教案设计十分重要，对教学质量有着极大影响。写好了教案，上课就有了依据，有了底气，就能有条不紊地上课。同时教案也是教师积累教学资料和教学经验的措施。教案的内容一般包括：课型、使用教材、教学对象、课文题目、教学内容、目的要求、教学重点和难点、教学方法、教学时间、教具准备、教学环节、板书设计等。其中，教学环节尤其需要认真考虑。各个环节的重点要清楚，环节之间的衔接要自然。

设计教案一般有两种形式：详细教案和简要教案（杨惠元，2007）。详细教案是教师把在课堂上自己的活动和学生的活动，把全部的指令和讲练的方法，把对教材的处理，把补充的例句和材料等，全都写出来。还要把课堂上提出的问题及答案，要提问的学生名字都写上，甚至估计这个学生答不出或不在时，应该由谁来回答或补充什么问题等都具体地写出来。简要教案是把课堂活动提纲挈领地写出来，把重点、难点、容易忘记的内容和补充的材料写出来，以便在课堂上提示自己。一般来说，年轻的教师，或者使用新的教材，要写详细的教案，老教师或者多次使用的教材可以写简要的教案。年轻教师也可以既准备一份详细教案，也准备一份简要的表格式教案。之所以要准备表格式教案，是因为它能够帮助新教师迅速掌握教学环节与教学时间等粗线条的东西，有助于新教师对课堂节奏的整体把握。

教案设计应该以学生为中心，这一点可以借鉴反向设计（backward design）理论。反向教学法要求的就是以学生为中心，提高课堂教学的效率，因此教师如何做好课堂教学设计环节的工作，适当增加课堂容量，将有效的课堂时间进行有效的利用是至关重要的。Wiggins & McTighe（2011）认为最有效的课程设计应该是反向的，他们对反向设计的定义是："教师从最终的结果——预期的目标或标准出发，然后根据目标或标准对学生学习的要求以及为达到此要求而实施的教学（如手段和方法等）来设计课程。"反向设计强调以终为始，有利于教师始终围绕目标展开设计。反向设计主要是针对课程设计而言，但其中的思想值得教师在进行教案设计时参考。

延伸阅读

1. 崔希亮．对外汉语综合课优秀教案集．北京：北京语言大学出版社，2010.
2. 刘弘．国际汉语新教师入职必修十课（第二课"如何备课"）．北京：商务印书馆，2015.
3. 杨惠元．课堂教学理论与实践（第五章）．北京：北京语言大学出版社，2007.
4. 张和生，马燕华．对外汉语教学示范教案．北京：北京师范大学出版社，2009.
5. Marsland, B. (2009). *Lessons from Nothing: Activities for Language Teaching with Limited Time and Resources*. Cambridge: Cambridge University Press.
6. Tomlinson, C. A., McTighe J. (2006). Integrating Differentiated Instruction and Understanding by Design. Association for Supervision and Curriculum Development.
7. Wiggins, G., McTighe, J. (2011). The Understanding by Design: Guide to Creating High-quality Units. Association for Supervision and Curriculum Development.
8. Woodward, T. (2001). *Planning Lessons and Courses: Designing Sequences of Work for the Language Classroom*. Cambridge: Cambridge University Press.

5 沟通从“心”开始

实战问题

如果你接手了其他老师的班级，很可能会出现师生之间的磨合挫折，你会如何面对？

A. 主动联系和请教原来的老师，了解该班学生的情况，学习教学方法和管理经验。
B. 跟学生多聊天，了解学生的基本情况、学习偏好等。
C. 深入学生内部，跟个别学生交朋友，从学生当中了解班级情况。
D. 注意上课内容、方式的趣味性，让学生感受上课的乐趣。
E. 注意个人形象、行为等，通过个人魅力“征服”学生。
F. 其他________________________________

观点碰撞

张京京

我想起刚开始学习国际汉语专业时，最初的几次课上，北京大学的李晓琪教授，也是当时的院长，就跟我们强调过两点：老师一定要尽快记住全班同学的名字，老师一定不能被学生牵着鼻子走。这么多年来我一直牢牢记着这两句话，尤其是在师生磨合期，这是无往而不利的“神器”。让学生感觉到“老师想了解我们，老师能了解我们，老师非常专业，跟她/他走没错的！”是成功磨合的重要因素。A、B、C、D、E 中，C 操作起来可能不大现实，而且“跟个别学生交朋友”是比较有风险和危险的，容易引起学生对教师公平性的质疑。A 要注意，为了不让学生觉得“突变不适”，在上一任教师的模式和方式没有错误仅有风格差异的情况下，可以使主体授课模式与前任教师大致相同，并加入一些自己的变化，学生必定“新鲜好奇，喜闻乐见”。然后再循序渐进，逐步改变，润物细无声地“重置”学生的“旧版模式”。最后要说 E，个人魅力是很重要的，有句俗话说得好：“讲台一枝花，全靠范儿当家。”

鲍思冶

好的老师会让每个学生都觉得自己是老师的宠儿。就像好的父母会让自己的孩子们觉得自己是父母的最爱一样。其实说心里话，老师私底下也会有个人偏爱的学生。不过，披上了专业外衣以后，就不能让别的学生看出来。

朱 勇

要让学生觉得老师一视同仁、非常公平。即使面对一些特殊群体（比如老年学生），也只能适度关照。有一次我教的班上有两位退休的日本老人，为了赞扬他们的学习精神（从不迟到），期中考试我在他们的卷面上额外加了 10 分，结果其他学生就“造反”了。教训深刻！

蒋 楠

假如在新接手的班级中，学生经常对我这个新教师的教学方法和要求提出质疑，我会在课上坚持自己的方法，给学生树立跟我学的信心。学生，尤其是初中级的学生需要老师的带领。只要教师的方法得当，学生是可以适应并接受的。但课下应该努力与学生多交流，了解他们的具体情况，适当做出调整。

朱 勇

如果学生质疑，可以适当了解前任教师的教法，特别好的地方可以借鉴，但不能因为学生的“习惯”而完全放弃自我。好的教师必然有自己的特点和教学风格。

刘 弘

我觉得新老师不必总是问学生“你觉得我上课怎么样？”也不要让学生把以前的老师跟自己作比较。每个老师都有自己的特点，扬长避短，才是成功之道。

方 杰

接一个新班，尤其还是从前任老师那里接手的，对于每一位老师，无论是新教师还是老教师，都是一种考验和挑战。要想让学生顺利地接受你，课前一定要向前任教师了解每一位学生的情况和特点，把班里的情况搞清楚，做到“知彼知己，百战不殆”。另外，一定要认真准备第一节课，第一印象非常重要，要充分展示自己的魅力。

王波

“接课”对老师来说是一个挑战，因为学生会时刻对前后两任教师进行比较。为了保持课程延续性，向以前的老师了解一下该班学生的情况和教学方法是有必要的，但是更重要的是快速建立师生之间的信任。

孙岩

接手一个新的班级后，我会特别注意给学生留下积极的第一印象。所谓的第一印象既包括老师的个人魅力，也包括老师的专业能力，而且后者往往更重要。如果老师能够通过几个“回合”让学生体会到学习的成就感，就能初步赢得学生的“另眼相看”。这几个“回合”的设计特别重要，必须是老师擅长的、学生跳一跳能够得着的。

理论广角

师生磨合

师生关系是教学成功的关键因素之一。中途接手一个新班级，教师很可能会面临非常大的挑战。由于先入为主等原因，学生可能对新教师异于前任教师的教学方法、风格不太适应，甚至在情感上表示抗拒，更可能对两任教师进行有意无意的比较。如果学生对前任教师很有感情，对新任教师可能会更加苛刻。即使对于优秀的百分教师，这也是一个需要加倍注意和努力应对的棘手问题。一位优秀教师就遇到了类似情况，他的处理方式为：“我就把我在美国所学到的一些教学的技能，当然主要是我的态度、对学生的关心，都用到这个班来。大概一两个星期之后，学生们开始喜欢我。到了学期结束的时候，学生给了我很好的评价。从那个时候起，我就觉得，只要努力，你都能达到自己的目标。”除了足够优秀的教学水平外，在师生磨合的过程中主动调整，坚持足够专业和敬业的态度，善于进行情感上的投入和互动，这些也都是教师应对此种情况时必须展现出的素养。

除中途接手新班级外，教师也很可能需要临时进行短时间或一段时间的代课，同样会面对师生磨合的问题。在代课前，教师最好问自己这样一些问题（田艳，2010：255）：（1）学生都叫什么名字？（2）学生已经学习和掌握了什么？（3）学生还需要学习和掌握什么？（4）班级的情况怎么样？学生们的学习积极性如何？（5）原来的教师在上一节课上做了什么？

（6）原来的教师使用了什么样的教学方法？（7）教材有什么特点？教学进度如何确定？从以上方面尽量充分了解学生情况、教学内容、教学进度、原有教学方法和风格，将有利于教师尽快与临时代课班级“磨合”成功，顺利、及时、高效地进入常规教学状态。

延伸阅读

1. 亓华、仝昕昕．初级汉语教学“百分教师”研究．“国际汉语教学理念与模式创新”国际学术研讨会（第七届对外汉语教学国际研讨会）论文摘要集，2010.
2. 田艳．国际汉语课堂教学研究：课堂组织与设计（第三章、第十一章）．北京：中央民族大学出版社，2010.
3. 肖北方主编．教育学（第六章）．北京：北京出版社，2010.
4. Hargreaves, A. (2000). Mixed Emotions: Teachers' Perceptions of Their Interactions with Students. *Teaching and Teacher Education*, 16 (8).
5. Jules Winchester. (2013).The Potential Impact of the Teacher on Student Identities in the Classroom in an English Language Teaching Context. *TESOL Journal*.
6. O' Connor, K.E. (2008). "You Choose to Care": Teachers, Emotions and Professional Identity. *Teaching and Teacher Education*, 24 (1).

6 学生的名字很重要

实战问题

如果不懂学生的母语，学生的名字通常非常难记，会经常出现教师想不起学生叫什么或叫错学生名字的尴尬。这样的问题该如何解决？

观点碰撞

让学生制作名牌放在桌子上

鞠慧

我觉得让学生制作名牌摆在桌子上会比较有效果，尤其是在教师同时要教几个班的情况下。在一个班的学生都来自同一国家、面孔比较接近的情况下，记忆学生的名字就更是困难。在微信上，北京语言大学的闻亭老师也分享过一个好办法，就是课间拍摄一张学生的“全家福”，再结合照片进行记忆。

蒋楠

我的做法是给学生起中文名字，并让他们制作名牌。“姓”就从他们母语名字中找相近的，音译过来（不选择生僻的中文姓氏），“名”会选择一些有意义的字或词（学生会问他的中文名字的意思），总之一定要地道。我们在美国时，有的学生高中就学过中文，但是老师给起的名字实在有意思，比如“猛虎”“美花”。对于初级学生来说，制作名牌也许是他们第一次写汉字，学生都很认真！

张京京

做名牌是必要的活动，学生们会很认真。如果给他们提供颜色笔、供摆放的照片夹之类的东西，他们会更加认真。写好后，最初的一两周课他们都会摆在桌子上甚至随身带着。如果是已经工作的成年学生，还可以书写、制作简单的名片，顺便练习交换名片，做自我介绍。这个首次书写汉字的过程和写好的名牌应该照下来或者拍摄下来（对肖像权很在意的学生就只拍名牌），师生们都会非常珍惜。这一段记录可以见证他们的进步，毕业典礼时播放出来会非常有纪念意义。总之非常有用！

王 波

第一节课一定要制作名牌。如果能够提前拿到学生名单就提前把中文名字起好，上课时询问学生是否有中文名字，没有的话问他/她是否接受你起的名字。从第二节课开始，使用中英文名牌，持续两周左右，老师就基本能够记住学生的名字了。起名字不可太草率，老师需要仔细琢磨。

孙 岩

要是在中小学汉语课上，让学生制作名牌是个很好的办法，学生特别喜欢动手做。

给学生起中文名字

朱 勇

给学生起一个中文名字也许效果会更好。关于起名字的问题，《国际汉语教学案例与分析》中也有阐述，起一个跟学生姓或名音近而又有中国文化意蕴的名字是上策。还有一点要注意，老师有必要先问一下学生有无中文名字，如果有，一般情况下继续使用。在美国的时候，我曾遇到一个志愿者什么也不问就直接给学生命名，其实一些学生原来的中文名字特别棒，她起的新名字反而惨不忍睹。

张京京

起中文名字很重要，不仅是为了方便老师记忆，更重要的是让学生对中国文化首次正式展现出开放的态度。对此老师一定要坚持，在汉语课堂就使用汉语名字，不能出现有的学生用有的学生拒绝使用的局面。对零起点学生一定要用常用字，好记又实用，相当于附带学习了十几个甚至几十个常用字。

方 杰

这种尴尬我是不会遇到的，因为给外国学生上第一节课的时候，我会给每位学生都起个中文名字，作为见面礼给他们。如果他们已经有中文名字了，那就再好不过了。然后把他们的中文名字写到名牌上，标好拼音，让学生熟悉同学们的新名字。我起名字有两个原则：一是根据他们母语的读音，找音近并且有意义的汉字；二是征求学生的意见，询问他们希望自己的名字呈现怎样的含义。如果能把二者结合起来就更好了。我在美国教学的两年里，用这样的方法，给我的200多名学生起了他们自己喜欢的名字，也是我留给他们最好的礼物。所以，我给新生上课的第一节课是起名字，给学生讲解他们名字的汉字含义，让学生熟悉自己的中文名字并互相认识。

不应有“姓名记忆困难症”

车溪

接手新学生时老师一定要花一些时间和工夫快速记住学生名字，因为这是建立良好关系的最佳时期，如果做得好对今后的教学很有利，因为学生听到老师在短时期内记住自己的名字会很开心，对老师的好感和认同感也会迅速上升。另外，如果不小心叫错了学生的名字，一定要态度诚恳地和学生道歉并说明情况，以得到他们的理解，不要觉得无所谓或想当然地认为学生应该理解。换位思考一下，如果别人叫错了我们的名字还一副无所谓的态度，我们心里也会觉得别扭吧。

张京京

我个人坚持认为老师一定要想办法记住学生的名字，换位思考一下，道理自明。

王波

快速记住学生的名字绝不是小事，如果你在第二次上课时就能对学生的名字脱口而出，那么恭喜你，你已经初步赢得了学生的好感！

孙岩

接手新班后，我常常跟学生玩一个“好记性”的游戏，学生自我介绍一圈，我要重复所有学生的名字，要是学生人数在10人左右就一轮进行，要是学生人数很多，则分组进行，我的“好记性”每次都能赢得学生们的掌声。我则不失时机地向学生“宣扬”学汉语可以增强记忆力。这一活动，既活跃了课堂气氛，拉近了老师跟学生的距离，也能在一定程度上增强学生的汉语学习兴趣。

其他方式

张晓明

我曾经在一本书上看过，可以用学过的词汇给学生命名：每节课使用一个主题来给学生命名，让学生拿纸卡写上自己本节课的名字，如“苹果”“梨”等，这样既让学生觉得新鲜，也帮助他们习得了词汇。

车 溪

一是联想法：把他们的名字和样貌或性格特征联系起来。二是位置法：新加坡中学生基本都有固定座位，我会画一个座位图然后把他们的名字标注在相应的地方。我觉得让学生制作名牌的方法比较麻烦，给他们发便笺纸把名字写下来贴身上就好。

理论广角

教 育 细 节

著名教育学家马卡连柯说：“教育必须从细节开始。”国际汉语教学中，教师可能会更加注重语言要素及文化教学这些宏观方面的知识，而忽视某些细节，比如记住学生的姓名、呈现某种体态等。处理好这些细节，可以为教师增分，从而更受学生喜欢。至于绝大多数学生为什么喜欢被教师记住自己的名字，可以用马斯洛的需求层次理论来解释。他把需求分成生理需求（Physiological needs）、安全需求（Safety needs）、爱和归属感（Love and belonging，亦称为社交需求）、尊重（Esteem）和自我实现（Self-actualization）五类，依次由较低层次到较高层次排列。其中“尊重”指的是要求个人得到社会的承认。如果教师能够说出学生的名字，便能够让学生意识到自身的存在感，这正是尊重的一种表现。体态语是非语言交际的一种形式，涉及身体各部分。不同教师的体态语会有或多或少的差异，王添淼（2010）比较分析了王、宋两位老师在体态语运用方面的差异，发现差异显著。如手势语方面：在说“你们”时，王老师“两只手掌平开，手心垂直向内，手指指向学生”；宋老师则“用食指点”。面部表情方面：王老师“面带微笑，提问时有疑惑表情，表扬时有赞许表情”，宋老师则“较为严肃，有时在学生出现错误时发笑”。目光语方面：王老师“用亲切的目光注视每个人，与学生有目光交流，并时而给予鼓励的眼神，当学生一时回答不上会暂将目光转移”，宋老师则“有时盯住一个方向较长时间；与学生对话时，目光交流较少”。对这些细节的比较分析有助于教师自我完善。

国际汉语教师需要注意的细节还有很多，例如：（1）仪容仪表方面：我可以穿什么？应该怎样穿？可以化妆吗？如何佩戴首饰和配饰？（2）跨文化交际方面：与不同国家的人们交往，要注意哪些禁忌？跟外国学生一起外出用餐谁付钱？老师和学生之间赠送礼物要注意哪些礼俗？

细节决定成败，国际汉语课堂也不例外！

延伸阅读

1. 曹永浩．教育藏于细节．人民教育，2010（Z2）．
2. 李慧军．名师最有效的赏识教育细节．重庆：西南师范大学出版社，2009．
3. 王添淼．对外汉语教学中教师体态语的运用．汉语学习，2010（6）．
4. Corben, H., Thomson, K. (2001). What Makes a Great Teacher? Attributes of Excellence in VET. Department of Education and Training.
5. Goldhaber, D. (2002). The Mystery of Good Teaching. *Education Next*.
6. Peng, W.J. et al. (2014). Emerging Perceptions of Teacher Quality and Teacher Development in China. *International Journal of Educational Development*.
7. Rice, J.K. (2003). *Teacher Quality: Understanding the Effectiveness of Teacher Attributes*. Washington. D.C.: Economic Policy Institute.
8. Stronge, J.H., & Hindman, J.L. (2006). The Teacher Quality Index: A Protocol for Teacher Selection. Association for Supervision and Curriculum Development.

7 如何上好零起点班的第一课？

实战问题

给零起点的学生上第一节汉语课，可以根据哪些思路设计课堂教学？

A. 教学生几句日常用语，满足学生的“新鲜感”和“成就感”。

B. 让学生认识一些重要的中国元素，激发学生了解中国的兴趣。

C. 展示几个有趣、好学的象形字，让学生体会汉字的魅力。

D. 如果班级人数较少，现场教会他们用拼音或汉字书写名字，让学生制作名片，进行交换和问好。

E. 其他______________________

观点碰撞

选择 A、D 观点的最多

张京京

A、C、D 为主，汉字其实就是中国元素，追求过多的“中国元素”往往会有“花里胡哨”之感。如果又是剪纸又是中国结，就不太好与语言教学建立联系，也不容易让学生对教学内容建立正确的认识。

庞红波

A 和 D 用得多，第一节课还会用我的姓导入声调的重要性，并练习一下声调。有的学生会把“páng 老师”说成“pàng 老师”，这样意思就不一样了。

范红娟

A、C、D 都用，对 B 有点儿疑虑，没用过。我已经开了两次全校留学生的“基础汉语”

公选课，第一节课会花半个小时用英语介绍汉语的特点，这也是师生互动的过程，先问他们对汉语、汉字的了解，学生们一般也比较兴奋。

袁紫阳

在墨西哥的大学上汉语选修课时，我主要根据 A 和 C 方法设计零起点的第一节课，感觉学生对汉语语言本身很感兴趣，很好奇汉字是怎么写出来的。学完第一课，学生可以用汉语打招呼，还学习了数字（从 1 到 10），练习了用汉字写数字一到十，学生很有成就感，感觉汉语没有那么难。

鲍思冶

我的教学顺序会根据学生的情况进行调整，但不管怎么变，第一节课的目的都是激发学生对中文的兴趣，并且要让他们在第一节课学会一些可以向同学和朋友炫耀的汉语。老师也应在第一节课上了解学生的汉语水平、学习动机、学习方式等。

车 溪

这几种方法都尝试过，最有效的是 A 和 D，B 和 C 则是因人而异，常发生的情况是，有时我们自认为比较有趣或他们“应该”认为有趣的东西在学生看来却没什么意思，甚至会感觉奇怪。

王 波

选择 A 和 D。成年人的学习目的很明确，语言教学应该着力于语言要素和语言技能方面，其他要素视情况而定，不可喧宾夺主。

孙 岩

思路的选择因教学对象而异。如果是儿童汉语课，常常使用 A 和 B，比如让学生看看中国在哪里，认识中国的国旗、地图等；如果是成人汉语课则常常使用 A、C、D 等。总之，拉近学生跟中国、跟汉语的距离，激发他们的学习兴趣是第一节课的主要目的。

其他观点

蒋 楠

这要看零起点的学生是成人还是孩子了。虽说都是零起点，设计方法却有所不同，但共同点就是成就感。无论是四十分钟还是一个小时的课，下课时一定要让学生学会一两句汉语，至于文化元素的引入要因学生而异了。

朱 勇

是的，教学对象不同，设计方法应该有所差异。我认为关键点是让他们有成就感、新鲜感，激发他们的学习兴趣。教学时可以用实物，比如用毛笔写字、画画，用民乐器演奏，当场剪纸剪出汉字等；还可以用视频，比如播放北京奥运宣传片等。几个选项应该都有使用的机会。

苏磊鑫

我的惯常做法是先教声调，然后教几句下课马上就可以用到的常用语，以便让学生很快获得学习汉语的成就感。

理论广角

零起点教学

零起点教学不容易，但是零起点教学非常重要。零起点教学成功与否，直接影响汉语学习的人数。曾经听说南美一些地区最初学习汉语的人数很多，但是后来急剧下降，就是因为基础阶段汉语教学质量较差，以至于留不住学生。

根据张燕（2009）的研究，非目的语环境中成人学生零起点班第一堂课的特点是：（1）教学环节的“松散性”。（2）教学内容的“语音性”。（3）师生角色的“互补性”。（4）教学方法的“多样性”。而非目的语环境中成人零起点班第一堂课的教学则有以下特点：（1）教学内容——声调为主，课堂常用语为辅。（2）教学环节——文化导入，自我介绍，声调教学，课堂用语练习。（3）教学方法——师生互动，图片展示，中英对比，角色表演。

那么针对零起点学生我们有哪些对策呢？赵顺国（1993）针对零起点教学难点提出了一些对策，主要有：（1）少量借助外语。具体地说，就是教会一些最基本的课堂用语即可。如：“请翻开书，看 ×× 页”“请跟我读”“我们现在学习课文”等。（2）步步铺垫，使每一教学环节都是前面的自然发展，让学生通过教师精心设计的教学环节来领悟和掌握各项教学内容，而不是靠抽象的“讲解”来实现。（3）形象化。包括以下几种方式：图片、实物教学，如一些中国特有的或有中国特色的事物，像“爆竹、胡同、茶馆、打太极拳”等；精心设计板书，以生词为例，可以按搭配关系来设计，还可以按词类、词义来设计；利用体态语，如在零起点教学中，普遍使用的体态语是用手比划“－ ╱ ∨ ╲”四声。

延伸阅读

1. 黄均凤，程乐乐．论零起点班第一堂汉语课教师的语言形式．云南师范大学学报，2004（3）．
2. 张燕．论零起点第一堂汉语课的特点及教学——以美国某科技大学成人零起点班为个案研究．现代语文（语言研究版），2009（3）．
3. 赵顺国．零起点汉语教学的难点透视及对策．中国人民大学学报，1993（4）．
4. Trofimovich, P., Lightbown, P. M., Halter, R. (2013). Are Certain Types of Instruction Better for Certain Learners? *System*, 41 (4).
5. Wette, R. (2010). Professional Knowledge in Action: How Experienced ESOL Teachers Respond to Feedback from Learners Within Syllabus and Contextual Constraints. *System*, 38 (4).
6. Yoshida, R. (2013). Learners' Self-concept and Use of the Target Language in Foreign Language Classrooms. *System*, 41 (4).

8 给学生起一个合适的中文名字

实战问题

下面是一份学生的名单，看看这位老师起的中文名字怎么样？如果你有修改建议，请在表格中填出。

学生姓名	中文名字	你的选择原因或其他建议
Mario Balsamo	马利奥 / 马里奥	
Shangold	尚钴德 / 尚古德	
Chiara di Giovanni	赵婉 / 周婉	
Francesca Cesare	陈冉	
Sara Rosi	罗飒飒 / 罗莎	
Alessandra Mariani	艾琳	
Romano Licata	罗曼	
Mauro Salvidio	毛磊	
Mauro Gemelli	毛吉 / 毛吉鸣	
Viviana Ballerio	魏雅娜	

观点碰撞

选出好名字并评价

朱 勇

我觉得“尚古德”比“尚钴德”好，因为“古”是常用字，而且“尚古德”连起来可以意会为“崇尚古人的贤德”；另外，“毛吉鸣”比“毛吉”好，能把“melli”发出来，三个字的名字也更常见。

朱海丰

我喜欢毛磊这个名字，很中国，很北方（我有一个发小就叫毛磊）。

迟晓雪

我觉得可以把学生本名里的姓考虑进来，顺便让他们对中国的姓氏文化有所感知，比如“艾琳”那个，也可以叫做“马艾琳”，“马里奥”那个可以叫做“巴马睿”。“巴”这个姓氏还是个多民族姓氏，汉族、蒙古族、满族、回族、哈萨克族、塔吉克族等 14 个民族都有巴姓。

名字中的汉字该难还是该易？

朱海丰

其实这些名字都很好，而且有的汉字很难写，正好可以给学生学汉字的动力。

朱 勇

我倒不同意用难写的字当名字，还是简单的好一些，能让她 / 他更早地拥有成就感。

朱海丰

确实，太难的字反而不利于学习。我的意思是对于初学者，尤其是欧美人，例子中的有些汉字已经够他们练习好一阵子了。性别、性格、意义和汉字难易度都应该是在给学生起名字时考虑的因素。莎和飒的例子就很好，考虑到了学生的性格。

教师为学生起中文名的责任和方法

张京京

起名这个事，第一任汉语教师真是责任重大。我现在任教的德国波恩大学中文系，三年级的学生无汉语名字，甚至拒绝起汉语名字的学生占一多半，还有研究生没有汉语名字。也有一些人的名字是什么“蓝眼”“日月”，前两天还有一个本土教师抱怨：一个男生翻字典给自己起名字叫“鸟飞”，我们赶紧建议他改叫“鹏飞”。如果学生提出某名字的发音在其母语中含义不好，就要坚决舍弃。有条件的话，最好能和通晓当地语言的当地教师一起完成起名工作。但有一个问题我仍存有困惑，那就是一些非常常用的外语人名已早有约定俗成的汉语译名，那么是遵从还是另起呢？比如玛丽、理查德和文中的马里奥这种，毕竟很多学生来自“不避讳重名”的文化背景。日本、韩国和越南汉字文化圈的学生往往有汉字本名。对于其他国家的学生，目前我的做法还是坚持：（1）给零起点学生起常用字的名字；（2）尽量起发音与其本名比较接近的，学生有亲切感才爱用；（3）在上述两个前提下多选择一些字和含义的组合，给学生选择。

隋桂滨

起名字吧，如果能把意义和发音结合起来最好不过。当然，谐音等问题也要列入考虑的范围。中国人起名字往往只能在“名”上下工夫，而外国人的选择会更大一些。可以鼓励他们自我选择，老师就负责“审一审”。

王 波

确实遇到过很多看不过去的名字。起名字时首先问问学生一般别人怎么称呼他，需不需要姓。这事还是得费一些脑筋、花一番工夫的。中文名最好音译兼顾，尽量雅一些。想出一个好名字，老师也会有小小的成就感。

孙 岩

我觉得是否给学生起中文名字也要征求学生的意见。刚来意大利时，一个学汉语的意大利朋友赶紧张罗着给我起了一个意大利语名字，名字很好听，但是当别人这么称呼我时我却总觉得怪怪的，感觉这不是自己。相反，即使意大利人用奇怪的音调叫我的中文名字，我也能觉得这是我的名字，这种“名字归属感”很多人都有共鸣。

理论广角

国际汉语教师实践性知识

教师实践性知识是指教师在教学实践中使用或表现出来的对于教学的认识。它融合了教师个人的观念、价值、技能、策略、情感等因素。教师实践性知识包括以下六个方面的内容：教师的观念、教师的自我知识、关于学生的知识、情境知识、策略性知识和批判反思知识。

江新、郝丽霞（2010）对 4 名国际汉语教师的实践性知识进行了个案研究，为我们提供了四点启示：（1）要重视教师实践性知识的研究。我们不能只关心“教师应该知道什么”“教师应该具备哪些能力”，而更要关心“教师实际上知道什么”“教师在教学中实际表现出来什么”。教师培训者要认识到，“实践性知识”既来自教师自己个人经验的积累、领悟（直接经验），同行之间的交流、合作（间接经验），也来自对“理论性知识”的理解（运用和扩展）。（2）教师的教学录像及其刺激性回忆报告的转写文本可作为教师培训课程的资料。使用自然的课堂录像及其回忆报告等材料有很多好处：如熟手教师称自己“刚上课时想法比较死板，我们单位有比较成熟的套路，我就觉得那是唯一的、最好的方法，现在（上课上了）这么长时间以后，不管什么方法都觉得可以拿来一试，教学思想很开放”。（3）应注意培养教师关注学生的意识。在教师教学专长发展理论中，关注学生是教师发展的最高层次，意识到关注学生的重要性并付诸实践有利于促进教师的发展。（4）要重视建立教师的自信心。自信心不足使新手教师在面对学生时紧张、害怕被问倒，并且学生一旦质疑教师就想赶快认错，显然这种状态并不利于教学活动的开展。

新教师实践性知识的缺乏也不奇怪，这是教学时数过少的必然结果。增加实践性知识的途径有很多，除了教学实习以外，还可以通过观看国际汉语教学录像，阅读、思考一线汉语教师的教学案例，比如《国际汉语教学案例与分析》（朱勇主编，2013），然后将老师们的经验、教训思考后充分内化，变成自己的教学实践性知识。

延伸阅读

1. 陈向明. 实践性知识：教师专业发展的知识基础. 北京大学教育评论，2003（1）.
2. 江新，郝丽霞. 对外汉语教师实践性知识的个案研究. 世界汉语教学，2010（3）.
3. 江新，郝丽霞. 新手和熟手对外汉语教师实践性知识的研究. 语言教学与研究，2011（2）.
4. Akbari, R., & Dadvand, B. (2014). Pedagogical Knowledge Base: A Conceptual Framework for Teacher Admission. *System*, 42.
5. Elizabeth Gatbonton. (1999). Investigating Experienced ESL Teachers' Pedagogical Knowledge. *The Modern Language Journal*, Volume 83 (1).
6. Kartal, T., Ozturk, N., & Ekici, G. (2012). Developing Pedagogical Content Knowledge in Preservice Science Teachers Through Microteaching Lesson Study. Procedia-Social and Behavioral Sciences, 46.
7. Sanchez, H.S., & Borg, S. (2014). Insights into L2 Teachers' Pedagogical Context Knowledge: A Cognitive Perspective on Their Grammar Explanations. *System*, 44.

朱勇

我觉得教师偶尔可以问一问。有的同学是很好的“演员”，不问还真不知道，而且有的同学没有勇气问，老师提一下的话，有时候会促使他们发问。

刘弘

我觉得问“懂了吗？”不是关键问题，教师后续怎么办才重要。我自己也常会问“懂了吗？”但是当学生回答“懂了”的时候，我还是会用一些后续的问题来考查学生是否真的懂了。有的新老师听到学生说“懂了”，就开始新的教学内容，这才是不可取的。我觉得教师的课堂话语需要一个过渡，前面在讲解，突然开始提问，显得很奇怪，中间有一个“懂了吗？”教师的表达就很自然。所以我觉得不要把这句话看成是洪水猛兽，关键是后续的行为。

王波

尽量不问。特别是在初级阶段，师生之间可交流的语言信息并不太多，最好减少无效问题。有经验的老师能从学生的表情和反应中得到答案，也会利用问题去验证学生是否真正明白了。

孙岩

我觉得问这个问题也得看学生。比如大多数意大利学生都“诚实”得不得了，懂就说懂，不懂就说不懂，很少有人顾及面子说懂了。有时只剩下个别学生不懂了，但是这些学生也会明确表示没听懂，希望老师继续解释或课后解释。所以，老师对这样的学生发问，都会得到有效的回答。

观察与提问检验

蒋楠

掌握的最终标准就是正确运用。我个人的做法是讲解一个语言点后，提出一连串与该语言点相关的问题。这几个问题是有梯度的，由易到难，由闭合到开放。通过学生的回答，判断是否可以过渡到下一个语言点。

隋桂滨

之所以不让说那些句子，很明显是希望教师能够察言观色，揣摩出学生对知识点的掌握情况，然后适时调整教学节奏。

鞠慧

有经验的教师往往会通过观察了解学生是否将注意力聚焦于学习内容，以及是否领会教师所教授的内容。当然，观察有时也是不可靠的，若想检验学生是否真正“懂了”，要看学生是否能够准确应用。教师的询问可以起到确认、提醒的作用，但的确应该把更多的教学时间用在提问、操练、应用上。比如教到可能补语，教师与其问“明白了吗？”，不如多给学生提几个问题，如“这个西瓜你一个人吃得完吗？”“今天的作业你写得完吗？”。

曹芳

我在一对一的课上一般不问，靠自己观察，学生不明白的话自然会反应变慢、皱着眉头、低头看书不看老师等。班级课的话，每个人的汉语水平和接受能力不同，在学习内容告一段落的时候要问一下：“大家都没问题了吧？可以开始下一个部分吗？”或者通过造句、提问等方式检查。

理论广角

从众心理

从众心理（conformist mentality），是指个人受到外界人群行为的影响，而在自己的知觉、判断、认识上表现出符合公众舆论或多数人的行为方式。

最早对从众心理进行实验研究的，是土耳其的心理学家谢里夫。为了证明在不确定条件下，团体压力会对个体的判断产生影响，谢里夫让被试学生独立地坐在一个全黑的房间里，然后让他们判断一个小光点移动了多远。实际上，每个人都不知道，这个光点是固定不动的。在单独进行了三次判断之后，实验者将被试学生以两人或三人团体的形式集合在一起，每一个人都要说他们认为光点移动了多远。因为每个同学以前都确定了不同的参照系，所以团体成员们起初的判断互有分歧。然而，随着大家继续发表自己的意见，他们的推测开始集中到一个仅属于他们这个特定团体的范围之内。这个团体的成员互相影响，以致创造出了有关这个光点的团体参照系，这个参照系影响他们对这一光点的感知。谢里夫的上述研究，是在一种模糊的情境中进行的，心理学家阿希（Asch）在一种确定情境中进行实验，实验结果同样说明：人们总是倾向于跟随大多数人的想法或态度，以证明自己并不是孤立的，而是容纳于一个群体之中的。

从众心理在课堂学习中同样适用。当多数学生对教师所讲解的内容不甚理解，只要其中有人提出问题，其他同学可能也会应和，表明立场；然而，当班级中只有少数学生对教学内容含糊不清时，即使教师询问“听懂了吗？”由于从众心理的影响，少数没听懂的学生很可能也会跟着多数学生一起回答“懂了”，以便不脱离群体，并被群体所接受。因此，在检验学生理解情况时，除了使用询问这一手段之外，教师还可以使用提问或设计相关练习等有效形式。

延伸阅读

1. 李颖. 青少年从众心理的社会学分析. 教育评论，2004（1）.
2. 马元方. 试论大学生的从众心理及其教育. 四川师范大学学报（社会科学版），1988（4）.
3. 伦纳德・伯克威茨著. 张霁明译. 社会心理学（第四章，从众和范型影响）. 吉林：吉林人民出版社，1988.
4. Wang, J.H., Spencer, K. & Xing, M.J. (2009). Metacognitive Beliefs and Strategies in Learning Chinese as a Foreign Language. *System*, Volume 37, Issue 1, 46–56.
5. Yang, X.H. (2010). Intentional Forgetting, Anxiety, and EFL Listening Comprehension Among Chinese College Students. *Learning and Individual Differences*, Volume 20, Issue 3, 177–187.

10 不用外语照样行

实战问题

试着不借助外语，只使用汉语和板书讲解以下语句。

（1）我们班的同学不都是日本人。我们班的同学都不是日本人。（讲解两句话的差别。）

（2）我们坐地铁去动物园。我们去动物园坐地铁。（讲解两句话的差别。）

（3）我们 10 点下课，休息 20 分钟。（说明两个分句的时间词位置不同。为什么“下课 10 点”不对，“20 分钟休息”也不对？）

（4）今天有一点儿冷。今天比昨天冷一点儿。（讲解“有一点儿”和“一点儿”的差别。）

（5）除了安妮，别的同学都没来。除了安妮，我们学校还有 6 个美国学生。（讲解“除了”的两种语义。）

观点碰撞

方杰

“我们坐地铁去动物园。”这句话要表达的是“怎么去动物园”；“我们去动物园坐地铁。”这句话要表达的是“到哪里去坐地铁”。

蒋楠

简单说一个，“不都是”“都不是”这组词出现在姚道中老师编写的《中文听说读写》level 1-part 1 较靠前的课文中。这组辨析用图片展示，一目了然。稍作讲解，学生就能明白。总之，辨析时怎么简单明晰怎么来。

朱 勇

是的，图片法最容易！或者班上国别相对单一的时候，老师比划两下学生也很容易明白。

张京京

4 个基本都可以用简单图示来解决。(1)“都不”和“不都”画小人辅以勾叉；(2)(3)都可以用时间线解决；(4)两个圆形，第一句的“除了”是大圆圈小圆圈分离，第二句的“除了”是一个大圆圈内包含标有安妮名字的小圆圈。这几个是近零起点班级常见的教学案例，简单图示法很适合多语种班级，一些近零起点、觉得自己“汉语、英语都听不懂”的学生往往由此建立了对课堂听讲的信任和信心。

刘 弘

我也会用图示，同时结合语言讲解。第一个“不都是”还可以结合班上的情况来举例子。建议看崔永华、杨寄洲《国际汉语课堂教学技巧》，其中有不少例子，可以得到启发。

我自己刚入行的时候，看过《基础汉语课本》(北语社出版的、黄色封皮)的教师手册，其中各课的教学提示给我很大启发。那时候我才知道如何导入语法、如何讲解语法。我觉得现在的新教师也应该找一本教材的教师手册，好好学习一下其中的导入和讲解方法，比如《国际汉语教师语法教学手册》(高教社)还设想了教师与学生的对话过程，对于新教师很有帮助。

孙 岩

是的，这些问题通过图示都可以解决。但是个人认为，在海外汉语班中，学生母语一致，有些问题用学生母语一句话便能说清楚，学生马上就能明确的，比如第一个“都不是”和“不都是”，意大利语中正好有两个对应的词，这时候再花时间画图就显得多余了。

理论广角

教师话语特点

在外语课堂教学中，教师为了方便师生互动交流和学生的二语学习，将其语言在形式和功能上进行了适当的调整，这些被教师调整过的语言就称为“教师话语”。教师话语是可懂输入的重要形式之一，调整自身的话语让学生听得懂是汉语教师的基本功之一。

Chaudron(1985：85)总结了第二语言课堂教师话语的调整形式，主要表现在以下几个方面：（1）教师话语的语速似乎稍慢一些。（2）说话者思索或构思的停顿更频繁，停顿时间更长。（3）发音更清晰、明了。（4）选择的词汇更简单。（5）从属程度低（即从属句的使用较少）。（6）直陈句或陈述句多于疑问句。（7）教师的自我重复更频繁。

相比而言，国际汉语教师话语也有其特点（吴丽君等，2014：15–19），表现在以下几个方面：（1）示范性：教师的话语必须标准、规范，具有示范性。（2）受限性：词汇极其有限；句子相当精简；话题十分有限。（3）自觉性：汉语教师要根据教学对象、教学内容等自觉地调整教学话语，通过一定的话语策略，有意识地精心组织教师话语。（4）丰富性：表现在语码丰富、表达形式多样。此外，课堂话语还辅有大量体态语，并借助图片、实物、演示等方法。（5）发展性：汉语教师话语要随着学生水平的提高，不断增加语言的难度，逐渐接近地道的汉语。

延伸阅读

1. 刘弘．对外汉语教师课堂积极反馈语研究．语言教学与研究，2013（3）.
2. 刘弘，靳知吟，王添淼．对外汉语课堂操练中教师等待时间研究．世界汉语教学，2014（2）.
3. 彭利贞．试论对外汉语教学语言．北京大学学报（哲学社会科学版），1999（6）.
4. 吴丽君，王祖嫘等．对外汉语教师课堂话语研究．北京：世界图书出版公司北京公司，2014.
5. Gass. S. & Alison M. (2006). Input, Interaction and Output. *AILA Review*.
6. Gharbavi, A. & Iravani, H. (2014). Is Teacher Talk Pernicious to Students? A Discourse Analysis of Teacher Talk. Procedia–Social and Behavioral Sciences, 98 (6).
7. Kosko, K. W. & Herbst, P. (2012). A Deeper Look at How Teachers Say What They Say: A Quantitative Modality Analysis of Teacher-to-teacher Talk. *Teaching and Teacher Education*, 28 (4).
8. Morton, T. (2012). Classroom Talk, Conceptual Change and Teacher Reflection in Bilingual Science Teaching. *Teaching and Teacher Education*, 28 (1).

11 如何对待教材中的注释和举例？

实战问题

你见过或者使用过哪些汉语教材？教材中的注释和举例部分如何？你通常怎么处理这些注释和举例？请以《新实用汉语课本》或《博雅汉语》等汉语课本中的某一课为例进行分析。

观点碰撞

何一薇

教材中的语法例句起着诠释语言点意义、示范语言点用法的作用，同时也承担着将抽象的语言规则、语法意义具体化的功能。留学生学习语法离不开例句的帮助，教师教授语法离不开例句的支持。我们认为例句设计最重要的是设置充分、有效的语境。日常生活、学习等话题是学生最为熟知的话题，语境的设置以日常生活为内容更容易为学生理解并激发其学习兴趣。例句的设置应遵循由简单到复杂、由具体到抽象的原则。例句的首要功能是示范目标语言点的意义和用法，要实现这一功能就要控制词语的难度。《博雅汉语》中“反而”只有两个例句，第二个例句是“父母费尽心机起的名字反而成了个大麻烦”。虽然“费尽心机”是已学词语，但不少学生认为这是该例句不易理解的原因之一。这就需要老师结合实际自编例句群。

张晓明

《中文天天读》使用的注释是边注，并分国别分语言注释，这非常有助于学生理解；且文章后语言点的解释所选用的例子都与学生的日常生活息息相关，十分好理解。另外，我觉得在课文旁边留白好处多多：可以在这块地方补充注释，也可以让学生记笔记，加深理解！

朱 勇

注释随文处理好，有课文语境的帮助学生理解较容易，这些注释也会帮助理解课文。

刘 弘

教材中的例句往往会出现过难的情况，而且一般数量也不多，建议教师参考教材中的例句，适当自编一些例句，供上课使用。我的同事常将学生名字和特点编在例句中，效果不错。从研究角度来说，教材中的注释似乎很少有人关注。比如是全外语注释还是中外文对照注释，这两种注释方法对学生学习是否有不同影响，好像都可以做研究。

张京京

就我目前使用《新实用汉语课本》的情况来说，第 1 册多语种版本非常有用，我买过俄语的版本送给中亚学生，他们看了俄语的注释部分后确实见到了效果。第 3 册，就例句来说，目前的本科生往往感觉例句偏难，我上课一般需要自编例句。但对教材例句不可要求太高，这些例句往往是给老师参考而不是给学生，教师需进行本土化和“个性化”调整。

隋桂滨

我看过由外研社出版的《汉语世界》，其注解采用的是边注方式，并配合英文释义。除了课文本身，语法点的举例多见于课后练习中，突出其情境性。

王 波

《博雅汉语》综合课教材因为注释和例句比较多，一般放在书后。教师可以灵活使用注释和例句，视情况将其编入练习中，以各种形式呈现给学生。

沈 冰

之前暑期在 CIB 用的教材是哥大自编的《留学中国》，用的时候觉得学生参考英文注释去学汉语，往往更容易犯迷糊。如“接受”“受到”“收到”书中的英语翻译差不多，加之三者读音还相似，学生习得更有难度。在《新实用汉语课本》上也遇到过同样的问题，“节水”“省水”的“节”和“省”都翻译成“save”，学生会以为二者语义上无区别而不加区分。

理论广角

国际汉语教学中的语料编选原则

在国际汉语教学中，教师有必要为学生编选合适的语言学习材料。编写时需遵循一定的原则。刘颂浩（2011）提出了一个语料编选的原则体系，在这一体系中，原则首先分为个别原则和普遍原则，普遍原则又分为核心原则和辅助原则。适度性和多样性是语料编选的核心原则，知识性、趣味性和真实性等，则是辅助原则。

核心原则：（1）适度性原则。语料难度必须符合学习者的水平。适度性既和语言形式有关，也和语言内容相连。语言形式，即词汇、语法等项目。内容方面也有难度问题。（2）多样性原则。语料应该多姿多彩、广泛丰富。在实际操作的时候，不同的编者理念不同，往往选择的语料也不同，并通过这些语料向学习者传递特定的信息。某一具体文本有问题，并不意味着需要全面禁止同一题材的其他文本。

在熟知各项原则之后，还需分清原则之间的关系。刘颂浩（2011）将其概括为：核心原则独立发挥作用，不受辅助原则的影响。辅助原则在核心原则的笼罩下发挥作用。一方面，具有知识性、趣味性和真实性的文本，只有符合适度性的要求，才能为学习者理解和欣赏；另一方面，不具有知识性、趣味性或者真实性的文本，有时也是需要的，它们与具有这三性的文本彼此配合，使语料呈现出多样化的特点。

延伸阅读

1. 刘颂浩．对外汉语教学中的语料编选原则．语言教学与研究，2011（5）.
2. 施春宏．面向第二语言教学的语言学教材编写中的若干问题．语言教学与研究，2010（2）.
3. 肖路．从学习者的视角谈高级精读教材编写．语言教学与研究，2005（1）.
4. Cervetti, G. N., Kulikowich, J. M., & Bravo, M. A. (2015). The Effects of Educative Curriculum Materials on Teachers' Use of Instructional Strategies for English Language Learners in Science and on Student Learning. *Contemporary Educational Psychology*.
5. Long, M., & Doughty, C. (2009). *The Handbook of Language Teaching*. Wiley-Blackwell. (Part V)
6. Solak, H.G., & Cakir, A. (2012). Cognate-based Language Teaching and Material Development. Procedia-Social and Behavioral Sciences.

12 如何进行有效的复述练习?

实战问题

复述练习可以帮助训练学生的成段表达能力,想一想:以下几种不同的复述练习方式分别适合在什么情况下使用?

A. 给出关键词,让学生完成复述。

B. 段落“挖空儿”(在黑板上擦去或在 PPT 上隐去段落中的若干词语),让学生完成复述。

C. 给出提示问题,让学生在回答问题的同时完成复述。

D. 给出首句和尾句,让学生复述整段内容。

E. 让学生将对话体转成叙述体,或将第一人称转成第三人称。

F. 让学生进行自由复述。

观点碰撞

针对初级水平学习者的复述练习

庞红波

初级的时候我用过 B、C,空出几个词,或者问问题,中高级的时候给出几个关键词,或者对话变叙述。

朱 勇

我在日本的时候教初级水平的学生,复述一般采用 B(挖空儿)方式,而且空会越来越多,直到最后只剩一些提示词。题目里的选项,也可以根据情况变换使用,比如当堂操练的话用 A、B、F,第二次复习课用 C、D,不拘一格。难度不同的问题还可以因材施教,选择不同水平的学生来完成。

苏磊鑫

我回忆了一下，我教的是初级班学生，复述练习时的大致步骤包括：首先，用 PPT 展示课文内容，带领学生熟读记忆；其次，段落“挖空儿”，把本课中的新词去掉，让学生补充；第三，把新学的句型删掉，让学生回忆复述；第四，只给出关键词，让学生根据关键词复述课文内容；最后，离开 PPT，提问学生，再串一遍课文。我用得较少的方法是 D 和 E、F，以后可以增加这三项复述练习。自由复述和把对话体转成叙述体这两项对学生水平要求较高，而且学生比较容易采用“回避”策略，绕过新词或者难的句型。个人还是喜欢给出指定词语和句型让学生做复述练习。还可以让学生进行“复述接力”，一人讲一句复述课文。

刘 弘

我最常用的是 B 和 E。其实复述除了作为复习课文和生词之用，还可以有其他用途。我在教口语课时，有时在讲练完生词之后，会先利用这些生词将课文内容整理成一段文本（一般按照事情发生的时间顺序来编排）。然后我把这段文本念给学生听（让学生阅读也行），听完之后让学生回答相关的问题。接着用 C 或者 B 的形式让学生做复述练习，其目的是帮助学生掌握基本情节。在全班同学基本上熟悉情节之后，要求学生根据这个情节自己编对话来表演。等他们表演完之后，再让学生打开课本，阅读课文中的范例对话，体会范例与自己对话的差别。然后再用 E（变换人称复述）来总结课文。这样避免了总是先学习课文再复述课文最后自由对话的传统教学模式，给学生一点新鲜感。

王 波

复述是一种有效的练习方式。A 和 E 各层级都比较适用；B 对低年级比较适用，D、E、F 难度稍大一些。总体来说，教师可以以一两种方法为主，尝试使用各种方法。

孙 岩

B、E 两种练习方式我使用得比较多，因为可以很好地控制练习难度、重点等。段落挖空儿时，句与句之间的衔接得到提示，就可以集中注意力在每个句子的准确表达上，这样的练习很适合刚刚完成课文学习时；对话体转叙述体的难度控制体现在分段叙述上，也就是根据对话的意思转述成几个段落，段落短了，难度也就小了。

复述练习的原则

张京京

就我目前的教学经验，“迫使”学生接受这种练习方式和养成这样的练习习惯很重要。复述方式上除了考虑学生水平，还要考虑该材料难度。简单来说，这些形式按对学生的辅助作用由强到弱，学生的自由度由低到高，大致是：B、C、A、D、E、F。具体使用方法上，要注意变化小组合作、学生依次接龙等方式，忌只一个人说一大段。

凌波微步

复述练习对于学生把握文章的整体非常有帮助，一方面有助于他们的记忆，另一方面也训练了他们的表达。我之前教留学生的时候，如果课文是短文式，往往会采取 A、B（更加适用于初级班的学生，此时学生的词汇量有限）、C 三种方式，如果课文是对话式，往往会采取 E、F 式。

刘 弘

我用关键词提示来做复述练习时，一开始给出的关键词比较多（一句话可能有两三个），后来逐渐减少（一句话只有一个）。

理论广角

复 述 练 习

复述就是学生在理解、熟悉语言材料的基础上，打破原来的知识体系，用学过的语言材料，按照一定的要求，通过口头或笔头把内容重新表达出来。复述练习可以显著增加输出量，很好地巩固和加强对所学语言材料的理解、记忆和运用，锻炼口语成段表达能力，强化对时态、语体转换的熟练程度。

复述可分为两类：对学习材料的维持性的语言复述和在选择基础上的保留复述。对较简单的材料可以采用维持性语言复述，按一定顺序进行重复；而对较复杂的材料则需要有选择地抓住重点进行复述，以加强信息的保持。

张晓慧（1997）归纳了对话及其复述文的转换特点：（1）指代和时间词的转换。例如，摄影师说：“你们坐着照吧。”如果以照相者的身份复述，则变成“摄影师让我们坐着照。”其中的“你们”变成了“我们”。对话中所使用的“今天”“昨天”等时间词，在复述时常常要变为“那天”或“当天”等。（2）用于打招呼的称呼的转换。如小张说：“小王，我有点事找你。”复述出来就变成了“小张对小王说有事要找他。”（3）疑问句的变化。对话中人们可以根据表达的需要选用各种疑问句。在复述时，要把疑问句变成陈述句，句尾不再用疑问助词和问号。特殊疑问句一般不改变原结构，简单疑问句则需要变成正反疑问句。例如，对话中的“爷爷，还要加洗吗？”复述时变为“王强问爷爷还要不要加洗。”（4）祈使句的变化。应该用兼语句来复述祈使句。例如对话中的“别吵，别吵，听师傅的。”应该复述为“爷爷让他们不要吵，听听摄影师的意见。”（5）感叹句的变化。在复述感叹句时，要把其变为陈述句，使用“说”或“觉得”等表示观点、感受的动词。“真”“多么”有时也要转换成“非常”“特别”等程度副词。“太”则可以保留，“啊”“了”“呢”则要去掉。例如，安娜说：“这里的风景真漂亮啊！”复述时变为“安娜觉得那里的风景非常漂亮。”因此，老师们可以尝试着根据上面的内容开展课堂复述练习。

延伸阅读

1. 刘瑜．复述写作中交际策略使用的实验研究．云南师范大学学报（对外汉语教学与研究版），2008（1）.
2. 许月良，张思明．自主学习在课堂中的 20 个细节．天津：天津教育出版社，2008.
3. 张晓慧．对外汉语教学的复述训练．世界汉语教学，1997（4）.
4. Abadikhah, S. (2012). The Effect of Mechanical and Meaningful Production of Output on Learning English Relative Clauses. *System*, 40 (1).
5. Kamiya, N. (2015). The Effectiveness of Intensive and Extensive Recasts on L2 Acquisition for Implicit and Explicit Knowledge. *Linguistics and Education*.
6. Miller, P.C., & Pan, W. (2012). Recasts in the L2 Classroom: A Meta-analytic Review. International Journal of Educational Research.
7. Majlesi, A. R. (2015). Matching Gestures–Teachers' Repetitions of Students' Gestures in Second Language Learning Classrooms. *Journal of Pragmatics*.
8. Yu, Jie. (2014). The Secret between Storytelling and Retelling: Tea, School, & Narrative. *International Journal of Qualitative Studies in Education*, Vol.27, No.5.

13 怎样设计生词练习中的提问？

实战问题

一位教师针对下列生词设计了生词学习后的提问。你会选择哪些问题？修改哪些问题？增加哪些问题？为什么？

考试、口试、笔试、考试内容、听力部分、翻译部分、考题、语言、文化、补考、及格、分、难、容易、成绩、答案、准备考试、怕考试、担心考试、书呆子、起床、睡觉、早、晚、流利、嫉妒

A. 汉语考试你喜欢笔试还是口试？
B. 你觉得我们汉语考试的笔试部分难不难？
C. 要是明天考试，听力部分和翻译部分，你更担心哪个？
D. 你们的汉语考试，考题很多吗？内容难不难？
E. 你为什么学习汉语？你对语言感兴趣还是对中国文化感兴趣？
F. 要是明天汉语考试，你觉得你能不能及格？能得多少分？
G. 上大学时你常常补考吗？
H. 上次汉语考试，你的成绩怎么样？
I. 为什么 Alice 没有上汉语课？她很忙吗？
J. 我们班谁怕考试？
K. 你是书呆子吗？
L. 你打算明天几点起床？几点睡觉？
M. 周末时你起床早吗？
N. 周末时你睡觉特别晚吗？
O. 你觉得 Alex 汉语说得流利吗？你是不是非常嫉妒？

观点碰撞

词汇、语法练习结合，提问方式多样化

刘颂浩

首先，这里所列的生词中，有些是词组；更重要的是，这些词组又包含相同的成分，这样会束缚教师的手脚。比如把“准备考试、怕考试、担心考试”作为练习单位，和把“准备、怕、担心、考试”作为练习单位，结果是很不相同的。

词汇练习不能孤立地从词汇入手，要结合所学课文的语法来进行。如果是在语法学习之前练习词汇，那也要考虑是否能重现、复习以前学过的语言点。能够自然结合语言点的题目，当然更好。（很明显，这个题目中，我们只能孤立地看这一课的词汇，但是这里说的“结合语法练词汇”是需要具备的重要意识。）

关于上述题目的另一个感觉是比较单调，15 个问题，形式其实可以稍微有些改变，增加一点多样性。在无法考虑语言点的情况下，试着设计了几个题目（黑体字是目标词），供大家批评。这些题目要打印发给学生看着回答，不是口头提问。

（1）**考试**时，中国一般 60 分**及格**，你的国家也是这样吗？

（2）我的口语比较**流利**，所以不怕**口试**，但是比较担心**笔试**，特别是**翻译**，你呢？

（3）哪种人你最不喜欢？

A. 总是**担心考试**不**及格**的同屋。

B. 考题很**难**又不讲答案的老师。

C. **睡觉**晚但是**起床**早的**书呆子**。

提问的设计缺陷

鲍思冶

A. 都不喜欢，问题意义不大；B. 难者不会，会者不难；C. 都担心，或者都不担心；D 同 B；E. 有意义，学汉语的目的很不同，值得老师了解；F. 这样的预测没有意义；G. 揭老底的问题，学生不会如实回答；H. 成绩多少算好？I. 为什么不直接问她？J. 谁不怕考试呢？K. 书呆子都不知道自己是书呆子；L. 有意义；M. 好像很少人周末起床早；N. 好像都会晚；O. 客观评价别人不太容易。

避免提负能量问题

蒋 楠

有些问题如："上大学时你常常补考吗？""我们班谁最怕考试？"等几道针对学生个人、且具有消极意义的问题都不是好问题。还有提问时要注意封闭问题和开放问题的结合。个人认为课堂提问对老师来说是最见工夫的，非一朝一夕之事，需大量积累，不断总结思考。

范红娟

尽量避免带有负面暗示的句子，如果词语本身是负面的，也可引导学生使用其否定形式，变成正向意义。B、C、F、G 绝对不问，如 K 这种，我倒是会用，说出来可能会有幽默效果。

朱 勇

K 有幽默效果。有时候我还会开玩笑问其他学生，"她是好学生吗？"大家会心一笑，立马有人否定回答，于是大家大笑。这时候可以把一些词汇拿出来用。

张京京

Tracey 说："教材都是有选择性的，不仅在汉语教材中，在对外英语和法语教材中也会出现。在初级语言教材中，通常都会呈现一个积极的完美世界。"——《南都周刊》以汉语学习者的视角，在 2012 年 8 月的一篇报道《国际汉语教材流变》中提到了这个说法。看后觉得这一说法对教材编写、教师提问策略都有一定涉及。当然，积极和消极不是绝对的。要看学生的性格、班级气氛、师生关系等。比如朱勇老师的提问，在有的学生看来是批评甚至打击，但在有的班级，所有人、包括被用作例子的人自己都能把这当成朋友之间的玩笑，轻松对待。

方 杰

我不会使用 F、G 这样的句子，只有在应试的教育下，老师和学生才会过分地在乎分数。像分数、补考之类的问题已经涉及学生的隐私，老师不可在公众场合提及。

王 波

这些生词可以设计成不同类型的问题，只用问答题显得比较单调。练习的形式是需要老师们特别注意的，在一堂课之内要尽量变换问题的形式，结合多媒体调动学生听觉、视觉各方面的注意力。此外案例中的一些问题不适用于所有学生，比如 G、H、I、O 等，提问的时候最好慎重一些。

兼顾输入和输出

车 溪

在生词学习后，教师无论是书面还是口语形式的问题都是对学生学习和掌握情况的考查，同时也是对自己教学效果的评估。因此设计的问题是否有效就特别关键。如果问题设计得不好，就容易出现检测不出学生是否掌握了生词或者学生明明掌握却无法用目标词来回答问题的情况。我觉得在这个过程中有两个环节很重要，一是输入环节（口语：能否听懂题目；书面：能否看懂题目）；二是输出环节（口语：能否正确使用目标词回答问题；书面：能否在答案中正确使用并写对目标词）。教师在设计问题时，目标词如果在两个环节无法兼顾，我觉得让学生在回答中使用目标词更重要些，教师提问的问题主要是起引导作用。

A. 汉语考试你喜欢笔试还是口试？学生往往挑选其中一个词回答便可，另一个词会考查不到。因此我们不妨在题目中加上“为什么”并且给学生提供回答的模板，以及“考试题目、难、容易”等目标词，这样学生回答时不会毫无头绪，还能练习成段表达。完整题目如下：

问：汉语考试你喜欢笔试还是口试？为什么？

答：汉语考试我喜欢 / 不喜欢________（笔试 / 口试）。因为________（笔试 / 口试）的________（考试内容 / 考题）________（难 / 容易）。

C. 要是明天考试，听力部分和翻译部分，你更担心哪个？同样，我会加上“为什么”，并给学生提供回答模板。

问：要是明天考试，听力部分和翻译部分，你更担心哪个？

答：我更担心________（听力部分 / 翻译部分）。因为________（听力部分 / 翻译部分）的________（考试内容 / 考题）________（难 / 多）。

E. 你为什么学习汉语？你对语言感兴趣还是对中国文化感兴趣？

学生的学习动机各不相同，这真是个不好回答的问题，第二问学生很容易只挑一个词回答，我们不妨把题目改成：

你觉得语言和文化是什么关系？汉语和中国文化哪个更有趣？（虽然这是一个非常高深的问题，但学生回答这个问题时一定会同时说到语言和文化，不过这个问题只适合成人汉语教学，小朋友是肯定答不出来的。）

F. 要是明天汉语考试，你觉得你能不能及格？能得多少分？

G. 上大学时你常常补考吗？这两个问题学生很难回答。可以改成：

我们的汉语考试多少分算不及格？要是不及格，老师给你第二次考试的机会叫什么？（补考）

I. 为什么 Alice 没有上汉语课？她很忙吗？没看出这道题要检测哪个目标词。

J. 我们班谁怕考试？大家一定会说：都怕。

K. 你是书呆子吗？会有人说自己是书呆子吗？

L. 你打算明天几点起床？几点睡觉？这题可以改成：你周末几点起床？几点睡觉？可以多问几个同学，然后根据同学的回答再问：你认为 ×× 周末 × 点起床早 / 晚吗？

根据案例 13 中提供的生词，自编以下题目（黑体字的是要考查的目标词）：

1. 我们班谁的汉语最**流利**？
2. 如果老师现在把明天考试的**答案**告诉你，你还需要**担心考试**吗？
3. 你会**嫉妒**成绩好的人吗？为什么？
4. 你觉得**书呆子**会**怕考试**吗？
5. 你会为准备**考试**很晚**睡觉**吗？

孙岩

这些问题提得好不好还要看其练习目的。如果这些问题是用在初步完成新课学习的阶段，问题的目的是理解巩固则比较恰当。问题设计要在学生已学的基础上，让学生能听得懂、回答得出，也就是所谓的输入有效、输出可能。我恰好熟悉这本教材的教学内容，由于学生已学词汇、句型都有限，新课语法句型又处在未经巩固的初学阶段，老师提问题时可谓“带着镣铐跳舞”，只能利用有限的句型提控制性好的问题，过于开放的问题靠学生已学的知识根本不能回答。因此，我觉得这些问题看似单调、没意思，却可以让学生体会到听得懂、说得出的成就感，这对于初级阶段的学生来说便很“有意思”。

理论广角

提 问 类 型

优秀教师一般都善于提问。提问类型的划分多种多样，教师需加以了解并恰当使用。Long & Sato（1983）所提出的分类方式较为普遍，他将教师提问分成两大类型：回应性（Echoic）问题和认识性（Epistemic）问题。

回应性问题是为了保证对话者交流顺畅，包括理解核实（Comprehension checks）、澄清请求（Clarification requests）和确认核实（Confirmation check）三类。（1）理解核实：用于确认对方是否明白了说话人所说的话，常见的语言形式是：“明白了吗？/ 听懂了吗？”（2）澄清请求：用于要求对方对自己所说的话进行澄清，多用“不好意思，你刚才说的是什么？请再说 / 解释一遍。”这一表达方式；（3）确认核实：用于核实自己是否听懂了对方所说的话，如“你说的是……吗？”

认识性问题是为了获取信息，包括展示性问题（Display questions）、参考性（Referential）问题、表达性（Expressive）问题和反问性（Rhetorical）问题四类。（1）展示性问题指的是教师已经知道答案的问题，也有人将其看作封闭性问题。如“中国的首都是……？”（2）参考性问题指的是教师不知道答案的问题，有时也被称为开放性问题。如“你为什么喜欢这幅画？”（3）表达性问题指的是给听话人传递态度性信息的问题，如“这两个发音不同但很有趣，是不是？”（4）反问性问题指的是说话者自问自答的一种句子。如“我为什么喜欢这幅画呢，因为……。”

关于提问类型的分布，教师需要综合考虑课型、学生实际语言水平等多种因素，根据实际情况做出灵活的选择。

延伸阅读

1. 鲁文霞. 新手教师在生词教学中的提问分析. 人文丛刊（第六辑）. 北京：学苑出版社，2011.
2. 马欣华. 课堂提问. 世界汉语教学，1998（1）.
3. 亓华，杜朝晖. 中级汉语会话课堂提问类型研究. 云南师范大学学报（对外汉语教学与研究版），2008（6）.
4. Hosoda, Y. (2014). Missing Response after Teacher Question in Primary School English as a Foreign Language Classes. *Linguistics and Education*.
5. Hemphill, L. (2010). Classroom Discourse and Student Learning. *International Encyclopedia of Education* (3rd ed). Waltham: Academic Press.
6. Long, M.H. and Sato, C. (1983). Classroom Foreigner Talk Discourse: Forms and Functions of Teachers' Questions. Seliger, H. and Long, M.H. (eds.). *Classroom Oriented Research in Second Language Acquisition*. Rowley, Mass.: Newbury House.
7. Maroni, B. (2011). Pauses, Gaps and Wait Time in Classroom Interaction in Primary Schools. *Journal of Pragmatics*, 43 (7).
8. Qashoa, S.H. (2013). Effects of Teacher Question Types and Syntactic Structures on EFL Classroom Interaction. *The International Journal of Social Science*, 7 (1).

14 板书在左，多媒体在右

实战问题

有人认为 PPT 可以取代黑板板书，但更多的教师认为，PPT 和板书各有所长，需要配合使用。下面这些观点你同意哪些？为什么？你还有哪些看法？

A. 教师课堂上的板书可以让学生接触中国人的手写体。

B. 黑板板书的渐成性更强。

C. 没有 PPT 的时代，老师们就用一支粉笔也能上好课。所以 PPT 完全可以不用。

D. 现在的学习者与过去的学习者不同。教学形式也要与时俱进，图片、实物、视频、音频、PPT 课件……一个都不能少。

E. 利用 PPT 的动画等功能可以更好地强调教学重点难点，安排教学活动。

F. 如条件许可，板书和 PPT 要变换使用，形式如果单一，学生注意力难以保持。

观点碰撞

板书的时间有利于学生思考

叶子还不行是么

大一时的两个微积分老师都已四五十岁，从来都是板书，一节课四大块黑板擦了好几次。我都觉得他们辛苦。可是有效果，速度、思维、笔记都跟得上。

朱 勇

要有时间观念，但有的新手教师特别担心浪费时间，其实有时候是需要“浪费”一些时间的，比如教师提问后的等待时长就不应该太短。PPT 有时候可能偏快，学生没怎么反应过来就到下一帧了。

孙岩

有时说到一个句子时，如果老师逐字写到黑板上学生往往都会逐字跟着老师读下去，既可以注意老师的汉字板书，又有思考的时间，老师写完了学生也就明白了。相反，PPT 一下子出来，反应快的学生说出答案来了，反应慢的学生却没有机会思考了。

板书对于汉字教学很重要

车溪

同意 A、B、D、E，PPT 是很好的教学辅助工具，方便、简单、明了、省时，如果用得好能起到事半功倍的效果。但 PPT 应该和传统的板书配合使用，不能过度依赖。我现在上课能写板书的内容尽量写板书，有次一个学生和我说："老师你写的字好美啊！"我那时就觉得，能让学生体会到汉字的美也算是汉语教学的一个"非主流"目标。我始终认为，在现代教学手段迅速发展和普及的今天，传统的教学方式，例如板书，对于汉语教学还是必不可少的。汉字是由一笔一画构成的，这些笔画之间也存在着一些顺序，老师的示范和演示对于学生学会、找到其中的规律非常重要。光用 PPT 是无法展示每个汉字的"生成"过程的。重要的字我一定是让学生看着我在黑板上写一遍，这样他们知道这个汉字是怎么写的，会加深印象！

曹芳

我主要是讲口语课。PPT 是需要的，一个是看起来专业、正式些，另一方面也可以对课堂内容及进度做出规定，比较容易把握。板书是非常非常必要的，因为要根据不同学生的情况进行替换操练。而且，我的学生说喜欢看我手写的字。

苏磊鑫

我倾向于 D 选项。我教大班课，板书、PPT、音频、实物和视频都是常用的，学生有些是视觉型学习者，有些是听觉型学习者，所以要尽可能多样化。而且要让学生熟悉不同老师的板书字体。我们学生反映，只能认识汉语老师写的字，不认识其他中国人写的字。一般带些连笔，他们就看不懂了。

洪老师国脖

要根据具体情况来。初学汉语的学生，了解汉字结构、书写笔画非常重要。老师写板书对学生也是个示范。但是在学生掌握、了解一定的汉字知识和书写规则后，板书就没有那么重要了。但老师应该鼓励学生继续练习汉字，并规定作业。网络上有很多教人写汉字的资源。国外中文课不比国内，课堂时间少。而且，想想今天的中国学生，他们使用键盘的时间可能远远多于用笔的时间。所以，无论中外，都需要研究新的、适用于信息时代的汉字教与学的方法。可惜这个问题到现在也没有多少人重视。

PPT 等的优点

杨 珮

我用 PPT 放图片和视频音乐，用黑板讲解知识点，我觉得不能缺少 PPT，因为它能为课堂增加点“色彩”和新鲜感。

Helen Zhang

我个人还是比较喜欢做 keynote，节省一部分板书时间，汉字也可以更大更清楚，下课以后还可以做成 tutorial 上传至学习平台，让学生回家复习，一举两得。特别是对于中小学生，keynote 里加入更多的视觉元素，比干巴巴的白板黑字更有趣，学生学习兴致更高。

PPT 的利弊

鲍思冶

以前发过类似的一个评论。发觉现在国内的老师太依赖 PPT，其实 PPT 不是备课必须要的，很多人花太多时间和精力准备 PPT，这是一个误区。

朱 勇

目前 PPT 有点多了。我属于比较懒的老师，留学生的课很少做 PPT。不过我听了一些擅长使用 PPT 的老师的课后觉得，有时候 PPT 的效果更好一些。用不用 PPT、用多少，总的原则是：能很容易说清楚的就尽量不用 PPT。

鞠慧

同意朱老师的看法。PPT 在图片展示、动态效果播放等方面有非常大的优势。我还看过很多有才华的年轻教师利用 PPT 开发了很多好玩儿的应用，比如利用 PPT 进行词语游戏、随机提问、角色配对等。这些探索很有新意，也能够取得不错的教学效果。但目前的确存在 PPT 使用过多的情况。很多新手教师在备课时，花很多时间准备精美的 PPT 模板、图片装饰等素材。结果，我们在课上看到了很多花哨的图案、字体和动画，但这些并非取得良好教学效果的关键。在很多少儿汉语课堂上，我们发现，传统的卡片有时能带来更好的互动效果。我想，PPT 使用的关键，是教师能够有效利用 PPT 演示的内容，掌控好教学节奏，尽可能地引导学生的参与。

方杰

PPT 在课堂的使用应根据课型和教师的个人爱好来决定，年轻教师目前非常依赖 PPT 等多媒体手段，如果没有，就好像不会上课了。我个人认为 PPT 是一个非常好的教学辅助工具，可以丰富教学手段、节约课堂时间。我一般是在讲解生词和词语辨析时，用 PPT 展示大量的例句，用 PPT 展示学生作业的错句，做偏误分析等。但教师绝不是 PPT 的播放员，还要适时地使用板书讲解难写的字以及补充讲课过程中的新词等。

根据课型和条件等找准平衡点

袁紫阳

在北京外国语大学上初级班汉语课，PPT 用得比较多，尤其是在讲解生词时，能很快呈现大量例句，加大输入。学生也习惯了 PPT 课堂，只是偶尔学生会听不懂我的例句，希望我写在黑板上。在墨西哥时因为学校硬件设施的问题，初级课基本是靠板书，效果也不错。虽然上课有点耗时，但是加深了学生对手写汉字及其笔画的印象。

范红娟

我在重庆大学承担两种初级课程，一种是全校留学生的选修课，不太使用 PPT；但是在语言常规班的口语课上，我非常喜欢用 PPT，尤其是讲解词语的时候，我会找大量的图片及音乐、视频片段来辅助，学生也很感兴趣。采用多媒体并不一定能上好课，不用 PPT 当然也能上好课。关键是要时刻把握教学主要目的，锦上添花当然更好。

宋海燕

依据个人经验应视教学内容而定。初级班一般注重汉字认读及听说训练，所学词汇和语法内容相对固定简单，一般不用 PPT，即时板书可以给学生思考反应的时间，需要集中展示例句或语段框架时一般打印出来发给学生，便于课下复习。文化课、阅读课或讲座课需要大段的文字材料或大量的图片、视频支持时用 PPT。

佟叶

个人还是觉得应该二者结合才好。如果只依赖 PPT，会给学生照本宣科的感觉，有时候学生会觉得没有新鲜感。板书虽然有时比较慢，但是会帮助学生理解，尤其是在汉字的学习方面，板书的作用不容小觑。但是，板书的设计也要下一番苦功，要重逻辑、有条理、重点突出，不能想到哪儿写到哪儿。

孙岩

我也觉得应该两者结合起来。PPT 的使用增加了趣味性、多样性，视觉、听觉效果都不一样了，但是学生只能被动地看或听。相反，板书可以让学生参与到写的过程中，学生参与积极性会很高。

理论广角

板书与多媒体教学

近年来多媒体教学日益普及，但是板书仍有其存在的必要。板书设计是教学设计中不可缺少的组成部分，是备课的一个重要环节。板书具有直观性、概括性和艺术性等特点。常见的板书类型有七种（李珠等，2008：92–97）。

（1）结构式：设计的原则是横向成句子、纵向符合汉语的语法结构或语序，即词性大致统一。

（2）图解式：是以示意图的形式帮助学生认识某一事物的外形、结构和空间位置，或者人为地为某一内容配上具有象征意义的图案。比如“除了……都……”用图解表示：

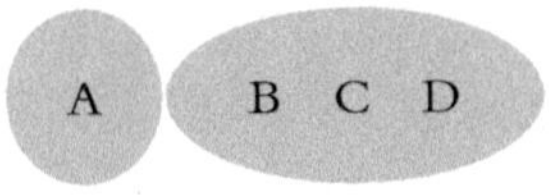

例句：除了丁力以外，大家都去参观兵马俑了。

（3）提纲式：根据课文内容，在黑板上只列标题、要点和层次，通过提示词突出课文的主要观点和框架结构。

（4）简笔画式：根据课文内容的情境勾画出板书，学生可借助图画说内容。

（5）表格式：将教学内容进行整理、归纳，然后以表格的形式表现出来。比如“时点（时间表示法）：点、分、半、刻、差表示法”可用表格式板书表示。

时点	读法 1	读法 2	读法 3
7 : 05	七点五分		
8 : 15	八点十五	八点一刻	
3 : 45	三点四十五（分）	三点三刻	四点差一刻

（6）归纳式：教师把所讲的内容进行总结、归纳，使学生一目了然。如形容词重叠：

A——AA——AA 的 +N

长　　长长　　长长的香蕉

（7）对比式：主要用于两种相对的教学内容，通过对比形成对照。

然而，板书在一定程度上也存在书写量大、耗时、布局相对随意等不足。

多媒体教学是指在教学过程中，根据教学目标和教学对象的特点，通过教学设计，合理选择和运用现代教学媒体，以多种媒体信息作用于学生，形成合理的教学过程结构，达到最优化的教学效果。此种教学方式图文并茂，具有直观性、动态性、交互性、可复制等特点，极大地丰富了课堂教学。另一方面，除对设施的依赖和要求高、制作过程更复杂外，多媒体运行风险也较大，设备故障以及教师的操作失误，往往会导致教学中断。

板书和现代技术课件（例如 PPT）各有其特点、优势、局限和不足。教师需要熟练掌握两者的设计使用技能和技巧，并根据条件、设施、学习者认知风格、课型、教学内容等，随时选择最佳的搭配组合方案，使之为教学发挥最佳辅助作用。

延伸阅读

1. 黄晓颖．对外汉语课堂教学艺术：来自教学实践的微技能探讨（第二章）．北京：北京语言大学出版社，2008.
2. 李珠，姜丽萍．怎样教外国人汉语（第五章）．北京：北京语言大学出版社，2008.
3. 杨惠元．课堂教学理论与实践（第十二章）．北京：北京语言大学出版社，2007.
4. 郑艳群．汉语多媒体教学课件设计．北京：北京语言大学出版社，2009.
5. Lin, T.J. et al. (2014). Task-based Teaching Approaches of Chinese as a Foreign Language in Second Life Through Teachers' Perspectives. *Procedia Technology*.
6. Kahraman, S., Çevik, C., & Kodan, H. (2011). Investigation of University Students' Attitude Toward the Use of Powerpoint According to Some Variables. Procedia Computer Science.
7. Susskind, J.E. (2008). Limits of PowerPoint's Power: Enhancing Students' Self-efficacy and Attitudes but not Their Behavior. *Computers & Education*, 50 (4).
8. Tang, L.P., & Austin, M.J. (2009). Students' Perceptions of Teaching Technologies, Application of Technologies, and Academic Performance. *Computers & Education*, 53 (4).
9. Zarrinabadi, N. (2014). Communicating in a Second Language: Investigating the Effect of Teacher on Learners' Willingness to Communicate. *System*.

15 怎样挑选难度合适的阅读材料？

实战问题

如果你选择的补充阅读材料稍难了一些，你会采取哪些做法降低难度？

A. 在文本中用括号标注生词的意思。
B. 在文本前增加导读，给出背景或大意介绍。
C. 用较简单的语言重新改写文本。
D. 改变练习要求和目的，比如将重点放在内容或文化知识的宏观理解上。
E. 其他____________________

观点碰撞

对教师的总体要求

朱 勇

真正做好降低阅读材料难度这件事，教师不仅要用心，还要有相当的水准来把握难度，合理增删。

综合利用各种方法

车 溪

我通常的方法是首先用较简单的语言重新改写文本，再在文本中用括号标注生词的意思。关于材料的背景或大意介绍，我会选择用英文，因为这个部分只是帮助学生更好地理解材料内容。

张京京

降低阅读难度包括：(1)降低材料客观难度，例如对词句的处理、删减和改写。(2)降低阅读者阅读中体验的难度。对于后者，较常见的方法是：用图片或者进行集体讨论，在阅读前激活背景知识，激活文章话题可能涉及的主要词汇并建立义场框架。

曹 芳

四个方法我都用，我们的中国概况课都是从网上找材料，难度不统一，而且有些文章结构不够清晰，难词太多或者生词量不够。所以都要由负责该课的课程主管改写一遍，再加上生词释例。还是太难的话，老师上课之前就先介绍一下背景，帮助学生理解，学完之后再根据学生的兴趣进行话题讨论。

张晓明

我也觉得 A、B、C、D 都是非常值得采用的降低难度的办法。但我觉得标注生词的意思时或许可以用边注或者脚注，这样学生在阅读文章时还可以尝试着用语境猜测一下词义，或者在文本中加入图片、用学生的目的语提供背景介绍等。

苏磊鑫

我 A、B、C、D 都会用，既然是补充材料，就希望学生能从中多了解课文中没有的知识——不管是生词还是文化背景。一般我会先给出导读，或者场景提示，帮助学生理解材料内容。标注那些会影响理解的关键词，如果学生程度够的话，会让学生自己用简单的语言进行复述。如果学生水平还未达到复述的程度，老师可以用较简单的语言解释。

袁紫阳

在给墨西哥的学生加开阅读口语提高课的时候，阅读材料都是我自己找的，我会根据学生的水平酌情删改较难的词汇，保留比较重要的生词并注释。导入时根据文章内容有时会介绍背景。我更希望学生在看完后能懂文章的意思，并做简单的复述、评论等。

朱 勇

2009 年夏天我在日本关西大学访学时曾见到沈国威教授编的一本教材，他们的方法比较特别，具体做法是：删除不影响大意的难句；若删除的句子、段落影响理解，那就用日文简要介绍以保证连贯性。

蒋楠

一般我的做法就是在网上找文章，然后自己进行再加工，加入所学的重点句型，替换一些超纲的词汇。当然，还会保留一些生词。教师一定要非常明确使用补充材料的目的。这样就会有的放矢。

孙岩

我上课时补充的阅读材料常常是相似话题的延伸，目的是了解更多相关话题的语言表达和话题知识，提高学生对话题的驾驭能力。阅读材料难度大了，我常常先确定难在哪儿。如果是词汇或固定说法、谚语等的问题，我常常会增加词汇表供学生参考（或者直接在文中加释义）；如果是长句的问题，则进行短句改写。但是，所有的“干预行为”都不会太多，需要干预很多的材料事实上已经超出了学生的驾驭能力，也就失去了使用的意义。

理论广角

可读性

可读性（readability）又称易读性、易懂性，指的是文本易于理解的程度和性质。影响易读性的因素有文本、读者等。文本因素指的是仅涉及阅读材料本身的因素。影响易读性的文本因素有很多，如词长、不同词的比例、句长、人称代词数、音节数、代词数；文本的字体、字号、颜色等。读者因素指的是读者阅读时的个人因素。包括读者对语料的兴趣、阅读语料的动机、读者的认知能力、认知取向、文化背景知识、对阅读内容的熟悉程度，等等。

测定文本难度主要有四种方法：主观评价、根据文本回答问题、完形填空和可读性公式。其中，可读性公式是一种较为有效的测试方法。国际汉语界研究成果虽然不多，但也不乏探索性的研究。如王蕾（2005）以90名初中级水平日本及韩国留学生在20篇记叙性短文上的阅读理解成绩（完形填空成绩）作为因变量，并对这20篇短文的总字数、简单字数、总词数、简单词数、句子数等字、词、句、篇四个方面共17个可能影响文本阅读难度的变量进行了量化，经过筛选后，保留了包括非重复字数、总词数等在内的10个变量作为预测变量，最后通过多元线性回归的方法建立了一个针对汉语文本的可读性公式：$Y = 72.749 - 0.462X_3 + 0.802X_4 - 7.515X_5 + 2 \cdot 446X_7$（$Y$ = 可读性分数，X_3 = 总词数，X_4 = 简单词数，X_5 =

虚词数，X_7 = 分句数）。左虹和朱勇（2014）针对高级精读教材和欧美留学生设计了可读性公式：$Y = 23.646 + 0.485X_2 - 125.931X_3 - 0.647X_1$（Y = 可读性分数，$X_1$ = 虚词数，X_2 = 甲级词数，X_3 = 难词比 < 丙级、丁级和超纲词数占总词数的百分比 >）。不过，目前出现的可读性公式尚处于尝试阶段，远未成熟。

影响可读性的因素中，读者因素较难把握，需要教师充分了解本班学生的汉语水平、认知特点等，在正确方法指导下选取、改编最为恰当的文本。

延伸阅读

1. 郭望皓．对外汉语文本可读性公式研究．上海交通大学硕士学位论文，2009.
2. 王蕾．初中级日韩留学生文本可读性公式初探．北京语言大学硕士学位论文，2005.
3. 王蕾．可读性公式的内涵及研究范式——兼议对外汉语可读性公式的研究任务．语言教学与研究，2008（6）.
4. 杨金余．高级汉语精读教材语言难度测定研究．北京大学硕士学位论文，2008.
5. 朱勇，邹沛辰．《中文天天读》易读性研究．云南师范大学学报（对外汉语教学与研究版），2012（3）.
6. 左虹，朱勇．中级欧美留学生汉语文本可读性公式研究．世界汉语教学，2014（2）.
7. Edward Fry. (2002). Readability Versus Leveling. *Reading Teacher*, Vol.56(3).
8. Miller, D. (2011). ESL Reading Textbooks vs. University Textbooks: Are We Giving Our Students the Input They May Need? *Journal of English for Academic Purposes*, 10 (1).
9. Rottensteiner, S. (2010). Structure, Function and Readability of New Textbooks in Relation to Comprehension. Procedia–Social and Behavioral Sciences.
10. Shen, Helen. (2005). Linguistic Complexity and Beginning-level L2 Chinese Reading. *Journal of the Chinese Language Teacher Association*.

16 一个都不能少

实战问题

有些课堂活动在活动过程中会逐渐淘汰出错的学生，活动中学生的参与度也就随之不断降低。你对此有何良策？

逢七拍手
从 0 或 1 依次数下去，凡遇到含有 7 的数字以及 7 的倍数，学生要拍手通过，不能说出该数字。

指东向西
教师说指令，学生做出和指令相反的动作。如教师说“向前走”，学生要向后走；教师说“向右拐”，学生则要向左拐。

观点碰撞

改善规则，激励学生

范红娟

让学生参与，做裁判。

朱 勇

课堂游戏的目的不是惩罚而是激励：课堂游戏不应该是简单的惩罚性的，而应该是激励性的，让同学们越来越 high 才对。思考题中的游戏规则使得参与者越来越少，显然会让老师搬起石头砸自己的脚。非常有必要更改游戏规则！

鲍思治

其实在我的《中文游戏大本营》里收录过这个数七的游戏。跟各个年级的学生都玩过，他们都喜欢。至于被淘汰的学生，绝对不能让他们闲着。他们也要继续玩，被淘汰的学生再接着继续，一个班上几个组在玩。如果某个组只剩一个学生，他可以回到上一个组。具体描述，请参看上面说的那本书。很多老师都说学到了一些游戏，上课更生动有趣了。对于中小学生来说，激发他们的学习兴趣比多教点词汇要重要得多。

孙 岩

淘汰不要紧，关键是能及时“复活”。比如数七的游戏，一个人出错被淘汰，下一个被淘汰的人就可以“救”起前一个被淘汰的人，这样参与的学生一直都会很多。

小组活动，共同参与

袁紫阳

不同的课堂活动目的不同，以练习为目的的活动要努力让每个学生参与其中，以游戏的形式让他们积极参与，练习语言。当然老师要想好游戏如何操作，包括规则的制定及更改等。偶尔也可以以奖惩的小游戏来活跃课堂气氛。我平时组织的课堂活动多是小组竞争，这样就不会出现个人游戏中间被淘汰的问题。

隋桂滨

首先要了解有哪些游戏可以做，然后在此基础上进行取舍。既然注意到淘汰并不是什么好主意，那么就需要考虑参与度高的课堂活动了。可采用 2 人组互动，从而有效避免“沉默”现象。群体性的课堂活动可采用“一个都不能少”的发言方式。

语言教学活动的特殊性

张京京

课堂教学中的活动，竞争是手段而不是目的，因此让学生分组竞争，出错扣分但继续参与活动，效果明显会比淘汰制好。此外，“活动前”和“活动后”环节，如允许小组集体准备练习，安排两个小组互相审阅和修改对方的成果，效率往往很高，学生收获也会很多。以上适用于一切教学，包括但不限于语言教学。上述原则是教学活动的共性，因为教学活动的目的是通过竞争等手段更好地练习和掌握教学内容，而不是为了通过竞争评出优劣、进行选拔。除此以外，由于教学内容的特殊性，在语言课堂上，对语言知识的理解和使用可能产生误导的、非正面强化的活动一概不要使用。案例中的活动2在小学体育课堂上体验过，既锻炼反应又锻炼体能，然而在语言课堂上，这就不是一个合适的活动了。

理论广角

小 组 活 动

小组活动是课堂活动中最常见的一种教学形式。它是利用多种方法给两个或多个学生布置一定的任务，学生们通过相互协作，使用自然产生的语言完成任务的一种教学形式（Brown，2001：173）。

小组活动的组织与设计需要综合考虑多方面因素（田艳，2010：75–80），主要有：（1）小组活动的分组。有三种不同的分组方式：异质分组、同质分组和随机分组。异质分组指不同能力和背景的学习者分到一个群体中；同质分组即小组内部成员在学习能力、汉语水平、性格等方面有着较为统一的特征；随机分组基本是无序的，可以按照座位等因素随机安排，有时也可以是自由组合。（2）小组成员的角色。一般有下列几种角色：主持人、提问者、答疑者、记录员、汇报员。（3）教师在活动中的职责。包括明确活动目的以及如何具体操作。（4）活动实施中应该避免的问题有：活动目标不明确、整体设计不连贯、难度控制不合理、活动时间不合理、内容形式不统一、小组内部人员责任混淆不清。

教师组织小组活动，一般以任务为中心。任务分类主要有（王瑞烽，2007）：（1）信息差任务。在这类任务中，组员分别掌握不同的信息，组员要通过言语交流了解对方的信息。例如，教师分配给组员关于某项职业不同的信息，有的组员得到的信息是某职业的要求，有的是这种职业的收入水平，有的是职业的好处，组员通过相互询问，了解对方的信息。（2）拼图式任务。在这类任务中，小组成员各有部分信息，组员要通过言语交流将所有的信息组合成一个整体。例如，给小组成员写有不同信息的纸条，有的是关于银行的位置，有的是关于饭店的位置，要求学生通过互相询问画出地图。（3）解决问题型任务。教师给整个小组一个未解决的问题和相关的部分信息，组员通过讨论找出问题的解决办法。例如，教师交给小组一张凶杀案现场的图片和几个嫌疑人的信息，组员通过讨论找出真正的凶手。（4）选择决定型任务。教师给整个小组一个未解决的问题和相关的信息，组员通过讨论就多种方案做出选择。例如，设想全组人员乘坐的飞机在距离营地120

公里的沙漠坠毁，他们只能从飞机所载的物品中选择部分最有用的物品，最安全、最迅速地回到营地，或者被营救。组员先分别选择最有用的部分物品，然后全组交流，说明各自的选择并说明理由。（5）交换观点型任务。全组人员就教师设置的某个话题进行讨论。这类任务不必达成一致的意见，主要是要求学生表达不同的想法和观点。如“解决问题型任务”中的凶杀案任务，教师也可以把凶杀案的各种信息分别写在不同的纸上，交给小组中的各个学生，他们互相不知道对方的信息，需要通过交流把所有的信息整合在一起，再进行分析。

延伸阅读

1. 庞继贤，吴薇薇. 英语课堂小组活动实证研究. 外语教学与研究，2000（6）.
2. 田艳. 国际汉语课堂教学研究——课堂组织与设计（第四章：国际汉语课堂活动的组织与设计）. 北京：中央民族大学出版社，2010.
3. 田艳，陈磊. 汉语国际传播背景下高校留学生辩论赛培训机制探索. 汉语国际传播研究，2011（2）.
4. 王瑞烽. 小组活动的任务形式和设计方式及其在对外汉语教学中的应用. 语言教学与研究，2007（1）.
5. Brown, H.D. (2001). *Teaching by Principles: An Interactive Approach to Language Pedagogy*. 北京：外语教学与研究出版社.
6. Howe, C. (2014). Optimizing Small Group Discourse in Classrooms: Effective Practices and Theoretical Constraints. *International Journal of Educational Research*.
7. Neumann, H., & McDonough, K. (2015). Exploring Student Interaction During Collaborative Prewriting Discussions and its Relationship to L2 Writing. *Journal of Second Language Writing*.
8. Shehadeh, A. (2011). Effects and Student Perceptions of Collaborative Writing in L2. *Journal of Second Language Writing*, 20 (4).
9. Wang, Y.C. (2014). Using Wikis to Facilitate Interaction and Collaboration Among EFL Learners: A Social Constructivist Approach to Language Teaching. *System*.

17 汉语辩论的话题选择

实战问题

你觉得下面哪些辩题适用于汉语课堂，为什么？

A. 网络使人们更近 / 网络使人们更远。
B. 愚公应该移山 / 愚公应该搬家。
C. 爱情使人趋于理想 / 爱情使人趋于现实。
D. 公众人物的隐私应该受到保护 / 公众人物的隐私不应该受到保护。
E. 找一个爱我的人结婚 / 找一个我爱的人结婚。
F. 网络上能交到知心朋友 / 网络上不能交到知心朋友。
G. 晚结婚比早结婚好 / 早结婚比晚结婚好。
H. 努力更重要 / 聪明更重要。
I. 人类将会毁于科技 / 人类将不会毁于科技。
J. 现代社会女人更累 / 现代社会男人更累。
K. 广告有利于大众消费 / 广告不利于大众消费。
L. 汉语难学 / 汉语不难学。

观点碰撞

辩论不是目的

朱 勇

对于这道题，也许只有高级班的老师才有感觉，但是高级班在金字塔的顶端，有这种体验的老师不太多。我认为辩论的主要目的应是服务于语言知识的学习，“通过辩论明白某个道理”是相对次要的。

张京京

这里的辩论只是语言学习和练习的手段，不是为了“真理越辩越明”，练习辩论技巧和策略也是非常次要的（虽然并不是完全不需要）。因此较好的辩题应该既能让学生有兴趣去说、有话可说，又不至于过于触及由其文化、个性等因素综合形成的“原则性问题”或文化中的一些成见和禁忌。G 和 E 涉及婚恋观并联系到“三观”，一般来说可使大部分学生有兴趣说、有话说。但考虑到宗教等文化背景，有些学生会对此类辩题有排斥，“晚婚”尤甚。诚然，跨文化交际和培养学生跨文化交际的能力也是国际汉语课堂内容之一，但仅从“找到一个最合适的题目让大家练习语言，不节外生枝”的角度来看，这两个题不是没有风险的。同理，J 也有此类问题。当然，如果学生文化背景类似，如教师了解并确定班级中没有来自非常传统地区或者比较“非主流”的学生，E、G、J 就可以使用。I 和 K 两个辩题需要相关知识的支持，如果学生的教学内容中有相关内容，例如科技、传媒、经济方面的专用词汇，并确定学生具备相关知识，则不失为好辩题。辩题 B 也是配合教学内容的辩题。辩题 A 和 F 需教师提前引导，否则学生难以概括、总结、升华出较高水平的表达。辩题 H 广泛见于各种辩论中，题不在新，好用就行。辩题 L 最有意思，但我在实践中只布置过 Presentation，目的是激发学生的语际对比意识，启发他们进一步发现和总结汉语的特点，梳理、改进适合自己语言背景的学习方法。

辩题要“接地气”

朱海丰

对于中高级班里基本语法已经没有问题的学生，辩论可以视为一种激发学生学习兴趣的方式。题目中的问题过于艰深晦涩，通俗来说，感觉有点不“接地气”。其实辩论完全可以就中国的某一话题展开，这样，学生可以在搜集材料的过程中更好地了解中国社会文化的方方面面，寻找出自己感兴趣的点。不仅锻炼了语言能力，更提高了学习兴趣，强化了自主学习的动机，能促进日后的语言学习。

鞠 慧

离学生个人生活背景越近的辩题，越能激发学生的参与意识。举个例子来说，在北京学习的留学生，如果谈到“北京（不）适合年轻人发展”，就会有话想说、有话可说、有例可举。

理论广角

生生互动

学习者是学习的主体，但他们之间的合作很重要。教学活动的主要特征是互动，包括师生互动和生生互动两种。相对于师生的双向交流，生生之间的多向交流也有一定的意义。

董明（2004）概括了英语教学中生生互动的三种具体形式：（1）学生做讲座。每次上课拿出 10 分钟由一个学生举办讲座。讲座本身 5 分钟，之后的提问讨论 5 分钟。做讲座前把生词写在黑板上。讲座开始时，讲座人首先介绍讲座的概要。讲座过程中，讲座人把每部分的标题写到黑板上。其他学生则适当地做些笔记。讲座结束后由讲座人向听众提问有关讲座内容的问题，或回答听众的提问，之后讲座人组织听众根据讲座内容进行讨论和辩论。（2）学生组织课堂教学。几个学生装扮成老师，在课堂上组织其他的学生进行生生互动活动。如在《新编大学英语》教材中，学生组织课堂教学的部分是每单元的课上阅读和课后阅读，由三人一组的两个学生小组分别负责，分两次课进行，每次大约 30 分钟。（3）自编自导。每次上课由自由组合、不限人数的一组学生进行表演，时间为 5 分钟。每学期每个学生至少有一次机会。学生在课堂上表演的节目形式可以多种多样，如自编的相声，改编的古今中外的名篇佳作，老戏新传，自编的戏剧、话剧，说唱等。活动一般安排在上课之初，为的是给学生一个好心情，使他们精神饱满地投入课堂活动。有时也安排在其他活动之后，目的是在学生感到疲乏时调节一下课堂气氛。

对生生互动的效果，不少教师有所质疑。考虑到这是对传统“满堂灌”式教学方法的积极探索与尝试，只要教师当好关键的“脚手架”，进行适时引导，是能够在很大程度上活跃课堂气氛、激发学生学习兴趣的。

延伸阅读

1. 丁安琪. 专职对外汉语教师对课堂活动看法的调查——对外汉语课堂活动系列调查之一. 语言教学与研究，2006（6）.
2. 董明. 大学英语课堂“生生互动”模式初探. 外语与外语教学，2004（5）.
3. 姜丽萍. “任务—活动”型汉语课堂教学模式的构建. 语言教学与研究，2013（6）.
4. 王巍. 对外汉语教学中的课堂活动设计. 教育理论与实践，2012（24）.

5. Cekaite, A. (2013). Socializing Emotionally and Morally Appropriate Peer Group Conduct Through Classroom Discourse. *Linguistics and Education*, 24 (4).
6. Kiuru, N. et al. (2012). Teacher-perceived Supportive Classroom Climate Protects Against Detrimental Impact of Reading Disability Risk on Peer Rejection. *Learning and Instruction*, 22 (5).
7. Ryan, A.M., Kuusinen, C., & Bedoya–Skoog, A. (2015). Managing Peer Relations: A Dimension of Teacher Self-efficacy that Varies Between Elementary and Middle School Teachers and is Associated with Observed Classroom Quality. *Contemporary Educational Psychology*.
8. Webb, N.M. (2010). *Peer Learning in the Classroom. International Encyclopedia of Education* (3rd Ed.) Waltham: Academic Press.

18 中文歌曲知多少

实战问题

你觉得下面的歌曲适用于哪些教学对象？请将歌曲的序号填在教学对象后的横线上（可以重复选填）。

（1）少儿______ （2）中学生______ （3）大学生______ （4）成人______
（5）初级生______ （6）中级生______ （7）高级生______

A.《茉莉花》 B.《甜蜜蜜》 C.《老鼠爱大米》 D.《朋友》
E.《啊，朋友再见》 F.《对不起，我的中文不好》 G.《中国话》
H.《平安夜》 I.《快乐宝贝》 J.《踏浪》 K.《幸福拍手歌》
L.《生日歌》

观点碰撞

张京京

歌曲是否适用于教学有多个衡量因素，但学生的特点无疑是最重要的因素之一。对于儿童和部分青少年，《平安夜》《幸福拍手歌》这样有多语种版本的经典儿歌，学生很可能已会唱母语版本，没有旋律记忆负担，易上口、易有成就感。《幸福拍手歌》也适用于“如果”、动词重叠等的教学。成人教学亦可使用。

阎卫

这种教法适于少儿，独唱、对唱、轮唱、合唱，形式多样，生动活泼。但有两点值得注意：（1）歌词的内容应该是“会唱即能说”的实用汉语，因为会唱不等于能说，就如同中国许多歌唱家能用意大利语熟练地演唱整部意大利歌剧，却不能用意大利语会话一样。（2）歌曲的曲调要尽可能符合四声的声调。

张晓明

我把题中所述歌曲都听了一遍，认为上述歌曲与适用教学对象的对应关系如下。第一，从年龄角度考虑：（1）少儿：《幸福拍手歌》和《生日歌》，理由是这两首歌曲歌词简单、旋律欢快；（2）中学生：《茉莉花》《甜蜜蜜》《朋友》《啊，朋友再见》和《对不起，我的中文不好》，理由是这五首歌曲相对简单；（3）大学生：《快乐宝贝》《老鼠爱大米》《中国话》和《踏浪》，理由是节奏欢快、符合大学生的心理；（4）成人：《老鼠爱大米》《中国话》和《平安夜》，其他歌曲也适合。第二，从汉语水平角度考虑：（1）初级生：《茉莉花》《甜蜜蜜》《朋友》《对不起，我的中文不好》《幸福拍手歌》和《生日歌》；（2）中级生：《老鼠爱大米》《啊，朋友再见》《快乐宝贝》和《踏浪》；（3）高级生：《中国话》和《平安夜》。这些歌曲都很有特点，有些歌词可单独用于教学。例如：《朋友》适合教量词，或者"一"的变调："一杯酒""一辈子""一生情"；《甜蜜蜜》适合教补语："见过你""想不起""笑得多甜蜜"；《幸福拍手歌》适合教动词重叠："拍拍手""跺跺脚"等。

李红叶

我认为适用于少儿的有《幸福拍手歌》《生日歌》《平安夜》和《快乐宝贝》，这些歌曲歌词简单，节奏欢快，传唱率高，前三首可谓老少咸宜，而《快乐宝贝》本就是为少年儿童量身定做。而《中国话》《啊，朋友再见》和《对不起，我的中文不好》等流行歌曲充满朝气，歌词朗朗上口，且原唱者有较高知名度，能引起中学生的学习热情。《甜蜜蜜》《朋友》《茉莉花》《踏浪》和《老鼠爱大米》符合大学生的年龄阶段和心情，且需对中国语言文化有一定认识。

朱 勇

大学生中我教过《老鼠爱大米》和《朋友》，效果非常好。即使是刚学汉语一个月的日本学生，唱起《朋友》来也字正腔圆的。

刘志刚

个人强烈推荐的曲目是《月亮代表我的心》，学生学过拼音之后就可以唱了，还可学习"V一V（看一看、想一想）"格式；《对面的女孩看过来》可以学习趋向动词；《一封家书》是绝佳的听力和中文书信写作材料；隐藏乐队的《在北京》简直就是一副北京生活全景图。

刘 弘

如果教入门班的学生可以选择《对不起，我的中文不好》或者 Hebe 的《Love》，前者几乎由初级汉语教材中的常用句子组合而成，而后者歌词非常简单（主要就是我、你、爱几个词的组合）。如果是初级班的学生，邓丽君的《甜蜜蜜》《月亮代表我的心》、周华健的《朋友》《让我欢喜让我忧》、张震岳的《爱之初体验》，经典歌曲《茉莉花》《大海啊，故乡》，流行的《老鼠爱大米》《我的歌声里》《童话》都是不错的选择。这些歌曲本身词汇和语法都比较简单，而且有些歌曲或者在海外有一定的知名度，或者本身曲调就来自于国外，因此学生学起来比较有兴趣、也比较容易。而在学生结束学习前的汇报演出时，如果演唱张震岳的《再见》或者周华健的《朋友》，很容易调动全场气氛，将汇报演出推向高潮。到了中高年级，可以选择的歌曲就更多了，不仅可以选择《隐形的翅膀》《祝你平安》《常回家看看》《小草》《同桌的你》《光阴的故事》等通俗歌曲，也可以选择《在那遥远的地方》《敖包相会》等民歌。

选歌的时候还要注意学生的年龄特点。如果学生都是成年人，则不要选择儿歌。即使是中学生，也尽量不要选儿歌，毕竟中学生不希望别人把他们看成小孩。如《两只老虎》《健康歌》的歌词中都有一些身体部位的名词，学生在学唱歌的过程中等于复习了身体部位的词语。但是如果教学对象是小孩，则应选择《两只老虎》，而如果是高中生或者大学生，则可以选择《健康歌》。

有些歌词有一些特殊的语言结构，如果教师教到相关内容，可以把它作为巩固复习的一种手段。比如教了“把”字句，可以让学生唱一下《歌声与微笑》或者《把爱放开》，学了“被”字句可以教《我被青春撞了一下腰》，教趋向补语时可以教唱《对面的女孩看过来》《半个月亮爬上来》，学了“比”字句可以唱《一年更比一年好》。

目前，教师多数是把唱歌作为教学之余调节气氛的一种工具，其实考虑到教学效果，教师也可以将唱歌用于教学导入阶段：通过唱歌来引发学生学习的兴趣，继而再学习相关的语言知识。这对于学习动力不强的青少年学生和社会学习者尤其有用。比如教师先教《健康歌》，然后再开展相关的身体部位的词语教学和练习，这样的教学设计会比先教身体部位的词汇再教歌曲的效果要好得多。

教师也可以鼓励学生改编歌词，类似于《北京欢迎你》《老鼠爱大米》这类的歌曲就可以根据学生的情况改成《泰国欢迎你》《我们爱老师》等，在表演时，学生可以先唱一段原版的，第二遍时唱自己的改编版，演出效果一定会很好。

方杰

教学生唱中文歌是学生们非常喜爱的活动。我是按照歌词的难易程度来选择的，像《朋友》这首歌，我就教给了美国中学生，歌词简单、曲调优美、意义深刻，学生们非常喜欢。现在我喜欢在课间播放一些流行歌曲，既可以让学生放松，又可以让他们多学些东西。歌曲的选择也可以跟课文内容衔接起来，比如，课文的内容是《一封信》，我就播放了李春波的《一封家书》；课文内容是《北京的四季》，我就选播了梁静茹的《宁夏》。

王 波

教唱歌曲要针对学生的特点和语言水平。B和L比较适合初级班，简单易学；B、C、D都教过，效果也不错。此外还推荐《对面的女孩》和《月亮代表我的心》。

孙 岩

除了看歌曲本身一般适合什么教学对象，还得考虑不同国别学生的特点，比如意大利中学生对旋律慢、较抒情的歌曲一般没感觉，相反比较“酷”的歌或者能带上动作的歌则十分受欢迎，比如《对不起，我的中文不好》《小苹果》《幸福拍手歌》等。

理论广角

歌 曲 教 学

用目的语歌曲进行教学，可以在很大程度上提高学生的学习兴趣，促进学生的语言习得。通过歌曲这种形式，也能够让学生在语音、词汇、语法、修辞及文化等多方面受益。

李蜜蜜、夏宇（2008）认为可采用以下五种方式利用歌曲设计教学活动：（1）完形填空：移除歌词中的一些关键词，包括名词、动词、形容词。要求学生边听歌边填补漏掉的词语。（2）选词填空：把歌词中的部分实词删掉，在空格处提供两个选择词项，其中一个为正确项，通常这两个词互为同义词或者音近词。（3）歌词排序：把歌词按小节打乱顺序，分别标为A、B、C、D、E、F等，学生边欣赏歌曲边还原歌词的排列顺序。（4）英汉词语配对：教师根据中文歌词，给学生提供多个英文单词，让他们在听歌时记下与这些单词匹配的中文词，或者是发给学生完整的歌词，让他们根据词性等语法知识找出英汉对应词。（5）讨论歌曲、写歌评：学会歌曲后，教师让学生相互讨论对所学歌曲的感悟，并口头陈述他们学歌后的收获；或做写作练习，对所学的歌曲在主题、内容、曲风、文化等多方面做相应评论。

海伦娜·柯顿（2011：400–405）认为，对那些与游戏或者戏剧相关的、一些重复度很高的歌曲，可以用不那么正式的形式教给学生；中学生通常喜欢边听歌曲、边阅读歌词。一个好办法是，发给学生的歌词有一些空白需要填空，这样他们会听得更加认真，歌曲也会学得很好；还可以采用播放歌曲录像带的形式，或让学生自己创作歌曲的MV。

延伸阅读

1. 傅由．汉语听力课引进中文歌曲的设想与尝试．北京教育学院学报，2002（3）.
2. 海伦娜·柯顿，卡罗尔·安·达尔伯格．语言与儿童（第四版）（第十三章“让语言生动起来”）．北京：外语教学与研究出版社，2011.
3. 李蜜蜜，夏宇．谈中文歌曲在海外汉语课堂中的运用．成都大学学报（教育科学版），2008（10）.
4. 龙叶，雷英杰．浅谈中文歌曲在对外汉语听力教学中的应用．云南师范大学学报（对外汉语教学与研究版），2007（7）.
5. 赵越．对外汉语教学中运用听中文歌曲学中文的教学法浅析．考试周刊，2010（29）.
6. Dillon, P. (2006). Creativity, Integrativism and a Pedagogy of Connection. *Thinking Skills and Creativity*, 1 (2).
7. Forman, R. (2008). Using Notions of Scaffolding and Intertextuality to Understand the Bilingual Teaching of English in Thailand. *Linguistics and Education*, 19 (4).
8. Kara, Z.E., & Aksel, A S. (2013). The Effectiveness of Music in Grammar Teaching on the Motivation and Success of the Students at Preparatory School at Uludağ University. Procedia–Social and Behavioral Sciences.
9. Savage, J. (2012). Moving Beyond Subject Boundaries: Four Case Studies of Cross-curricular Pedagogy in Secondary Schools. *International Journal of Educational Research*.

19 课堂上如何使用媒介语？

实战问题

假设你只会英语和汉语，教材中的翻译、注释也是英语的。现在你教授一个零起点班，班里的学生有些会英语，有些则不会。假设客观条件都允许，以下做法你会选择哪些？为什么？

A. 大量使用实物、图片展示词义。
B. 请学生在课堂上翻译，例如，同时会英语和俄语的人就可以给只会俄语的学生翻译。
C. 要求学生做好预习。
D. 参考其他不同语种翻译教材的相同语法点，复印下来给部分学生看。
E. 给学生介绍会说其母语的语伴。
F. 用数字、符号等直观方式讲解语法。例如：我们　在北京　学习　汉语。（√）

①　②　③　④

我们　学习　汉语　在北京。（×）

观点碰撞

在初始阶段可适当使用英语

孙迪

一般情况下，第一节课我会说一些英语词，但只是词而已。在第一周的学习中，如果学生不懂，我会简单地用英语解释一下。第一周之后，上课就尽量不说英语了，这在实际操作过程中是可以坚持下来的。我也有完全不会英语的同事，零起点班照样教得非常好。多用各种手段解释，比如图画、符号、体态语等，学生一般是能理解的。

孙 岩

题中列出的方法除了 E 我大概都会使用。我觉得初级阶段还是需要借助一定的媒介语的，尤其是面对成人学生时，因为他们在不明白的情况下很难做到不急不躁。需要的时候请学生帮助翻译也是不错的方法，毕竟初级阶段不会有过于复杂的问题，学生的翻译往往能用较少的时间解决问题，保证课堂教学顺利进行。

反对教师主动引入外语

张京京

教学过程中，我是绝对不会采用“请学生在课堂上翻译，例如，同时会英语和俄语的人就可以给只会俄语的学生翻译”这一教学方法的。但这一情况在课堂中很有可能发生，这时我也不会打断和阻止。但我在零起点班教学中会有意识地让学生形成这样一种习惯——先听老师讲，并积极地让学生建立起“能听懂”的信心。如果确实有听不懂的地方，学生在课间、课后可相互确认和纠正，加强沟通和交流。

刘 颖

（1）大量使用实物、图片展示词义；（2）要求学生做好课前预习，掌握当课的词义；（3）尽量用数字、符号等直观方式讲解语言点。这三种方法都是值得肯定的，相反，诸如“请学生在课堂上翻译，例如，同时会英语和俄语的人就可以给只会俄语的学生翻译”的方法却会扰乱课堂秩序。而“参考其他不同语种翻译教材的相同语法点，复印下来给部分学生看”的方法比较麻烦，老师负担较重，可行性弱。“给学生介绍会说其母语的语伴”这种方法可能会产生其他问题，如学生需承担费用等。

鞠 慧

我在我的第一次汉语课上用英语解释过两个词语，并将英语书写在了黑板上。课下，有两个日本学生找到我，说：“老师，我们来您的汉语课不是来学习英语的，请您尤其不要将英语书写在黑板上。”这件事对我触动很大。尽管，越来越多的汉语教师对在汉语课上是否要使用外语持更宽容的态度，认为不必机械化处理这一问题。我还是认为汉语教师要尽可能地使用汉语，尤其是在学生语言背景不一的情况下。

预习可减少课堂教学任务量

蒋 楠

预习很重要。在美国，对于初中级学生，我们每课都会给他们布置预习单。再有，从零起点到初级，很多语言点都可以用很直观的方法展示、讲解。

范红娟

同意蒋楠老师的观点，这种情况下预习就特别重要，如果学生不做预习，那么上课的效率将大大降低。在这种情况下老师当然应尽量做到直观、简洁、明了。但是有时如果能有与其相同母语背景而又能说英语的同学的帮助，效率就更高了。

王 波

同意以上两位老师的说法。从某种程度上来说，预习比复习更重要。我的听写练习一直放在学习新课之前，提前布置让学生对生词和课文有一个初步了解，有利于教学的顺利进行。

刘 弘

我认为教师不主动使用媒介语是很重要的。这就要求教师在以下这些方面做出努力：

首先，教师应该有意识地控制自己的话语难度。对初级班学生而言，尽量少出现难词，多使用肢体语言，必要时可以用夸张的语气和姿态。

其次，应掌握一些使用汉语来进行教学和课堂管理的技巧。以教师认为需要使用媒介语的生词教学来说，由于现有教材一般都有媒介语注释，所以学生对于词汇的意义（即使是那些较抽象的词汇）是可以有一个大概了解的，问题在于他们对该词的精确意义把握不好，而这光靠教师讲解没用，词汇只有在交际中才能获得意义。借助教师提供的例句，学生才有可能体会出这个词汇的精确意义。而在进行课堂管理时，教师也可以有一些技巧。比如可以在较早的课程中就为学生引入常用课堂管理语句，这样就可以避免总是使用媒介语表达课堂中常常出现的指令语或课堂用语。

第三，尽量在使用媒介语方面形成一定的规则，避免随意使用。不少新教师的英语和汉语使用没有规律，而且经常出现先使用英语、再使用汉语翻译的情况（翻译练习除外），或者是先用英语说一个词汇，然后附上中文解释。

第四，应改变自己的一些不良话语习惯。比如教师在对学生的回答进行反馈时，不需要使用“good”“OK”等表达，学生通过中文以及教师的体态语完全能够体会到教师表示“夸赞”的态度。

我认为教师使用媒介语与自身语言教学理念有关，如果教师认为语言学习仅仅是要掌握语

言这个产品 / 技能，那么教师可能就会较多使用媒介语，毕竟这种借助翻译的方法确实效率较高。如果把语言学习看成是一个过程，教师只是扮演助手和推动者的角色，语言学习成功的关键在于学习者自己对语言的体验和使用，秉持这种观念的教师可能就会减少媒介语的使用。

理论广角

语码转换

关于课堂中是否需要借助学习者的母语或媒介语，何时、如何借助学习者母语和媒介语，用量多少等一系列问题，在国际汉语教学领域，乃至第二语言教学领域都是经久不衰的话题。语码转换是指一个多语码的个体，在交际活动中根据自己的实际需要进行的语码调整或转换。它是语言接触和跨文化交际中的一种普遍现象。在国际汉语教学中，教师有时为了促进学生充分理解学习内容或解释复杂的课堂指令，会使用学生的母语或英语作为解释手段，使用语码转换策略。

高军（2007）根据课堂录音分析，发现课堂语码转换大致具有三大功能：教学功能（如翻译生词、句子等）；元语言功能（如解释复杂语法规则）和交际功能（如与学生交流深度汉语话题）。他指出："在保证学生最大量的目的语输入的前提下，教师适时、适量地使用母语，进行必要的、具有教学功能的语码转换（如阐释、翻译、强调、检查学生理解情况等），可以减少学生紧张情绪，提高对目的语的输入和吸收。"

但是，语码转换只是促成学生理解的手段之一，国际汉语教师在使用这一手段之前要注意保证学生的目的语输入量，如有可能尽量使用其他直观、易理解的手段（如图片法、手势法、情境法等）替代使用学生的母语或英语，以防学生过度依赖其母语或媒介语，从而影响他们的汉语学习和习得。

总的来说，语码转换不应该随意使用，而应该适时、适量，要注意教学效果。

延伸阅读

1. 高军，戴炜华．语言教学中的语码转换研究和实验分析．外语教学，2007（1）.
2. 梁宁辉．不用媒介语从事对外汉语课堂教学的探讨．汉语学习，1998（3）.
3. 谢晓燕．英语专业课堂教师母语使用的数量、功能和原因调查．现代外语，2011（3）.
4. 杨延宁．从课堂实际情况看新加坡华文教学中英语的使用．华文教学与研究，2010（2）.
5. Hobbs, V., Matsuo, A., & Payne, M. (2010). Code-switching in Japanese Language Classrooms: An Exploratory Investigation of Native vs. Non-native Speaker Teacher Practice. *Linguistics and Education*, Volume 21, Issue 1.
6. King, J.R., & Chetty, R. (2014). Codeswitching: Linguistic and Literacy Understanding of Teaching Dilemmas in Multilingual Classrooms. *Linguistics & Education.*
7. Miles Turnbul. & Jennifer Dailey-O'cain. (2009). *First Language Use in Second and Foreign Language Learning: Intersection of Theory, Practice, Curriculum and Policy*. Clevedon: Multilingual Matters.
8. Van Der Meij, H. & X.G.Zhao. (2010). Code-switching in English Courses in Chinese Universities. *Modern Language Journal*.

实战问题

如果教学活动中，你遭到了以下质疑，你将如何处理？

A. 课堂上，你换了一种教学方式，有学生立刻提出这个方法不好，不适应。
B. 课堂上，学生提出一个问题，考虑到不是授课重点，你回答说现在时间不够，以后会讲到。但学生态度不佳地表示，他怀疑你根本无法有效解答问题。
C. 有学生在课后多次表示，你对汉字教学过于重视了，没有必要。
D. 有学生是中小学外语教师，有时会向同学们评论你在教学中的不足。
E. 你教授商务汉语课，但没有任何商务活动实践经验。课堂上，一些真正的商务人士会指出你在专业知识上的不足。
F. 一些学生喜欢课堂上的游戏和活动，但是另一名学生向你提出，这种活动既幼稚又浪费时间，不明白你为什么要安排。
G. 学生认为你偏爱某些学生，没有公平对待大家。

观点碰撞

这道思考题考查什么？

张京京

大家可以从“预防”和“应对”两个角度来讨论这个问题。再具体一些，包括专业知识储备、教学技能和能力以及遭遇突发或者持续的质疑时教师的态度、策略和技巧。

面对质疑的原则和解决方法

朱 勇

新手教师或者教学效果不太好的老师遇到上述质疑的可能性要大一些，这就要求教师自己得有过硬的教学基本功和课堂管理策略，能给自己足够的自信去面对质疑、坚持自我；如果刚刚入门，教学经验不丰富，那就要主动出击，课间、课后跟学生多交流，听听他们的意见，择善而从之。

张晓明

沟通和自我提升是解决问题的两大重要方法。教师也需要成长，从学生和同事那得到的反馈可以让自己反思教学，对于他们的质疑有则改之无则加勉，继续提升自己的专业知识储备、教学技能储备、课堂管理知识储备，努力成为一名优秀教师。

王 波

对于学生的质疑，教师首先要保持冷静。如果学生提出的问题比较客观，就要抱着诚恳接纳的态度，反思自己的教学，下课后跟学生主动交流，了解他们的需求，做出适当调整；如果学生的质疑比较偏激，比如 F，则要向学生简单说明教学安排的意图；假如出现 B 这种情况，最好保持沉默，不予回应。

朱 勇

质疑 D，与其让他们课外议论，不如课后主动与他们交流；质疑 E，如果属实，那你可以多向这些同学请教，课外多补课；质疑 F，众口难调的情况难以避免，绝大多数人喜欢就好；质疑 G，如果你确实偏爱个别学生，那么应该及时调整，做到相对公平。

范红娟

对于 A，在高级口语课上，有学生提出，应该先讲生词、再讲课文，我课下和她沟通说，你看教材高级阶段的编排，把课文放在前面，生词放在后面，就是想让大家在不了解所有词语意思的情况下获取信息，谈谈看法；然后我又说了我为什么要先处理课文，后来该生无异议。对于 B，如果一句话能解答，即时处理，如果不能，我不会说以后会讲到；我会说下课跟你说，然后给 Ta 一个微笑。对于 C，我会在课程一开始就强调汉字的重要性，如果刚开始讲清楚了，后期的学习基本上不会再出现学生抱怨的情况。对于 D，我曾遇到过一个俄罗斯学生，当时她在重庆的幼儿园教英语，多次课上指出我们高级口语课上应该多做游戏，未被采纳。后来经常在课堂上和其他同学叽叽喳喳，认为老师经验不足，不能教好。但是由于其他同学对其并不附和，而且神情尴尬，我也就没管她。教学对象不同，方法自然不同。选项 E 是事实，如果自己真的专业知识不足，那就是不足，没必要隐瞒。每个人有自己擅长的方面，一开始就可以跟学生讲清楚，我只是汉语专家，在商务上你们是专家，上这堂课，我们互相学习。选项 F，避免幼稚的活动和游戏，要照顾成年人的学习特点（如果教学对象是成年学习者的话）。选项 G，如果学生真的这么说，即使你心里并无偏见，那也说明教师可能在一些细节上没处理好，反思，改之。

刘 弘

我遇到过学生质疑我教学方法的情况。当时一个韩国学生（40 多岁的女性）在我下课以后就走过来提建议，她认为应当多带领学生读生词和课文。一般生词和课文我都会先领读 1—2 遍，然后再做口头操练和问答，最后再领读一遍。我自己认为可以了。可是这位韩国学生告诉我，她自己是韩国的英文老师，教英文时会带读好多遍以巩固学生的语音语调，她据此认为我只领读两次是不够的，要求我多领读。于是我告诉她：我的教学理念是更看重交际，希望学生能在交际练习中提高语音水平，所以实际上在操练和问答时，我也是帮助学生在练习语音语调；我们班有 20 多名同学，如果总是机械性地朗读课文和生词，不利于激发学生学习的积极性……听了我的说明后，这位韩国老师接受了我的意见。后来我发现她其实是我们班韩国学生的“头儿”，可能她当时是代表韩国学生来跟我说的。所以如果教师觉得自己的做法是对的，可以跟学生做些交流，获得对方的理解。如果对方的意见有可取之处，也应当吸收。

孙 岩

选项 A 的质疑我还真的遇到过。当时的教学安排是在没有进行词汇教学的前提下，让学生快速阅读课文，然后回答老师的几个问题，有个学生立即提出“不干”，要求先学生词，说以前的老师都这样做。我没有因为她的质疑就改变教学安排，而是告诉她我们先试一下这样行不行，在大家都能顺利回答老师的问题后（包括质疑的学生），我趁机向大家解释了我的教学安排的目的，同时也分析了别的老师先学词汇的教学目的，班里学生都点头表示认可，质疑的学生之后也没有再生枝节。我觉得被学生质疑是不可避免的，但如果老师尽量做到备课充分，大多数情况下还是可以从容应对的。

鞠 慧

成人学生，尤其是有自己的学习风格或其他语言学习经历的学生，容易质疑教师的教学方法。比方说，由于我自己学习的是汉语教学专业，我在学习二外的时候，常常会质疑语言教师和语伴的教学原则、方法和效率，甚至会质疑教材的编排。一方面，教师需要理性对待这些质疑，学生往往是对事不对人，质疑有时候是由于提升学习效果的动机较为强烈。另一方面，教师要给予学生必要的解释，尤其在开展新的教学活动、使用新的教学方法时，要花一点时间解释这样做的目的何在，比方说“学会书写汉字能够帮助提高阅读能力，综合提高汉语水平，所以教师要求听写”“据描述猜词活动可以考查学生对词义的掌握，并训练组织语言的能力”等。

理论广角

反思性教学

2012 年国家汉办颁布的《国际汉语教师标准》提出：“教师应具备对自己教学进行反思的意识，具备基本的课堂研究能力，能主动分析、反思自己的教学实践和教学效果并据此改进教学。”

反思性教学是教师专业化发展的基础，它是教师在课前、课中、课后对自己行为和思想的内省和回顾，能促进教师的自我提升。拥有足够反思教学意识的教师会时刻关注自己的行为和思想，并致力于提高自己的教学和研究水平。进行反思性教学的途径大致可以分为：写教学日志、进行案例分析、学习角色互换、观看教学录像、进行行动研究、同伴观摩、合作教学、编辑教学档案袋等（Kathleen M. Bailey 等，2007：21）。拿行动研究来说，教师如果在教学中发现了教学困惑或学生的学习困难，可以广泛搜集相关的资料，分析和解释出现困惑或困难的原因，并提出相应的解决办法，然后再在教学中采用这些办法来解决问题，不断验证自己的假设，从而解决问题，促进教学发展。

国际汉语课堂是动态的课堂，国际汉语教师要有意识地积累教学经验，不断从自己和他人的课堂中学习，沉着处理各类教学问题和课堂突发事件，提高自己的教学水平。不断完善自己的知识结构和能力结构，提高自己的素质，这是一个终身的过程。

延伸阅读

1. 国家汉办．国际汉语教师标准，2012.
2. 陆秀芬．关于推行反思性对外汉语教学的思考．云南师范大学学报（对外汉语教学与研究版），2008（1）.
3. 王添淼．成为反思性实践者——由《国际汉语教师标准》引发的思考．语言教学与研究，2010（2）.

4. 张和生．对外汉语教师素质与培训研究的回顾与展望．北京师范大学学报（社会科学版），2006（3）．
5. Kathleen M.Bailey, Andy Curtis, David Nunan. 追求专业化发展——以自己为资源（第三章“反思性教学：用心观察”）．董奇等译．北京：北京师范大学出版社，2007.
6. Abednia, A. et al. (2013). Reflective Journal Writing: Exploring In-service EFL Teachers' Perceptions. *System*, 41 (3).
7. Killeavy, M., & Moloney, A. (2010). Reflection in a Social Space: Can Blogging Support Reflective Practice for Beginning Teachers? *Teaching and Teacher Education*, 26 (4).
8. Wolfensberger, B. et al. (2010). The Challenge of Involvement in Reflective Teaching: Three Case Studies from a Teacher Education Project on Conducting Classroom Discussions on Socio-scientific Issues. *Teaching and Teacher Education*, 26 (3).
9. Zhou, W. Y., & Li, G. F. (2015). Chinese Language Teachers' Expectations and Perceptions of American Students' Behavior: Exploring the Nexus of Cultural Differences and Classroom Management. *System*.

21 如何应对学生的敏感问题？

实战问题

1. 周老师在国内教成人预科班，班里主要是来自日本和韩国的学生。有一天，周老师发现班里的韩国学生涂改了教室里张贴的世界地图，把地图上的韩日争议海域都按韩国方面的观点做了标注。如果你是周老师，你该如何处理这一情况？

2. 小吴是赴海外教中小学的志愿者，有一次当地家长提起他们对西藏、新疆的迥异看法，小吴急于申明和陈述中国的立场，却被对方嘲笑说他已被“洗脑”了，结果说着说着就不欢而散了。想一想，你有没有更好的处理办法？

观点碰撞

学生为什么会问敏感问题？

苏磊鑫

我跟同事们交流了一下，大家或多或少都遇到过这种敏感性问题。大家的感觉是，很多时候不是学生故意刁难或者有所针对，就是对某个问题很好奇，想知道老师的看法。首先不用如临大敌或者情绪紧张，尽量用简单、平实、客观的语句告诉学生自己的观点就好。

蒋 楠

对于国际敏感问题，我的做法是，学生不问我不说，学生问到也不回避，站在客观的立场上，以中立的态度简要回答。当然，有些学生可能故意涉及敏感问题，课后要从侧面了解学生背景、动机等因素，再单独跟他交流。

教师的基本态度

刘颂浩

来日本快一年了，没有日本人跟我谈钓鱼岛问题。由此想到：（1）我们自己可能更敏感，换句话说，很多问题没那么复杂，或者根本不是问题；（2）汉语志愿者一定要认识到，中国政府的许多认识和做法，在国际上是有争议的；（3）志愿者是汉语老师，不是外交官，可以有自己的看法。

朱 勇

教师千万不要把自己塑造成外交部新闻发言人。对一些敏感问题要有底线，尽量不争论，表明自己的态度，然后尽快转移话题，或课后个别讨论，不要被学生牵着鼻子走。

张京京

这一思考题是很多赴海外国际汉教志愿者遇到的问题。我想起暑假汉办培训时美国西北大学顾教授的话，大意是：我们首先是教师，要先把汉语教学的事做好，而这已经不是一个简单的要求了。

彭宗平

首先看学生的提问时间，如在课堂上，可以告诉他（她）下课再讨论；如在课下，则视情况而定。我一般只回答与中文学习、中华文化有关的问题。

朱 勇

我的做法跟彭老师的做法基本相同。课上不被牵着鼻子走，以不发生正面冲突为原则。

阎 卫

作为一个老师，应该有控制自己和驾驭课堂的能力，同时还应该懂得教什么、怎么教，才对实现教学目标有利。当然还应该知道回避什么、如何回避。不能把与教学无关、甚至不利的东西拿到课堂上来，那样做无疑是失败的教育实践。

徐 波

我倒基本没遇到过这类问题，只有一次在讲“好”字构成时，学生提到计划生育。我的态度是，不主动“挑事”，遇到后也不回避，不卑不亢，有一说一，尽量还原事情本态。上课若是有学生问，不过多解释，三言两语解决。

王 波

不主动提及敏感问题。但在中高级教材中确有篇目涉及中日战争、二战等，也用不着刻意回避，就事论事，点到为止，不与学生深入讨论这类问题。

一旦被问到，如何应对？

袁紫阳

我也曾被问到类似的问题，如台湾问题。我只是客观地讲了一下中国大陆人的看法和台湾人的看法，简单提了一下历史，然后告诉他们中国和别的国家一样也有自己的问题，我们仍在努力。学生都很认同，还给我介绍了一下他们国家的问题。我觉得不一定非得让学生跟我们的想法一样，毕竟立场不同。客观介绍一下就好。

佟 叶

实事求是，客观地介绍比较好。每个人都有自己出于爱国的立场，但是老师最好不要把政治带入课堂。在泰国说起缅甸，有些泰国学生会一脸的不屑，这也是领土纠纷问题。老师应该在这类问题上保留意见，客观地介绍起源及彼此的态度就够了。毕竟我们不是政治家，而学生也有选择自己观点的权利。

刘颂浩

承认有争议并不是要忍让，也不是要放弃自己的看法。只有承认有争议，才有可能进行理性争辩；同时，只有认识到自己是汉语老师而不是外交官，才有可能进行平等争辩。在涉及敏感问题时，汉语老师不是权威，不能要求学生接受自己的看法。

秋 瑗

在小班授课中，如果学生真的对某些敏感话题很感兴趣，希望了解，并抱着热情的态度想用汉语来跟老师讨论。老师要回避这样的讨论很难，尤其在语言类课程的教学中，多次回避学生感兴趣的话题，可能会导致学生失去学习的兴趣，一味回避的态度，也会造成不必要的误解。不论学生是出于何种心态的关心（好奇、批评甚至挑衅的），我大多会用一种态度去回应——先用心倾听，属客观事实的会坦然承认，然后告诉他们，让人们有机会看到这些问题，这是目前中国最值得肯定的进步之一。因为这是解决问题的第一步。承认事实并由此看到发展和进步的趋势，才是我们的自信所在。老师必须真诚而自信地对待这些讨论。尤其是面对疑问甚至质疑时，一味回避或者掩饰，往往会陷入狭隘的爱国主义误区，更可能暴露出虚弱的自卑。无论是一个人还是一个民族，能坦然承认事实，是自信的第一表现，能看到事实（哪怕是不足）中包含的进步趋势，才是自信的实质表现。

刘 弘

我现在教留学生《中国概况》，常常遇到这类敏感问题。我个人的体会是，不要总是用中学学到的知识来回答，而要有更高、更宽的视野。教师自己要多阅读，了解这些敏感问题的来源和那些观点的依据，同时了解我们国家对这些问题的态度和回答。实际上中国政府出版了不少白皮书，对相当多的敏感问题做了专门的解答，我们对此应该做到心中有数。作为国际汉语教师，应该对正、反两方面的观点都有所了解，但是在面对学生的疑问时，应当站在中国政府的立场加以准确地说明。一般学生不会跟你争论，即使有争论，老师们也可以说："你可以有你的看法，我也可以有我的意见。"我的感觉是教师不用刻意回避，但也不要故意挑衅，还是要互相尊重。

理论广角

课堂突发事件处理

国际汉语课堂是一个拥有多重文化背景的小型"国际社会"，不同国家、不同文化、不同语言的学生聚集在一起，再加上教师，难免存在文化碰撞和冲突，存在一些"敏感问题"。这些"敏感问题"可能由当时课堂情境引发，也可能由当前、过去的国际关系或学生的某种心理动机引发。一旦引发，就可能脱离教师原先的教学计划，成为课堂突发事件。在遇到这些突发事件时，一味地回避或以偏激的态度应对都不是良策，还可能会引发更大的文化冲突和问题。因此国际汉语教师要以客观、中立的态度对待"敏感问题"，不要强求学生接受教师的观点。

在处理课堂突发事件时，应遵循的原则主要有两个：速战速决和换位思考（周静等，2010：52）。课堂的第一要务是学习，教师应该快速终止干扰课堂正常进行的问题，用包容的心态思考学生提问的目的，从容回答，不扩大事态、不激发矛盾，保证课堂活动的正常进行。

另外，对于由敏感问题造成的课堂突发事件，国际汉语教师可以提前准备。国际关系千变万化，不同国别的学生面对的敏感话题有所不同，国际汉语教师要关注时事变化，做到心中有底，对于一些敏感政治问题可能引发的反应，提前想好应对之策。在出现这些话题时，便能沉着冷静、客观对待。国际汉语教师也应当有意识地增强师生的跨文化意识，力求客观、公正地面对敏感问题。

延伸阅读

1. 金磊. 对外汉语文化内容教学中“敏感话题”的研究——以欧美学生为例. 陕西师范大学硕士学位论文，2013.
2. 周静，周宇. 教师专业技能，走向专家型教师之路（第三章“课堂组织与管理技能”）. 北京：高等教育出版社，2010.
3. Finch, A. (2010). Critical Incidents and Language Learning: Sensitivity to Initial Conditions. *System*, 38 (3).
4. Linell Davis. (2011). *Doing Culture: Cross-Cultural Communication in Action*. 北京：外语教学与研究出版社.
5. Shapira-Lishchinsky, O. (2011). Teachers' Critical Incidents: Ethical Dilemmas in Teaching Practice. *Teaching and Teacher Education*, 27 (3).

22 课上让不让学生用手机？

实战问题

马老师发现讲课时总有学生频繁摆弄手机影响教学效果，于是明确要求学生在课上不许摆弄手机。但这个要求一提出，马上就有两三个学生表示离不开手机上的翻译工具。如果你是马老师，接下来你会怎么做？

观点碰撞

可允许查词典

鲍思冶

其实我以前对电子词典等非常抵触，但是后来发现，21 世纪的老师们不能再按照传统的方法教学了。比如手机，现在就像电脑，有很多好的词典，我们为什么不让学生用呢？关键是你要管理好，让他们真的是在用手机查字典。一味地禁止不是好方法。

孙 岩

学生使用手机的确能够解决很多学习中遇到的问题。上课时看到学生使用手机，我一般不会正面阻止，但是会通过及时提问来保证学生注意力不会离开老师的讲课，也会通过询问查找结果的方式来确认学生是否在用手机学习。有效的管理可以使手机使用发挥积极作用。

尽量减少甚至禁止学生使用手机

蒋 楠

对于上课使用手机的问题，在美国我们第一节课说规定的时候就会说明，而且严格要求。依赖手机翻译完全不是理由。

朱 勇

课后可以用，但是课堂上我觉得没有太大必要查词典，因为查词典意味着不听讲，或者不参与互动。马老师有必要在一开始就规定课堂上不允许使用手机。其实在教师主导下（可懂输入），上课需要查词典的概率很低。面对需要手机翻译工具的同学，老师可以明确告知：有急需解决的问题可以问老师，不那么着急的问题可以课外查阅。

曹 芳

我的学生也会偶尔用用手机的词典，我看到的话，就让查过字典的人用汉语给大家解释这个生词的意思，这样他们就不太敢查词典了。不管的话，有的人会一直查，浪费了很多时间，而且查过以后也记不住。我喜欢锻炼学生猜词的能力。

张京京

如果学生真的是用手机来学习的话，就应该给学生明确的预习要求，并提前给出需要预习、准备的材料，这样学生就更没有必要、也没有理由上课再查东西。

宋海燕

我一直不提倡学生上课查字典，提前做好预习很重要，上课的时候主要学习意思和用法并练习使用。而且想办法通过老师的提示和讲解去理解本身也是一种学习能力的提高，上课依赖字典绝对是一个坏习惯。

因课制宜

刘 弘

这个我是根据情况来做规定的。比如我教语言生，就会允许他们使用手机来查词典，因为语言生班级人数不多，如果他们在玩游戏，我马上就能发现。而我上《中国概况》，都是三四十个人的大班，教室也很大，如果学生坐在后排偷玩手机，我根本发现不了，于是我就规定不许使用手机和任何电子产品（比如 iPad）。只要教师一开始将要求清楚地告诉学生，学生不会有意见。

鞠 慧

同意刘老师的看法，要因课制宜。这和课型、课堂环境、学生人数和教学安排，都是分不开的。教师需要在授课之初做出明确规定和说明，电子设备在什么情况下可以用、什么情况下不可以用，在课堂上要贯彻公平管理的原则，不要做出一些模棱两可的要求。此外，比起强制性的管理，合理的教学内容和紧凑的教学安排是更有效的课堂管理方式。举个例子来说，教师在口语课上让学生完成一个教学任务，比方说利用所学内容组织和输出一段话，如果活动任务明确、时间管理得当、教师活动后有必要的检验和评估，学生是不可能有心情和时间用手机干“闲事”的。

理论广角

课堂管理策略

和谐的课堂氛围是顺利进行教与学的前提。在国际汉语课堂教学中，教师和学生之间可能由于文化差异或者教师的教学方法与学生的学习方法不同而产生一些冲突，学生之间也有可能因为沟通问题产生冲突，因此国际汉语教师要有意识地提高自身的课堂管理水平。

教师课堂管理应该包括课堂环境管理（如桌椅的摆放、教室的布置等）、课堂纪律管理和课堂氛围营造等。教师在进行课堂管理时应遵循以下原则：以人为本、最小干预、多法并举、预防在先、因人而异（姜丽萍，2008：234-245）。其中，在管理课堂纪律时，除了利用课堂规则约束学生行为，教师也可以充分利用语言上的一些小策略（吴志樵，2011：187）：

策略一：传递正面信息。当学生出现问题行为时，教师可以明确说出他希望学生怎么做，而不是把重点放在学生的行为上。例如：当学生上课看手机时，教师可以说：“我希望你看着我，认真听我讲。”而不是“我希望你不要看手机了。”也可以委婉地提醒：“我希望大家可以让手机休息一会儿。”

策略二：采用更温和的表达。当教师需要用语言提醒学生时，可以先对学生的行为进行描述，然后说明这种行为对老师的影响，并让学生知道老师的感受。例如，当出现思考题中的情况时，教师可以说：“我在讲课的时候你在看手机，现在我不得不停止讲课，我觉得你好像不太尊重我。如果你是老师，你怎么想？”

延伸阅读

1. 姜丽萍．对外汉语教学论（第九章“课堂管理”）．北京：北京语言大学出版社，2008.
2. 吴志樵．指导学生的学习方法．沈阳：辽海出版社．2011.
3. 夏明菊．也谈菲律宾华校华语课堂的有效管理．乌鲁木齐职业大学学报，2005（1）.
4. Meyer, L.H., Evans, I.M. (2012). *The Teacher's Guide to Restorative Classroom Discipline*. Thousand Oaks: Corwin.
5. Piwowar, V., Thiel, F., & Ophardt, D. (2013). Training Inservice Teachers' Competencies in Classroom Management. A Quasi-experimental Study with Teachers of Secondary Schools. *Teaching and Teacher Education*.
6. Shindler, J. (2009). *Transformative Classroom Management: Positive Strategies to Engage All Students and Promote a Psychology of Success*. Hoboken: Jossey-Bass Teacher.
7. Sun, L.F. (2015). Teachers' Experiences of Effective Strategies for Managing Classroom Misbehavior in Hong Kong. *Teaching and Teacher Education.*
8. Wallace, T.L., Sung, H.C., & Williams, J. D. (2014). The Defining Features of Teacher Talk Within Autonomy-supportive Classroom Management. *Teaching and Teacher Education*.

23 教师如何干预课堂问题行为？

实战问题

课堂上学生有哪些不当行为需要教师干预，否则会影响其他学生的学习？根据下列分类和提示，讨论并列出学生的相关表现，然后试着分析一下教师该如何进行干预。

内隐型：走神儿

外显型：和同学聊天、制造杂音，拒绝参加小组活动

高危型：独占发言或提问机会，模仿他人的不佳发音或口音

观点碰撞

如何区分行为类型？

张京京

作为最初的出题人，这三个分类主要是我个人在此问题上的理解。其实分类标准并不单一，例如内隐和外显是根据表现方式，高危是根据危害明显程度，模仿他人口音显然同时也是外显的。相信对于课堂教学中的学生行为，老师们也有自己的分类和理解。课堂教学研究领域也多有相关理论和研究值得参考，而不仅限于国际汉语教学。内隐型的不当行为或表现由于更不易察觉，往往需要格外关注和预防。除了走神儿还有参加小组活动时“出工不出力”现象。

不同问题的解决之道

蒋 楠

（1）“和同学聊天”很影响其他同学的课堂学习，一般我会问他“有什么问题吗？”

（2）“拒绝参加小组活动”在我们的课堂里没有出现过，原因是我们小组活动不但有一个集体分数，而且对每个人的完成情况也会进行考核并给出成绩。（3）“走神儿”可能由很多因素引起。可能是教师上课的教学方法过于单一。有学者研究过学生上课集中精力的时间，教师应该合理分配好课堂教学每个环节的时间。当然，教师上课的提问和课堂节奏的把握也是避免学生走神儿的好方法，要让学生感到必须时刻跟着老师，否则可能会回答不上老师的提问。

张京京

从制度上预防最事半功倍，教师也不必挨个监控。除了蒋楠老师的做法外，还可给每个人轮换指定明确的组内角色，如“组织者”“反驳者”和“总结者”。

刘仙佑

“走神儿”的同学，老师上课时可以多在他旁边转转，引起他的注意。“和同学聊天、制造杂音”的同学，老师上课时可以偶尔提高或降低音量，或者突然静默几秒引起他们的注意。“拒绝参加小组活动”，可能是老师设置的小组讨论问题不吸引人，不能引起他的兴趣。

陈园园

我现在印尼的一所中文学校教学，负责的主要是四年级学生。对于不同类型的学生，我会采用不同的方法：

（1）对于“内隐型”学生，在集体复习讲解时，我会将注意力放在该学生身上，比如靠近或者对她/他抱以特定的笑容，让她/他来读。如果她/他不会，我会用纸挡住自己，偷偷告诉学生以提高他们的兴趣和信心。

（2）“外显型”学生的教学纪律性低，一般要判断学生是因为内容掌握得好所以不听课还是学生内容掌握得并不好。如果是前者，我会让她/他到讲台上来领读几个词语并解释，告诉他其他同学需要他的帮助。如果是后者的话，我则会在集体轮流读时让她/他来读，如果她/他表现不好，教师对她/他的关注减少，在被冷落的这段时间里，学生会自觉些。

（3）对于“高危型”学生，在该学生出现这些行为时，可以拍拍她/他的肩膀或者打手势表示要保持安静。如果学生继续这样做就发出明确要求，告诉他们不能抢答；同时引入比赛机制，如果抢答的话将会把分数加给被抢答者。“模仿他人发音”的情况较少遇见，如果发生，首先我会到被模仿者跟前轻声告诉他正确的发音并鼓励他大声讲出，然后到模仿者跟前让他写出发音的拼音，并且领读黑板上的词语，让他意识到“人无完人”，要互相帮助、共同进步。

杨 珮

这道题正是我最近在巴塞罗那遇到的问题。“外显型”的喜欢和同学聊天、制造杂音。我试过着重提问他，问他有什么问题等和颜悦色的方式，但是发现过一段时间他还是会聊天说话。于是我去听本土教师的课，发现她的课上也会出现这个问题，她的方法是：直接告诉学生不要说话，并且带有无奈生气的表情。于是我想对待不同的学生应该用不同的方法。有时流露出自己的感情可能更加直接一些，但是要把握度。对于我们新手老师来说这点尤其重要。因为新手老师初次教学，最缺的是气场。关于课堂管理、个人气场，需要自己的探索修炼，也需要听听前辈们的建议。

朱 勇

老师用心，学生感动；课后谈话，适当提醒；当堂用提问的方式适时打断交头接耳的行为；教师停下来，让学生感觉到异样。

王 波

“走神儿”和“制造杂音”一般可以通过轻微提示来制止，但是拒绝参加小组活动则较难处理。有的学生认为只有跟老师交流才能学到东西，因此不愿意跟同学交流。遇到这种情况，课下要向其说明小组活动的重要性，在分组时尽量将其与爱说话的同学分在一组。

孙 岩

最有挑战性的就是同时聚集了各种类型的不当行为，这在中学发生率最高。这时除了课上老师分别应对，还要及时取得学校、家长的协助，通过多方努力来减少不当行为的发生。

理论广角

课堂问题行为

课堂问题行为是指学生在教学实施过程中发生的与教学要求和课堂规范不一致、并且影响正常教学秩序的行为，如开小差、睡觉、聊天、玩手机、拒绝回答问题等。这些行为不仅影响学生自己的学习，也有可能影响其他学生的学习，教师需要谨慎处理。

对于课堂问题行为，在其出现之前教师就应该依据自身教学经验预见其行为后果，制定好相应的规则并告知学生严格遵守；当课堂中学生出现了问题行为，教师要对这些问题行为合理归因，以最少干预、对课堂影响最小的方式提醒学生，并在课后及时与学生沟通，合理疏导学生的不良情绪，帮助学生树立正确的学习观念。

不同个性、不同学习风格的学生可能会形成不同的课堂问题行为，国际汉语教师要根据不同类型的问题行为采取不同的处理方式，也要对不同性格的学生采取不同的处理方式，运用言语或者非言语策略明示或暗示学生回归课堂，尽量不直接让学生在众多同学面前感到难堪。具体来说，教师可以采用的方法有：眼神示意、改变音量、在问题学生附近走动、对问题学生周围的同学提问、责任承担（如上课不认真听讲，下课必须利用休息时间将知识点补回来）等（王振宏等，2011：346）。

延伸阅读

1. 何桂花，王乐荣．英语课堂中学生问题行为的处理．考试周刊，2009（43）．
2. 栾文娣．课堂问题行为心理分析及应对策略．现代中小学教育，2006（10）．
3. 王明芝．课堂教学中的问题行为及其控制．中国校外教育（理论），2008（S1）．
4. 王振宏，李彩娜．教育心理学（第十四章第三节“课堂行为管理”）．北京：高等教育出版社，2011．
5. Aloe, A. M. et al. (2014). A Multivariate Meta-analysis of Student Misbehavior and Teacher Burnout. *Educational Research Review*.
6. Lewis, R. (2009). *Understanding Pupil Behavior: Classroom Management Techniques for Teachers*. Abingdon: David Fulton Publishers Ltd.
7. Lewis, R., Romi, S., & Roache, J. (2012). Excluding Students from Classroom: Teacher Techniques that Promote Student Responsibility. *Teaching and Teacher Education*, 28 (6).
8. Mainhard, M. T., Brekelmans, M., & Wubbels, T. (2011). Coercive and Supportive Teacher Behaviour: Within- and Across-lesson Associations with the Classroom Social Climate. *Learning and Instruction*, 21 (3).

24 特爱回答问题的学生

实战问题

不肯回答问题的学生会让教师头疼，但太喜欢回答问题的学生有时也会给教师带来负担。在上海任教的张老师遇到了这样一个学生，他叫博拉，来自土耳其，在课堂上特别喜欢回答问题。每次张老师提问，他总是积极思考，踊跃发言。起初张老师很高兴，觉得博拉是个催化剂，可以带动其他学生发言，可是时间久了，张老师发现，博拉比较自我，对于回答问题的机会从来都是当仁不让，以至于其他学生产生了反感情绪，甚至越来越孤立他。面对这种情况，你认为张老师该如何处理？

观点碰撞

轮流回答，机会均等

张京京

相信很多老师读到这里都会会心一笑，想起一些“话唠”和“学霸”。为了公平，也是为了效率，课堂上尤其是口语或听说课堂上，严格按照轮流发言的原则，最能保证在节约时间、课堂快速运作的基础上每个人机会均等。从制度上不给个别人过于抢话或偷懒的机会。

范红娟

如果班上有这样的同学，可以采用点名式，同学们被叫的机会是均等的。对于自由表达的话题，可以规定，最多说多长时间，如果超时，该打断就打断。

刘弘

我也会用点名提问的方式来控制。有的学生几乎每个问题都举手回答，此时我不会完全根据学生举手先后来叫学生。有时候会先叫其他人回答（即使他可能没举手），然后再叫那个“学霸”。真正要注意的是控制他说话的长度，不要让他一直说，要给其他同学机会。

方 杰

这种情况在我教授的马来西亚师资项目的学生们中比较常见。有的学生上课非常积极，问题刚一提出，她就会不由自主地说出来，而且还不时地给老师提问题。针对这种现象，我还是鼓励和保护学生的这种积极态度，等她把问题回答完之后，我会再让那些性格比较内向、不太积极主动的学生再回答一遍，问问他们有什么不同的意见。在一节课上，力争做到机会平等，人人都有开口说话的机会。总的来说，设计提问方式很重要。

王 波

轮流回答是比较容易操作的解决方法。如果已经指定学生回答后还有人总是抢答，教师可以用眼神忽略他，装作没听见，请指定同学继续作答。

孙 岩

教师在课堂上的提问可以分为轮流回答提问、指定回答提问和自由回答提问，如果能够合理安排这几种提问方式的比例也就能较好地控制学生课堂参与的比例。

设置梯度问题，分配给不同学生

蒋 楠

对于提问，教师要认真准备问题清单，将不同难度等级的问题有目的地分配给学生（这需要不断积累总结）。

理论广角

师 生 互 动

在国际汉语课堂中，汉语学习的最终目的是交流，培养学生正确、得体地运用汉语进行交流的能力是语言教学的根本目的，因而课堂互动具有重要的作用。它给学生提供了最大程度参与语言交际的机会，互动中师生问答、意义协商和反馈提高了学生语言输入和输出的数量和质量，因而能促进学生第二语言能力的发展（祖晓梅，2010）。国际汉语课堂互动包括师生互动、生生互动两种基本模式，提问、意义协商、反馈则是课堂互动的三个重要手段。

设计好课堂提问能有效促进师生互动，活跃课堂氛围。好的提问，包括合理设计问题难度、谨慎选择提问对象、适当给予思考时间、积极反馈等。教师若能在课前充分准备好提问，便能最大程度激发所有学生参与课堂互动的热情，提高课堂效率。以下是一位汉语教师的课堂互动：

教师：她的头发怎么样？

学生：长长的。

教师：她的头发长长的。

学生：老师的头发。

教师：老师的头发也是长长的。她的眼睛怎么样？

学生：大大的。

教师：眼睛大大的。

学生：很大。

教师：很大？你的眼睛也是大大的，眼睛黑黑的。

教师：她的个子呢？

学生：高高的。

教师：高高的，好吧，噢，她真的很漂亮。她的头发长长的，眼睛大大的，黑黑的，个子高高的。

这位教师从课文的插图入手，就刚学过的形容词“AA的”这一语法点对学生提问，无论是从话题的选择还是问题的难度来看，都紧紧抓住了学生的兴趣，让学生迅速地掌握了这一语法点，课堂气氛也十分和谐友好。

值得注意的是，国际汉语课堂是每位学生发挥其主体作用、展现自身汉语水平和活力的舞台，国际汉语教师在教学过程中要注意给大家表现的机会，不厚此薄彼，对特别爱发言的学生和不爱发言的学生要适当调控，让每位学生都有课堂参与的机会，形成良好的班级氛围。

延伸阅读

1. 靳洪刚. 中文教师提问能力的培训. Journal of the Chinese Language Teachers Association, 2004（10）.
2. 李燕，贾放. “互动假说”与语言课堂教学互动策略及效用研究. 语言文字应用，2007（S1）.
3. 刘弘，李娇. 对外汉语操练课中“定式问答”的实现方式研究——基于四位教师的课例分析，汉语国际教育人才培养理论研究. 北京：北京语言大学出版社，2013.
4. 荣继华. 初级对外汉语课堂提问策略探讨. 中国青年政治学院学报，2009（2）.
5. 祖晓梅. 汉语课堂的师生互动模式与第二语言习得. 第九届国际汉语教学研讨会论文选. 北京：高等教育出版社，2010（05）.
6. Kang, D. M. (2013). EFL Teachers' Language Use for Classroom Discipline: A Look at Complex Interplay of Variables. *System*, 41 (1).
7. Li, L. (2011). Obstacles and Opportunities for Developing Thinking Through Interaction in Language Classrooms. *Thinking Skills and Creativity*, 6 (3).
8. Pinnow, R. J. (2011). "I've got an idea": A Social Semiotic Perspective on Agency in the Second Language Classroom. *Linguistics and Education*, 22 (4).
9. Temmerman, M. (2009). Communicative Aspects of Definitions in Classroom Interaction: Learning to Define in Class for First and Second Language Learners. *Linguistics and Education*, 20 (2).
10. Zhang, H.S. (2013). Managing Stacy: A Case Study of Turn-taking in the Language Classroom. *System*, 41 (3).

25 正确认识教学管理

实战问题

以下是一些教师对教学管理的认识或做法。其产生均有客观原因，但基本都弊大于利。请分析讨论这些认识或做法的弊端和危害，注意其中可能存在的文化差异和对师生关系可能产生的影响。

（1）罚迟到的学生唱歌或表演节目。他们不好意思了，下次自然就长记性了。

（2）我们班师生之间、学生之间关系非常融洽，每天迟到的人负责买糖果请大家吃。

（3）要求同住一栋宿舍楼的学生互相“叫早”，互相督促。

（4）当众追问学生迟到、旷课的原因。这是教师的责任、也能对学生形成压力。

（5）对成年人的汉语教学不同于对儿童的教学，出勤等问题应该以学生自觉为主。

（6）我是专业人员，不是服务人员。讲好课最重要，考勤等问题不重要，也不是我的责任。

（7）不来上课就是不对的，无论什么理由。如果有人三次不来，以后也不用来了。

观点碰撞

刘仙佑

对于（1）和（2），我认为关于迟到的惩罚侵犯了学生权利；而对于（3）互相“叫早”的做法，大部分外国人都很反感别人影响自己休息；至于（4），当众追问原因导致学生没台阶下，让他们很窘迫；关于（5）和（6），我认为出勤问题应该设置自觉签到，可以起到督促的作用；（7）的说法过于绝对，学生有自己的理由参加或不参加课程学习。

鞠慧

（1）（2）（3）（4）的做法或是耽误课堂时间，或不符合外国学生的习惯，或是无法制度化坚持下去，或是易让成人学生产生反感情绪；（5）和（6）的认识对教师管理课堂不利，会影响教学的效果；（7）显然没有从学生的个体情况出发。

张京京

前4种状况我见到过，甚至听学生抱怨过；（1）（4）可能使一些学生恼羞成怒；（2）牵涉了经济问题，格外不妥；（3）侵犯了双方的权益、空间和独立性。

刘弘

我从来没有做过（1）（2）（3）（4），因为我自己也不能接受这样的做法。现在学校一般有管理制度，如不来上课要请假、多次不来可能会取消学籍、迟到要影响平时分数等。我觉得只要根据学校规定做就行了。我2009年在纽约大学上海中心工作的时候，他们的迟到规定很严格，只允许一次无理由的请假，其余请假都必须有请假条。即使有假条的请假也会影响平时分数（出勤占总分的10%），超过若干次请假，就不能参加期末考试等，执行起来也非常严格。我觉得语言进修生的管理也可以借鉴。真正的问题是老师能否做到，或者老师能做到、管理部门是否配合。

王波

对于迟到的惩罚措施，要根据具体情况而定，同时也取决于教师和学生的性格特点，无法一概而论。对于成年人来说，无法强制他来上课，但是在第一次课上一定要提出考勤规定，说明缺勤或者迟到的后果，并且在整个学期中严格执行。

因时因地因人而异

朱勇

（1）（2）的唱歌、表演节目以及买糖果，我觉得要根据具体情况来决定。我曾经听过一个老师的课，有同学迟到，课间时迟到的学生很开心地给每位同学发了一根冰棍儿，大家谈笑风生，其乐融融。

孙岩

我也同意一定要因时因地因人而异。对待正规大学、中学、小学学生管理还是应该从严，可以在学期初通过讨论共同确定纪律及相关违纪后果。老师当然要倾听学生的理由，但是纪律还是要严格执行。对待业余班学生则可相对宽松，鼓励其尽量按时上课，毕竟这些学生不可能将学习摆在第一位。

如何处理学生迟到？

赵晗

事先沟通很重要，这个要事先和学生沟通好。但我还是把用发糖作为小惩罚的做法停了，只是在逢年过节时老师发一些糖果让学生开心开心。结果孩子们跟我闹了脾气。

苏磊鑫

我们的做法是，每次上课之后点名签到，每个月迟到四次者（所有课），辅导员找谈话。有缺课未请假者，发现一次找一次。基本原则是：课前明确教学纪律，而不当堂批评学生，课后解决问题，看是否因生病或其他问题导致迟到、旷课。

理论广角

课堂规则制定与实施

迟到、旷课、讲话、开小差、随意使用手机等，是教学中存在的常见行为，如果教师处理不当，会对教学产生一定的消极影响。提前制定相应的规则和监督机制对预防学生不当行为有一定的威慑作用。

在课程开始之前，教师要对课堂上和教学管理中学生可能出现的问题行为有一定预见，制订明确、合理、精炼、具有操作性、奖惩分明的课堂和教学规则。在上第一堂课时，教师要用简单明了的方式将课堂规定以口头或书面形式展示给学生，并抓住学期开始的机会，与学生共同讨论，征求学生对课堂规则的意见，分享师生的需要与要求，以公平、民主的方法共同制订课堂规则，让学生自觉遵守纪律。在实施过程中，要不断进行检查，并根据各方面的具体情况加以补充、修改和调整。

当学生违反教学和课堂规则时，教师要及时按照之前制定好的规则处理，维持规则的有效性。教师也要根据教学实际情况及时调整和补充、完善规则，营造和谐的课堂氛围，为学生的汉语学习提供良好的环境。值得注意的是，在处理学生不当行为时，教师也应以尊重学生为首要前提，注重学生的个性差异，根据学生的个性特征慎重选择处理手段，平等对待每一位学生，并在一定范围内允许学生犯错误（王俏华等，2005）。

延伸阅读

1. 陈时见. 课堂管理论（第六章“规则与行为”）. 桂林：广西师范大学出版社，2002.
2. 王俏华，张俊丽. 对教育领域中教师惩罚学生的策略探讨. 教育探索，2005（3）.
3. Gayle H. Gregory & Carolyn Chapman. (2002). *Differentiated Instructional Strategies: One Size Doesn't Fit All*. Thousand Oaks: Corwin Press, Inc.
4. Kang, D. M. (2013). EFL Teachers' Language Use for Classroom Discipline: A Look at Complexinterplay of Variables. *System*, 41 (1).
5. Margutti, P., & Piirainen-Marsh, A. (2011). The Interactional Management of Discipline and Morality in the Classroom: An Introduction. *Linguistics and Education*, 22 (4).
6. Pane, D. M. (2010). Viewing Classroom Discipline as Negotiable Social Interaction: A Communities of Practice Perspective. *Teaching and Teacher Education*, 26 (1).
7. Rahimi, M., & Hosseini, K.F. (2012). EFL Teachers' Classroom Discipline Strategies: the Students' Perspective. Procedia–Social and Behavioral Sciences.
8. Tomlinson, C.A. (1999). The Differentiated Classroom: Responding to the Needs of All Learners. Alexandria, VA: Association for Supervision and Curriculum Development.

26 该怎么布置和检查作业？

实战问题

给成人业余学习者布置作业，你会采取以下哪些形式？

A. 抄写汉字、生词、句子、课文。
B. 针对指定范围进行自由复习，第二天测验。
C. 造句和写作文。
D. 将对话体课文转写成叙述体，或反过来转写。
E. 做 PPT，并集中展示。
F. 对中国人进行调查，制作表格或撰写短文。
G. 完成教材中的练习，直接写在教材上。
H. 完成教材中的练习，写在作业本上并交给老师。
I. 其他______________________________

观点碰撞

布置作业的原则

张京京

这个思考题对以下因素都没有限定：是否目的语教学环境，教学对象的年龄、水平，课时，技能课型……因此此题主要目的是打开思路，集思广益。作业的量、形式、性质以及评改、反馈方式都是“想说爱你不容易”。例如我在国内教零起点学生，尤其是最初的突破阶段，始终坚持一定量看似“枯燥”的作业，例如书写汉字。再尽量辅以更灵活、有趣、多样的形式，如课后让学生到街上找标牌或商品包装上认识的汉字、学过的词。有时会有意外发现，如学了“三点一刻”和“盘子”后，养成好习惯的学生第二天就写了“刻盘”，问什么意思。

朱勇

作业形式本身没有高低之分，关键看老师如何布置。有几点需要注意：(1) 作业要以多种形式交替进行；(2) 造句、写作文、对中国人进行调查等不宜过多，尽量控制，造句要给出情境；(3) 尽量不花学生太多时间，成人工作忙，完成大量作业不太现实；(4) G、H 要看具体情况，各有利弊。H 便于修改，G 便于有序进行。

蒋楠

首先要看学生的汉语水平，其次要看学习者的具体情况。有些成人的学习时间不能完全保证，所以作业不宜过多，每次集中一两个重点进行练习。再有，成人善于思考，一些发散性的问题他们也很欢迎。

朱勇

是的，练习形式要看学生水平，水平不同练习形式的选择应该有差异。比如抄写汉字、句子等，初级阶段合适一些，中高级就要适当减少这种机械练习。

阎卫

给成人业余学习者留作业，应注意两个方面：内容和形式。内容尽量简单、实用、有意思；形式短少、保持每天 10 分钟，如：每天三、四道小题。对于初级水平的学生，替换练习和模仿造句较实用；G 和 H 都可行，H 的话作业本可以两本交替使用。

给成人业余学生布置作业

苏磊鑫

成人业余学生的话，书面作业我一般会布置教材课后练习，上课时当堂检查；还会布置一部分口头作业。比如把当天学的几个重点词“连词成句”，或者联想扩展造句之类的。书面作业不求多，口语作业一定有。

蒋楠

我之前很多课都是一对一的成人课。给他们布置作业首先要看他们每天是否有时间完成。其次，一定要结合他们的自身背景布置，给他们展示的空间。最后，有布置就一定要有反馈。成人更期待你给他们指出可以改进、提高的地方。

刘 弘

老师布置作业要有一个宏观考虑，有些作业（如调查）要较早布置下去，给学生准备的时间。建议教师写课程大纲（syllabus）时，提前考虑好大概什么时候布置什么作业。另外，新教师容易高估学生的能力，对他们完成作业所需的时间估计不足。我就发现有的新老师认为自己布置的作业学生 30 分钟就能完成，实际上学生花了一个半小时才做完。如果学生还同时有其他学习任务（比如我以前工作的上海纽约大学的学生除了学汉语，每周还有 4-5 门专业课），那么要注意学期之初作业可以略多一些、学期末要少一些，因为期末时学生还要赶其他课程的作业（常常是写论文和做项目、要花大量时间），会影响他们做汉语作业的时间。

孙 岩

给成人业余学习者布置作业我一般采用两种形式：常规性作业和考核性作业。前者如完成教材课后练习，这些作业的完成一般是为了在课上加快进度，并达到最好的练习效果，一般学生都能认识到这些作业的作用，只要有时间都会认真完成；后者则如课后的写作或口头报告准备等，这些作业会占期末考试成绩的一部分，每完成一次得到相应的分数，每学期一般完成三次，基于分数的激励学生一般也会努力完成。

理论广角

课外作业的布置与检查

教师布置作业的目的在于让学生吸收、巩固所学知识，并对所学知识进行加工和反馈，因此有的放矢地布置作业显得尤为重要。在国际汉语教学中，由于学生可能年龄不一，也可能来自不同国家、从事不同职业，因此教师布置作业时，不仅要考虑到课程目标、教材内容的不同，也要注意到学生类型、学生水平的差异，做到因地制宜、因人而异。

教师布置作业不可随意而为，应遵循一些基本要求：围绕教学目标；要有适度性；注意新旧知识的联系；设置不同难度的作业；也要注意形式的多样性及趣味性（叶发钦，2009：215-216）。作业的形式也不应局限于书面，任何有助于学生汉语水平提高的方法都可以作为学生的作业形式，如表演、情景模拟、手工设计等。另外，鉴于有些成人学生已经身在职场，没有多余的时间完成课后作业，教师可以布置课堂作业，如情景模拟、角色扮演、口头报告等，尽量让学生将课堂效率最优化。

除了布置作业以外，督促学生按时、按量完成作业也是教师的职责之一。教师要在备课时便设计好作业形式，布置作业时要根据教学进度和学生的学习情况酌情处理，多与学生进行情感交流，及时跟进学生对作业的反馈，能根据学生的需求合理调整作业。

检查、批改作业能使教师及时了解学生对知识的掌握情况，以便对学生掌握不好的地方查漏补缺，为教师组织教学提供有用的参考。同时及时批改学生作业，给予学生反馈也能向学生传达教师对他们汉语学习的重视程度，充分发挥作业的积极作用。

延伸阅读

1. 郭要红．有效作业的内涵与设计策略．中国教育学刊，2009（6）.
2. 郭聪．对外汉语初级阶段课外作业研究．山东师范大学硕士学位论文，2014.
3. 夏心军．学生作业：有效教学不可忽缺的环节．中国教师，2009（5）.
4. 叶发钦．新教师技能（第五章第六节“作业的布置与批改技能”）．北京：北京师范大学出版社，2009.
5. Bembenutty, H, & White, M. C. (2013). Academic Performance and Satisfaction with Homework Completion Among College Students. *Learning and Individual Differences*.
6. Goetz, T. et al. (2012). Students' Emotions During Homework: Structures, Self-concept Antecedents, and Achievement Outcomes. *Learning and Individual Differences*, 22(2).
7. Lubbers. M. J. et al. (2010). Does Homework Behavior Mediate the Relation Between Personality and Academic Performance? *Learning and Individual Differences*, 20(3).
8. Schweisfurth, M. (2014). Learner-centred Pedagogy: Towards a Post-2015 Agenda for Teaching and Learning. *International Journal of Educational Development*, In Press, Corrected Proof.
9. Sengul Ilgar & lutfu Ilgar. (2012). An Investigation of Teachers' View of Homework Partnership.Procedia–Social and Behavioral Sciences, Vol.46.
10. Trautwein & Ulrich. (2007). The Homework-achievement Relation Reconsidered: Differentiating Homework Time, Homework Frequency, and Homework Effort. *Learning and Instruction*, Vol.17.

27 教学公平勿轻视

实战问题

皮特在班里汉语水平较差，在课堂上很沉默，很少回答问题，这让吕老师感到很头疼。有一次，吕老师分别将问题 1、2、3 提给了皮特、艾米丽和金荣镐三个学生。皮特要求换一下要回答的问题，他想回答问题 3，吕老师觉得皮特愿意回答问题本身就是进步，于是答应了皮特的要求，最后只要金荣镐回答问题 1，没想到他很不高兴地说："为什么让我回答问题 1，我本来是要回答问题 3 的，老师这样太不公平了！" 如果你遇到和吕老师一样的情况，你该怎么处理呢？

观点碰撞

出现该情况如何解决？

陈园园

（1）皮特和金同学均回答第 3 题，皮特原题由大家讨论完成；（2）皮特答第 3 题，鼓励金同学，肯定他很聪明，答第 1 题；（3）首先该老师让皮特回答第 3 题的做法是没错的，鼓励金同学，告诉他如果他回答问题 1，那么就奖励他比如两个小星星，然后让皮特在金同学回答完后重复一遍问题 1 的答案。

朱 勇

对于（1），如果第 3 题是主观题的话可行，如果是客观题则不可行。对于（2），肯定金同学聪明，难道暗示皮特不聪明？ 不合适！ 一般做法是，提出一个问题，鼓励大家回答，都不主动的话，再根据题的难度、学生的水平特点等，点名回答。如果是集中给 3 个题，也是逐一鼓励大家主动回答。

朱勇

较好的方式是不要提前分配任务。吕老师的处理有些失当，当皮特提出要求，希望改变答题时，老师应该让皮特征求其他同学的意见，大家同意了才行；而且，老师把任务提前一一分配会导致大家只关注自己的问题，对其他问题很可能不闻不问。也就是说，教师提问后让谁回答要有不确定性，这样就不会发生思考题中的尴尬了。

刘弘

我也认为提前分配任务这个方法不好。应该让学生都回答。即使皮特有的问题回答不了，教师也应该多帮助、多鼓励。我常常先问水平高的某个人，等他回答以后再问一个水平低的，这样有了前面那个人的范例，后面的学生多少能说一点，教师在他回答时适当做些提示，他也能比较好地回答。我认为最关键的是不要学生一提出换题目，老师就同意。应该允许他回答 3，同时仍要求他回答 1，这样可能比较好。

孙岩

根据案例描述，吕老师大概是将三个问题印在一起发给学生，然后把不同的问题分配给不同的学生。我觉得如果老师直接指定学生容易出现案例中的尴尬，可以问大家谁想回答某一题，如果有多个学生主动要求回答或者无人回答，老师可按照问题难度指定由谁来回答，主动与被动结合起来，说服学生听从老师的安排时也要注意因人而异。

鞠慧

除了避免教师提前分配任务之外，还有一个问题应该引起教师的重视。当皮特要求更换问题时，吕老师错误地自作主张让自己代表了金荣镐，替金荣镐做了决定。我们可以这样理解，当某一问题或物品（可能是卡片、教具或学习任务）被分配给某一个学生时，该学生对这一问题或物品就有了“所有权”，教师应对此表现出尊重。

一视同仁很重要

朱勇

这道思考题的核心是教师要注意“一视同仁”。因材施教我们强调得比较多，但学生有时候更在意平等、公平。

阎卫

对于水平较低的学生不应特殊对待：切忌在大家面前明确某学生汉语水平较差，那样会使这位学生的心理受到打击，学习会更差，这是学生本人和老师都不愿意要的结果。我的做法是：一视同仁。课堂上一起做练习，水平较差的同学卡壳儿时，我会就事论事、直截了当地给予帮助，不做任何多余的说明和解释。这样学生会得到帮助，别的同学也不会在意。

王波

将问题分出梯度是必要的，但不要事先指定回答问题的学生，特别是同时指定三个人回答。有时候可以把稍微容易的问题提给水平较低的学生，但是不要总这样做；同样的道理，也没必要总是把难题抛给水平高的学生。学生很敏感，他们能够判断问题的难度和老师对学生的关注度。

孙岩

对于水平较低的学生，不要在全班学生面前给其特殊对待，但是单独面对学生时可以给其更多关注与帮助，主动询问其掌握程度及是否需要帮助，这样学生会觉得老师没有放弃他/她。

理论广角

教学公平

作为传道授业解惑者，教师在课堂的言行举止时刻受到学生的关注。一般说来，教师的三种态度会对学生的学习产生消极影响：忽视、轻视和偏袒（文喆，2009：159）。学生对教师的不公正和偏袒是十分敏感的，一旦学生感受到教师的不公平态度，便会产生消极懈怠情绪，他们可能故意不配合老师、孤立同学、对学习懈怠等。这些都不利于教师教学活动的开展，也不利于学生之间的团结。因此，教师应该注意平等对待每一位学生，不厚此薄彼，注重教育平等、机会均等。

在国际汉语课堂中，学生的差异不容忽视。这种差异不仅表现在学生的年龄、性别、国籍上，也表现在学生的性格、学习风格、学习动机上，还表现在学生的学习成绩、课堂表现、学习态度等方面。这些差异使得每位学生都有鲜明的特点，但他们都是课堂的参与者，是值得教师关注的对象。要做到真正公平地对待每一位学生，教师要学会反思性教学。利用录音、录像带重新观摩自己的课堂，或者邀请其他教师进入课堂听课反馈，这些都不失为教师自我反思的好方法。通过观摩自己的课堂或者聆听其他教师的反馈，教师能注意到自己在教学中是否过多关注某些学生而忽视了其他学生，例如是否只向某几位学生提问或只与某几位学生交流，是否对不同的学生有不同的表情流露等。通过反思性教学，教师可以在以后的教学中有意识地规约自己的言行，力求做到不偏不倚。

延伸阅读

1. 郭永军. 教育伦理学（第五章第五节“平等对待学生”）. 济南：山东大学出版社，1999.
2. 文喆. 素质教育与课堂教学改革. 北京：北京师范大学出版社，2009.
3. Braga, M., Paccagnella,M., & Pellizzari, M. (2014). Evaluating Students' Evaluations of Professors. *Economics of Education Review*.
4. Fiedler, K. et al. (2015). Toward a Deeper Understanding of the Ecological Origins of Distance Construal. *Journal of Experimental Social Psychology*.
5. Glock, S., Kneer, J., & Kovacs, C. (2013). Preservice Teachers' Implicit Attitudes Toward Students With and Without Immigration Background: A Pilot Study. *Studies in Educational Evaluation*, 39 (4).
6. Urhahne, D. (2015). Teacher Behavior as a Mediator of the Relationship Between Teacher Judgment and Students' Motivation and Emotion. *Teaching and Teacher Education*.

28 每一位学生都能教育好

实战问题

新手教师小王的班上有一名学生很努力，但是由于基础太差、学能不佳等原因，她的成绩一直不好。小王非常想帮助和鼓励这个学生，因此在课堂上经常叫她回答问题，纠正她的错误耗时更多、也更仔细。你认为这种方法妥当吗？请分析利弊并提出解决方案。

观点碰撞

不能引起焦虑，不要忽视公平

蒋楠

可以课后给予学生帮助。在美国，学生很看重教师上课时对他的关注度，若教师在课堂提问时给某一位同学的机会明显多于其他同学，并给予更多、更仔细的纠错，势必会引起其他同学的不满。说实话，语言学习努力是必需的，但天赋也占一定比例。教师可以在课后花时间给努力但成绩不好的学生补课，但时间不宜过多。

袁紫阳

对于这样的学生，我觉得可以课上课下工夫一起做。下课找他聊天，了解他的难点，并给予鼓励，上课的时候可以把简单的问题给他，树立他的信心。案例中课堂过多的纠错可能会增加学生的挫败感，同时过多时间集中在一个学生身上可能也会引起其他学生的反感。

徐波

一般来说，该学生都会有些值得注意或表扬之处，别吝啬表扬。我一般给这类学生相对简单的问题回答，或者在提问开始时，或者在他人回答过几次后。另外，小班教学也能给老师带来便利，老师可以很直观地看到学生的表情，并分析出他 / 她懂了没有。课堂上对该生过多的纠错一是不公平，二是会给该生更多的挫败感。最后，可以通过邮件或答疑时间跟他 / 她沟通。但是别逼得太紧，物极必反，要充分相信学生的能力。

宋海燕

课堂上经常叫其回答问题，肯定是不合适的，会让该生有紧张感，反而给其贴了“后进”的标签，也对别的同学不公平。可以给他简单的问题，或者同样的问题让他最后回答，分组时和学得快的学生在一组，小组活动中还可以到他跟前特别关照指导，课间或课下给予必要的额外辅导等。

苏磊鑫

每年都有这样的学生，根据学生的不同性格，老师的帮助可以“因人而异”。但是就像上次讨论的一样，“平等”是老师应该注意的，不能引起其他学生不满。我遇到过很多努力但成绩不好的学生，有些是方法不对，有些是学能有限，有些是“表面看起来努力实际没有真的在努力”，最后这种学生最令人操心。如果是例题中这位学生的情况，课堂上过多提问反而可能打断她的学习思路，或者总处于一种“老师会叫我回答问题”的紧张感中。不建议在课堂上对其特殊照顾，对其他学生不公平。可以课下交流，多了解情况，给予鼓励。

刘颂浩

不能因为过于想帮助某个学生而破坏课堂上的公平原则。如果题目中提到的“学能不佳”是真的，那么，除非这个学生“先飞”，否则，即使有人帮，学习效果也肯定不乐观。

阎 卫

其实，最重要的是如何让“学能不佳”的学生尽快提高自己，跟上大家的水平；如果短时间内做不到这一点，至少也不应该让这样的学生感到自卑而影响今后的学习。学习需要压力，但是不需要自卑。

王 波

这样做显然是不合适的。不管是所谓的“好生”或者“差生”，老师都不能特殊对待，在课堂上应尽量给予学生平等的时间。可以课下鼓励学生多下工夫，如果有需要帮他找一个语伴。即便在课下老师也不宜对某个学生单独辅导时间过长。

改进提问或发言方法，增加学生信心

曹芳

太明显的话不妥当。我的班里有一位学生年纪比别的同学大，而且学习时间比别人短，上课回答问题时明显吃力。我会保持每个人回答问题的机会均等，但是悄悄进行微调，让他回答不太难或者他有把握的问题。还称赞他声调标准，让他给大家读课文进行示范。所以他的学习积极性非常高。

郑丽杰

这类学生一般比较喜欢“混迹其中”，过多的关注容易给学生造成负担，甚至打扰他的思考、“消化”，所以无论是课上还是课下对这类学生都不要有“太直白的关注”，可在布置任务时结合他的个性特点给予特殊照顾，比如让他做小组总结发表。

充分发挥助教的作用

范红娟

这个学期，有几个实习生一直跟着我听课，做练习的时候，她们就和我一样成了“巡视员”，所以，如果能有几个助教也是不错的。下学期她们不在了，我得想想其他办法。难度比较小的题给水平较差的学生，对于较难的，就较晚再让他回答，这样，前面回答的同学已经做出了足够多的示范。照顾是应该的，但是要注意不露痕迹。如果太明显，不仅其他的同学会有意见，这位同学自己也会觉得不舒服，这是一定要避免的。

理论广角

“困难学生”教育

“困难学生”教育观是著名教育家苏霍姆林斯基丰富教育思想中的一大亮点。他认为世界上没有差生，只有“学习有困难的学生”或“难教育的学生”，这些学生可以分为三类：思维尚未觉醒的学生，天赋尚未开发的学生和理解力差、头脑迟钝的学习有困难的学生。前两类学生实际上并不是“困难学生”，只是其潜力尚未被发掘而已。

面对所谓的“困难学生”，国际汉语教师要注意寻找学生的闪光点，根据学生的学习特点和性格特征采取合适的教学方法，加强对学生学习方法和技能的培养，克服学生的思维惰性，帮助学生弥补知识上的漏洞。同时，国际汉语教师也要加大对学生的情感支持，激发学生的学习欲望，培养学生的自信心，促使学生努力学习，完成学习目标。美国布兰戴斯大学冯禹教授曾分享过他对待“困难学生”的方法：那位学生被认定具有“外语学习障碍”但极具音乐天赋，冯老师不厌其烦地鼓励她，从她的音乐优势出发帮助学生建立学好汉语的信心，最终使学生克服了学习障碍，成功掌握了汉语。

但是国际汉语教师在帮助“困难学生”学习的过程中，也应该注意适度，课堂上过多关注某位学生反而会引起学生的焦虑，同时也会让其他学生觉得不公平。教师可以课下通过其他方法，如邮件、短信、当面解决学习难题等方法对有关学生进行帮助。

延伸阅读

1. 戴桂英．学生心目中的期望值与对外汉语教师的素质．汉语学习，1992（3）.
2. 苏霍姆林斯基．给教师的建议．杜殿坤编译．北京：教育科学出版社，1984.
3. Guilloteaux,M. J. (2013). Motivational Strategies for the Language Classroom: Perceptions of Korean Secondary School English Teachers. *System*, 41 (1).
4. Krashen, S. (1982). *Principles and Practice in Second Language Acquisition*. Oxford: Pergamon Press.
5. McEown, M. S., Noels, K. A., & Saumure, K.D. (2014). Students' Self-determined and Integrative Orientations and Teachers' Motivational Support in a Japanese as a Foreign Language Context. *System*.
6. Maeng, U., & Lee, S. M. (2015). EFL Teachers' Behavior of Using Motivational Strategies: The Case of Teaching in the Korean Context. *Teaching and Teacher Education*.
7. Rebecca L. Oxford. (1990). *Language Learning Strategies–What Every Teacher Should Know*. NY: Heinle & Heinle Publishers.

29 遇到学生“表白”怎么办?

实战问题

请综合分析造成以下状况的原因，思考对策。分析时注意其中可能存在的文化差异、学生的汉语水平等因素。

(1)年轻的男教师小刘赴韩国任教，在一次学校安排的师生集体就餐活动中，忽然有名韩国女生拿着苏子叶包烤肉，坐到他身边要喂给他吃。小刘非常不好意思，红着脸拒绝了。

(2)小丁是一位年轻的新手女教师，与学生的关系很融洽。但是，初级班有名男生，经常直接夸奖她漂亮。国庆节长假中，这名学生还给她发短信说:“老师，我想你。”小丁感到非常尴尬和不知所措。

(3)小冯是一位在阿拉伯国家任教的男教师，有次对班里的一名男学生说:“你的太太很漂亮，以后你们的女儿也一定很漂亮。”当地华人提醒他，这句赞扬不妥当。

观点碰撞

“表白”的文化差异

张京京

这些思考题首先提示我们，语言课堂，师生之间出现情感接触上的非普通情况，可能是真的感情火花，也有可能是因文化差异等原因产生的误解。例如思考题(1)中提到的情况，韩国大学师生在集体聚会时互相喂东西吃比较常见，有的中国老师并不需要对此如临大敌。

孙 岩

有时真的只是文化差异。如果发现学生的做法让老师吃惊，先别慌，观察一下学生是怎么对待别人的，也可以跟其他老师交流一下该生对其他老师的态度，还可以跟该生相同国别的学生交流一下他们的待人之道。

刘 弘

（1）算不上什么“表白”，感觉这是韩国人尊重客人的文化。我以前教韩国班的时候，每次跟韩国同学吃饭，常常是女生负责烤肉，倒酒。女生不光给我倒酒、也给男生倒酒。我此时首先表示感谢，然后抽空给韩国女生倒酒，并表示说这是上海的文化，在互相倒酒的欢乐中体会到中外文化的差异，同时也拉近了师生关系。此外，工作环境和人际关系是复杂的，新教师需有意识地培养应对能力，逐渐走向成熟。真的遇到“表白”或者“性骚扰”，跟家人、朋友交流一下，或许就有解决办法。

化解方法

张 璐

（1）可以先说谢谢，把盘子端起来，告诉她，放盘子里，我自己来就可以了。后面还可以自己包，问学生们包得对不对等。（2）对于学生的夸奖，可以大方说谢谢。他的短信仍然可以回复“谢谢你想念老师，也祝你快乐”之类。（3）可以对学生致歉，说不太了解你们的文化习惯，如果有说得不对的地方，请原谅。

徐 波

（1）（3）涉及文化，这点我觉得汉办做得不错，面试时会考查教师对赴任国的了解，培训阶段还有相关的作业需要完成。这就基本保证了教师对任教国家的风俗习惯有个初步认知。同时，我国驻外使馆的网站也是一个了解他国的窗口。在此基础上，再在自己的实际生活和教学中进行观察和实践，就能做到入乡随俗了。思考题（2）里的小丁应该是个“集大成者”：新手、女老师。新手应变和自我调节的能力相对于“熟练工”来说要差一些；女老师呢，一般又是课堂的焦点，受到留学生的欢迎。这个学生也许只是想表达好久不见的意思，也许是其他，视学生实际情况而定。但无论如何，我一般的准则是：课堂和学生打成一片，课后适当保持距离。

曹 芳

学生对我“表白”，说怎么有我这样的女人，聪明、自信、有能力、人际关系好。我说：漂亮呢？他哈哈大笑，干杯，像哥们一样。但如果我脸红、羞涩……那就不好说了。我觉得一段关系要不要发展、会怎么发展，一个巴掌是拍不响的。老师们自己内心坦荡就行了，学生们一般情况下是不会扑上来的。

马莉丽

经常遇到这样的尴尬情形，我们中级班有位大叔退休后无事可做，断断续续学习了10年中文，还停留在中级（上）的水平。大叔特别热情，总是约我吃饭。开始没多想，就见了他两次。后来，越想越不对劲儿，还是委婉地拒绝了他。

张京京

对“一起吃饭”的理解既有文化差异，也带有性别差异，老师们要注意。

康晓盈

我给学生回短信：“我也想你，作业完成了吗？”

师生关系的“度”

朱 勇

师生关系要融洽，教师要有亲和力，但课后师生还是应当保持一定的距离，特别是异性之间。

苏磊鑫

估计国际汉语老师们或多或少都遇到过这些情况吧。对待这种向老师表示好感的学生，课堂上保持职业态度，课后保持必要距离，尽量不和他独处。我遇到的大部分情况是过一段时间，学生适应了留学生活，认识了新朋友，对老师的“好感”自然而然就转移了。

邱 洁

我一直觉得海外的国际汉语教学，不仅需要调配专业基础扎实的好同学，也需要吸纳当地熟悉风土民情“半路出家”的新移民，尤其是已婚已育人士，脸皮没那么薄。这只是人际交往中的一个缩影，不只是做老师会遇到。只不过讲台把老师托高放大了，有“粉丝”也是好事，慎重对待又不着痕迹地处理就好了。

江 雪

经常有学生邀请我去他们住的地方做客，但我都谢绝了，有的时候实在是硬着头皮拒绝。除了我的确不喜欢他们的饮食和风俗之外，我也实在不想跟学生有任何工作之外的交流。尤其作为管理者，如果被别人看到自己跟某些学生走得近对管理工作反而没有好处。

理论广角

师生关系

教师和学生是教学过程中最基本的组成要素，教师和学生之间的关系是通过教学过程中的信息交流和沟通逐步建立起来的。良好的师生关系，能满足师生共同的教学和学习需要，使教学活动更为和谐，为教学目标的实现提供基础和保证。

相比于其他类型的师生关系，国际汉语教学中的师生关系较为复杂，其跨越了国别、年龄、性别和文化的差异，因此处理好这些关系十分重要。国际汉语教师是东西方文化的传递者，是中国社会众生相的解读者，也是学生校内外生活的咨询者和汉语教学及实践的指导者（王晓华，2011），因此，教师不仅要恪守教师职责，博采众长，提高自身的知识水平和跨文化交际能力，在学生的心目中树立威信，也要注意在与学生的交往中真诚、平等地对待学生，以自身崇高的道德素质、严谨的治学作风和爱岗敬业的精神赢得学生的尊重和爱戴。值得注意的是，由于不同文化等的碰撞，国际汉语教师和不同国家学生的交流会更有特色和挑战，出现一些其他类型师生关系很少发生的情况，如学生邀请老师去家里做客、学生年龄比老师大、学生人生经历比老师更丰富等。

因此，在平常与学生的交往中，教师要注意把握好“度”，充满亲和力地与学生相处，但也要避免与学生走得过近，特别是异性师生之间，避免产生一些不必要的误会。如果出现了类似异性学生对教师“示爱”等情况，教师可以先弄清楚原因，然后可以通过冷处理、装作不知道或者平常心对待等方式处理。

国际汉语教师只有和学生之间建立起互相尊重、互相信任、和谐平等的师生关系，才能充分调动学生的汉语学习主动性和积极性，为学生的汉语学习营造良好的氛围，取得良好的教学效果。

延伸阅读

1. 傅海峰. 对外汉语教学中的师生关系刍议. 鞍山师范学院学报，2009（3）.
2. 王晓华. 国际型师生关系与独特的对外汉语教师角色. 西安电子科技大学学报（社会科学版），2011（2）.
3. Bernstein–Yamashiro B, Noam GG. (2013). Working with Teachers to Develop Healthy Relationships with Students. *New Dir Youth Dev*.
4. James H. Sronge; Thomas J.Ward; Pamela D. Tucker; Jennifer L. Hindman. (2007). What is the Relationship Between Teacher Quality and Student Achievement? An Exploratory Study. *Journal of Personnel Evaluation in Education*.
5. Howells, K. (2014). An Exploration of the Role of Gratitude in Enhancing Teacher-student Relationships. *Teaching and Teacher Education*.
6. McGrath, K. F., & Van Bergen, P. (2015). Who, When, Why and to What End? Students at Risk of Negative Student-teacher Relationships and Their Outcomes. *Educational Research Review*.

30 中外教师如何开展合作教学?

实战问题

以下是孙老师的一段教学日志。想一想,如果你遇到了这样的情况,你会怎么处理?

下了课,我跟 Luna 产生了激烈的争论。她说我给学生的成绩太高,可是如果学生的确做得好,得 8 分、9 分为什么不行?有一次我为了表扬学生准备时的认真努力,给全班学生都加了 1 分。我觉得对学生的情感鼓励也是教师调动学生积极性的一种重要教学手段,教师的目的绝对不仅仅是判作业、给分数。而 Luna 说鼓励学生是家长的事,教师只要判断好坏、给分数就行了。

观点碰撞

合作中的一致与分歧

张京京

这个思考题涉及两个层面:(1)在给成绩(以及作业量等)方面,其方式、分值、梯度乃至理念上是否要尽量与该地的“主流”保持一致;(2)出现不一致时该如何沟通和协调,特别是如果有重大分歧时该如何处理。

教师之间应提前达成共识

蒋 楠

这要看这个班是由一位老师负责,还是由几位老师共同负责。我在美国时,我们一个年级是由几位老师共同负责，包括一位 coordinator（协调者）和几位教师。成绩的统一是很关键的。鼓励学生、额外加分都没有问题，但需要教师之间建立良好的沟通机制，以免最后统计期末成绩出现不必要的麻烦。

范红娟

如果不是一个人负责一门课，那么评分标准应该在课程开始之前与负责该课的其他老师达成共识。如果一开始说好了，或许就不会有后面那么多的麻烦。

王 波

入乡随俗，到国外任教，还是尽量适应当地教学习惯。因此在上课之前，要主动问清楚平行班以及搭班老师的打分习惯，这样会减少很多麻烦。

孙 岩

没错，合作授课的情况下，课程开始前就应该对评价标准进行沟通，每个老师可以有自己的评价方式，但是也要考虑当地的习惯，提前沟通好了可以避免不必要的争论。

解决方法

佟 叶

Luna 最后的话明显缺乏责任感。但中外合作教学中若发生类似情况，仍要以大局为重。在沟通失败、双方都不退让的情况下，孙老师可以与 Luna 进行课程的分工，先“自扫门前雪”，保留己见，再慢慢进行磨合。如果最后的教学效果很不错，我相信再顽固不化的人也会为之折服。毕竟学生的进步是我们追求的共同目标。

方 杰

对于上述问题，不知道孙老师是在哪里教学遇到的。我在美国公立高中教学的时候，学校规定，开学前每位教师都要把各自的课堂规定、评分方式及考试方式等放到学校的校园网上，以供学生和家长了解及监督。学校规定可以给学生奖励分数，但这个分数是单独体现的，不放入学生的平时考试或期中、期末考试中。奖励分数由老师来决定，教师有很大的自主权。

刘弘

我不知道 Luna 的身份，但如果她是负责老师，可能还是要尊重她的意见。我感觉相当多新老师给分数太松了。不少新老师由于各种原因（比如想跟学生搞好关系、怕学生评估分低等），给学生打的分偏高。其实很多学校对于分数的分布是有规定的，比如 A 不能超过一半（有的学校规定 A 只能 10%），如果教师给的平时分高，会使得学生对期末总分的期望值也水涨船高。一旦每个同学都认为自己可能拿到 A，教师的麻烦就来了！有的学生一旦发现自己没有得到心仪的分数，就会不停地写 email 来抱怨，甚至跟学校领导投诉打分不公平，使得老师们原本轻松、愉快的心情变得非常糟糕。我的经验是平时分数应适当偏紧，不要轻易给学生加分。学生要得到加分，一定要付出额外的劳动（比如多写作文等），仅仅是在某个活动中表现好，不应当加分。新老师不要“心慈手软”，要“狠一点”。

理论广角

中外教师合作教学

随着国际汉语教学事业的兴起，国外对汉语教师的需求增大，海外本土教师队伍也得以发展壮大。他们和中国教师已经有、并且将会有越来越多的合作。中外汉语教师的教学理念、教学管理方法、课堂教学方式各有特色和优点，也难免存在着或大或小的差异。如果他们能在课堂内外良好沟通、共同协调、良好合作，将产生相当的优势互补效应，提高教学效率，有效地促进跨文化交际。

中外教师合作教学通常有 6 种模式：（1）一个教，另一个观察；（2）一个教，另一个巡视；（3）站点教学；（4）平行教学；（5）交替教学；（6）小组教学（柏桦等，2009）。例如，澳大利亚的中小学汉语教学通常是一个本土教师外加一个志愿者教师合作完成，在其他国家也有类似的合作方式，通常是本土教师讲解语法，中国教师负责口语和听说等。中外教师合作的过程是相互借鉴、相互学习的过程，但由于文化、教育的差异，在管理学生、进行教学的过程中，中外教师可能会出现意见不一、相互摩擦的情况，这时教师们就要学会多多沟通交流，勇于说出自己的想法，扬长避短，共同为学生汉语水平的提高而努力。在课前、课中、课后，中外教师都要有时刻沟通的意识，提前沟通预防问题的发生，当问题发生时及时交流解决对策，共同建立良好的中外合作教学模式。

作为教学管理和协调机构，为促进中外教师成功合作与沟通，校方要合理、科学地安排合作对象，提升教师的合作愿望，帮助教师建立良好的关系，树立双赢意识，并且注意培养和提升教师的自我反思意识。另外校方要加强中外教师的互动，例如组织建立例会制度、定期或不定期举行中外教师交流活动等。

延伸阅读

1. 柏桦，牟宜武，Lydianne Loredo. 中外教师合作教学对学生和教师能力发展的作用研究. 外语教学理论与实践，2009（4）.
2. 刘北方. 外籍教师与中国教师开展合作教学的优势研究. 吉林华侨外国语学院学报，2012（3）.
3. 朱勇. 海外环境下中外教师的合作教学. 语言教学与研究，2014（3）.
4. Adamson, B., & Walker, E. (2011). Messy Collaboration: Learning from a Learning Study. *Teaching and Teacher Education*, 27 (1).
5. Baeten, M., & Simons, M. (2014). Student Teachers' Team Teaching: Models, Effects, and Conditions for Implementation. *Teaching and Teacher Education*.
6. Cowie, N. (2011). Emotions that Experienced English as a Foreign Language (EFL) Teachers Feel About Their Students, Their Colleagues and Their Work. *Teaching and Teacher Education*, 27 (1).
7. Friend. M. & L. Cook. (2009). *Interactions: Collaboration Skills for School Professionals* (6th edition). Chapter 3. New Jersey: Prentice Hall.
8. Perry, Bill& Timothy Stewart. (2005). Insights into Effective Partnership in Interdisciplinary Team Teaching. *System*.
9. Shah, M. (2012). The Importance and Benefits of Teacher Collegiality in Schools–A Literature Review. Procedia–Social and Behavioral Sciences.

第三章

汉字教学

31 第一节汉字课怎么上？

实战问题

有的教师在第一节课常常会结合简单的对话（如“你好、谢谢、不客气”等）来教授“你、好、谢、不”等字，将意义和形式结合起来进行教学。你觉得这样安排教学好不好？为什么？

观点碰撞

第一节课为何要引入汉字？

张京京

一般来说，常规的学校教学第一节课一定要涉及汉字，避免学生误解汉字也是字母文字，避免学生产生“完全不学汉字也可以”的想法。

邱 洁

第一节课还是要讲汉字，让学生知道学汉语不能避开汉字，也不必怕学汉字。把像“你好”这类日常用语、又带有“亻”“女”等易学偏旁的汉字放在第一课，欧洲学生课后马上能辨认男女厕所，很有成就感；给南美学生讲“鸟、鸡、鸭”，点菜时他们会立马试验。

汉字教学素材和教学方式

朱 勇

既要考虑会话的常用度，也要考虑汉字的复杂度。像“谢”这样的汉字在初始阶段不宜要求学生会写，会认即可。

张京京

在具体方式上，可以选择“一”“雨”等笔画简单又具象形性的字，或选择给学生起汉语名字并书写名牌。我也认为“你好”“谢谢”等常用表达可以教，汉字也可以出现，但是不必要求会写，让学生通过这些字了解汉字字形结构的多样性即可。另外我一直搜集外国明星、球星等的汉字文身，学生对这些内容很感兴趣。

杨 珮

我认同把汉字教学分为识字和写字两部分。对话中的“你好”“谢谢”会认即可，书写的部分要从简单的、构字能力强的独体字开始。我这学期带了一个华人子弟写字班，以教写字为主，最大的感受是汉字有自己的系统，按照汉字的体系进行教学，学生学得很顺，老师也能越教越轻松。虽然大多数学校不开设专门的写字班，但老师是否也可以在每节课开辟一个写汉字的环节呢？

刘 弘

如果是正规学习，一般第一节课引入一些汉字还是有必要的。不过，我认为一开始要强调认字，对于诸如“一”“二”“十”等非常简单的汉字才教学生写一下，目的也是为了提高学生的兴趣。

方 杰

学生们选择来学习汉语，第一堂课就知道了一点儿语音语调的知识，也了解到了一点儿有关汉字的东西，会激发他们对汉语学习的兴趣。从认汉字开始学起，教师可以在黑板上演示书写笔画的过程。如果学生们都很感兴趣，不妨带着学生们动手写一写，这样还可以活跃一下课堂气氛。我在美国公立高中教汉语时，学生最喜欢的就是写汉字，他们认为这是最大的挑战。

孙 岩

其实教材中的生字如“你、您、好”等包含着常用的独体字，教汉字也可以从这些独体字入手，既能保证汉字教学由易到难，又能保证这些内容跟教材内容紧密相连，不增加额外的学习负担。

鞠 慧

有时，使用什么教学方法比选什么字更重要。就“你、好、谢、不”四个字来说，教师可以明确认读的目的，设计形式有趣的找字游戏，比如在一组字中找到目标字“你”，数出目标字的数量等；教师还可以设计描写笔画的练习，要求学生在这几个字中描出基本笔画横和竖。

理论广角

“语”和“文”

一直以来，关于如何定义“语”和“文”争议颇多，一般认为，“语”即汉语教学，“文”指汉字教学。在国际汉语教学实践中，对于如何教授“语”和“文”，学界主要有三种观点。一些学者如赵金铭（2011）论证了“先语后文”的可行性，即先利用《汉语拼音方案》教授口语，而不急于识字。这种模式借鉴了母语习得的心理机制，在建立了音义联系的基础上将音义形联系起来；有的学者如张朋朋（2007）提倡“语文分进”，即分设汉语课和汉字课，“语”和“文”的教学分开但同步进行，这种模式可以按照汉字本身的规律安排教学，教学顺序更合理；还有一些学者如伍英姿（2010）讨论了“语文并进”的教学形式，即汉字的教学在综合课中与生词、语法、课文的教学一起完成，随文识字，可以认写分流，认读先于书写。

针对近年来有关国际汉语教学基本单位的讨论，施正宇（2008）提出以“词·语素·汉字”为基本框架的教学理论，对国际汉语课堂中的汉字教学有所启发，其具体做法为从“词”入手进行教学。以词汇为主导的汉字教学，要以词统字，建立教学词库和教学字库；然后以字带词，筛选核心字，关联核心词，扩展典型句。

延伸阅读

1. 黄均凤，程乐乐．论零起点班第一堂汉语课教师的语言形式．云南师范大学学报（对外汉语教学与研究版），2004（3）.
2. 李蕊，叶彬彬．语文分进的教学模式对汉字能力的影响——针对非汉字文化圈学习者的实验研究．语言文字应用，2013（4）.
3. 施正宇．词·语素·汉字教学初探．世界汉语教学，2008（2）.
4. 万业馨．略论汉字教学的总体设计．语言教学与研究，2009（5）.
5. 伍英姿．初级阶段"语文并进"模式下的汉字教学．华南师范大学学报（社会科学版），2010（3）.
6. 赵金铭．初级汉语教学的有效途径——"先语后文"辩证．世界汉语教学，2011（3）.
7. Han, Z. Z., & Bi, Y.C. (2009). Oral Spelling and Writing in A Logographic Language: Insights from a Chinese Dysgraphic Individual. *Brain and Language*, 110 (1).
8. Savignon, S.J. (2007). Beyond Communicative Language Teaching: What's Ahead? *Journal of Pragmatics*, 39 (1).

32 汉字教学从哪里开始？

实战问题

小贾要赴新西兰进行汉语教学，当地的孔子学院希望她过去之后先开一个试听课，形式不限，旨在让来试听的学生产生对汉语学习和中国文化的兴趣。有经验的志愿者对她说："十二生肖是汉语教学中一个很好的主题，学生在讨论生肖的时候既能了解中国文化和国情，又能练习写汉字、说汉语，还可以做剪纸手工。"于是她打算在这次试听课中将十二生肖与汉字学习结合起来。你觉得这个思路如何？具体该如何设计呢？

观点碰撞

张京京

对于以吸引学生为首要目的的第一节课，难度与文化内涵无法兼顾的情况下，前者更重要。一至十的中国小写汉字应该是目前使用最广泛的教学内容。作为汉字材料其难度适合入门，笔画清楚简单利于展示；同时实用性、交际性佳；无需借助母语，用数字即可使不同母语者理解，结合手势语，又涉及了交际文化。如果一定要用生肖，则只展示牛、龙、马、羊等几个汉字即可，其他可以只出现动物图片。究竟有多少外国学习者对生肖文化已有了解并有足够兴趣暂且不论，单说这些汉字的难度，已经足以吓跑很多人。同理，如果老师在"第一次"英语课中教授十二星座，那些看起来长长的音节已经会让很多人产生畏难情绪了。

孙岩

我比较赞同使用数字作为试听课的教学内容。正如张京京老师说的，数字教学难度适合，包含有中国特色的数字文化，还可以引出汉字教学。另外汉字教学内容对不同年龄的学生都可以教出趣味性，让学生体会到成就感，可以让学生产生对汉语学习和中国文化的兴趣。

鲍思冶

学生的年龄其实很重要。若是大学生，这是一个好方法，但是对于中学生、小学生，应该有比这个更好的方法。或者说，即使用这个话题，但是设计的思路和教学的内容和方法都不一样。

刘仙佑

因为大部分外国人对中国的十二生肖都会感兴趣，我们可以先让学生知道他们自己所属的生肖是什么，然后教他们写出他们自己生肖的汉字。拓展开来，问他们各自家人所属的生肖是什么，再教他们写。

蒋 楠

生肖具有中国特色，但要注意授课对象，无时无刻不能忽略跨文化因素。有些动物在一些国家是禁忌或象征着不同意义。生肖的汉字在甲骨文中都是象形字，可以给出图片。但这些汉字笔画偏多，不宜在第一节课教授。我个人不太赞成以生肖为话题进行试听课。

理论广角

造字法与汉字教学

汉字是中华文化的体现和传承，具有独特的造型特点、悠久的演变史及深厚的文化底蕴。利用汉字的文化性进行教学可以在汉字教学中增强学生对学习汉字及汉字背后蕴含的文化的兴趣，从而提高教学效果。可是，如何利用汉字文化因素进行汉字教学、利用的尺度该如何把握等问题值得探讨。

在汉字教学过程中，可以从汉字造字法的角度向学生展示汉字内在的文化因素。《说文解字》中总结出“六书”，其中假借和转注是用字法，其他四种是造字法：象形、指事、会意和形声。象形字来自于图画文字，如“日”“月”，其古文字就是描摹圆形的太阳和半圆形的月亮而成的。渐渐地，其图画性质减弱，象征性质增强，因此说象形是一种最原始的造字方法。指事是以象征性的符号来表示意义的造字法，如“上”“下”。会意是用两个或两个以上的独体字根据意义之间的关系合成一个字，综合表示这些构字成分合成的意义，如“武”由表示行走意义的“止（趾）”和表示武器意义的“戈”组合而成，体现了扛着武器行走的“威武”本意。形声字是在象形字、指事字、会意字的基础上形成的，属于“合体造字法”，由表示意义范畴的意符（形旁）和表示声音类别的声符（声旁）组合而成，意符一般由象形字或指事字充当，声符可以由象形字、指事字、会意字充当。形声是最能产的造字形式。

对造字法的掌握有助于教师进行汉字教学：可以运用形象展示法来讲解象形字，如“日、月、云、雨”等字；在象形字的基础上加一个简单的符号，就可以展示和讲解指事字，如“刃”是在刀口处加一点，指明刀刃；可以运用看图说话的形式来讲解会意字，如“人靠在木（树）上，表示休（息）”；还可以充分利用形声字的形旁及声旁的特点，引导学生加深对形声字规律的理解，促使其通过形旁推断这个汉字的意义范畴，举例来说，“页”是“项、颈、领、额、题”等字的形旁，在古代，“页者，首也”，就是头，再如通过声旁推断汉字的大致读音，例子如“招、沼、昭、照”。

延伸阅读

1. 卞觉非. 汉字教学：教什么？怎么教？. 语言文字应用，1999（1）.
2. 李运富. “六书”性质及价值的重新认识. 世界汉语教学，2012（1）.
3. 谭海涛. 利用汉字的文化性进行汉字教学. 云南师范大学学报（对外汉语教学与研究版），2003（6）.
4. 张德鑫. 关于汉字文化研究与汉字教学的几点思考. 世界汉语教学，1999（1）.
5. Lurie, D. B. (2006). Language, Writing, and Disciplinarity in the Critique of the “Ideographic Myth” : Some Proleptical Remarks. *Language & Communication*, 26 (3–4).
6. Lo, F.C. et al. (2012). Extending the Technology Acceptance Model to Investigate Impact of Embodied Games on Learning of Xiao-zhuan（小篆）. Procedia–Social and Behavioral Sciences, 64 (9).

33 笔顺的教学方法

实战问题

下列有关笔顺教学的认识可取吗？为什么？

A. 学生只要把整字写对了就不会影响交际，笔顺不正确其实没有关系。
B. 笔顺教学要在汉字教学初期进行，而且要把所有的笔顺规则同时交给学生。
C. 规则应该在练习中得到强化，教师没必要专门讲解、总结规则，只要带着学生反复练习就可以了。
D. 笔顺教学要结合具体的汉字进行，在举例时一定要把例外情况逐一向学生说明。
E. 对于笔顺易出错的汉字，教师可以将自己习惯的写法教给学生，没必要跟着国家规范走。
F. 教独体字时要强调笔顺，学生只要把独体字写对，合体字的笔顺就不会出错了。

观点碰撞

笔顺教学的重要性和阶段性

蒋 楠

在美国，初级班我们会进行汉字笔顺的教学，但也是随着每课课文中学习的汉字逐步进行。汉字成绩在单元考试、期中及期末考试中会有所体现，但比重较低。到了中级课程就不会在这方面花太多时间了。个人认为教师应对学生说明汉字结构，如，我的很多学生会把“满”字写成上下结构。

邹桂娇

在泰国高校汉语教学中，即便是初级阶段也十分重视汉字的笔顺教学，尤其是汉语专业会将综合课生字词的笔顺作为作业要求学生抄写在方格内，再由教师检查订正。当然，笔顺的考查也会在期中、期末考试中出现。此外，对汉字结构的介绍也是十分必要的，像“落”，很多学生会误写为左右结构。

刘仙佑

我觉得花一些时间教孩子汉字笔顺、书写规则和汉字结构挺有必要，这样有利于减轻孩子的书写困难，也更容易帮助他们理解汉字的意义。初级班学生刚开始学习独体字要注重笔顺，随着学习的深入，学生会自觉养成用正确笔顺书写汉字的良好习惯，课上就不用再花特别多时间学习笔顺了。

刘 弘

我觉得在现有情况下，笔顺教学还是有必要的。我曾做过一个很粗浅的研究，两位同学几乎同时学习汉字，但到了三年级时一位笔顺好，一位笔顺差。我们做了访谈，结果发现笔顺好的同学从一开始就重视笔顺，认认真真按照老师的要求去做，结果他的汉字熟悉速度比较快，书写陌生汉字笔顺时也基本正确。可是笔顺差的同学书写速度明显慢，而他自己也表示从开始学习时就不重视笔顺，书写陌生汉字时也有很多笔顺错误。通过这个研究，我发现学生对于笔顺的重视程度可能与教师的理念有关：教师重视，学生也会重视；教师觉得不重要，学生也就不重视了。比较令我头痛的是不同时代的笔顺规则似乎又有些细微变化，到底哪些先后顺序是必须遵循的，哪些是可以变通的，这方面研究很少。我个人感觉，照搬中小学的汉字笔顺规范要求可能不合适，国际汉语教学界应该需要一些变通。

江 新

我们所做的笔顺作用的相关研究，还是非常初步的探索，目前没有发现笔顺学习对于二语学习者汉字识别的作用，但需要更多的进一步研究。键盘输入和手写的初步实验，我们只发现手写在字形识别上优于输入，没有发现在字音、字义上的差异，但是也需要更多的实验研究。

王 波

笔顺在初学时非常重要，教师要花一些时间系统讲解书写规则，但也不必把所有规则和盘托出，或将例外逐一说明。最好结合教材中的汉字，在一段时间内集中讲解，之后遇到容易出错的重点强调，及时归纳总结就好。

孙 岩

个人觉得汉字学习之初，笔顺教学一定要有但不宜过多，结合例子说清基本笔顺规则即可。练习时可以要求学生课后写字练习时参考给出的笔顺，课上老师板书时有必要要求学生注意看老师的写法。但是上课时花大量时间跟学生练习笔顺，对笔顺错误锱铢必较，忽略对汉字结构、部件、部首等的教学的做法则不太妥当。

鞠 慧

有的教师在汉字教学初期为了讲清从左到右的书写规则，选择汉字“川、汉、旧、师、洲”等，暂且不说这些汉字的结构不同，单说意义和用法也不是全都需要学生在初期阶段掌握。学生可能还会提出疑问：“‘小’字为什么不是从左到右书写呢？”这个问题就会越讲越复杂。因此笔顺教学一定要结合具体的汉字来教，要服务于汉字教学的整体安排和节奏，不能为了教规则而教规则；笔顺教学要以练为主，而不是以讲为主。

利用现代教学工具

宋海燕

学生刚开始接触汉字时，可以结合简单典型的汉字介绍笔画、结构及笔顺的基础知识，最初阶段如半个月到一个月时可以示范书写每个目标汉字，之后还可以制作字帖给学生课下练习，并在上课听写检查。我这学期坚持这样做，效果不错。

王 波

可以用 2 500 常用汉字笔画 Flash。

其他汉字教学理念

顾秋燕

比如“愿”字，将其写成上下结构的学生估计不在少数。还有一些错误看似小，但涉及结构问题，如果老师眼不尖，纠错不严，学生写顺了也会“遗憾终生”，比如“展”下多一撇，“农”字上面写成一点，近似“衣”，“贸”字左上角写成“厶”等。可见，汉字的结构教学不可掉以轻心，教师应在这方面多留心。

施正宇

应从汉字构形系统入手进行汉字教学，一个一个教是偷懒的办法。汉字构形系统的介入应从教材编写开始，遗憾的是，这一点很少有人做到。

理论广角

汉字结构与笔顺

汉字的形体结构可以分为整字、部件、笔画三个层次。整字是最高层次，部件是中间层次，笔画是最低层次。部件是由笔画组成的具有独立组字能力的构字单位，它大于或等于笔画，小于或等于整字。按照不同的分类标准，部件可划分为不同的种类：以部件是否独立成字为标准，可将部件划分为成字部件和非成字部件；根据部件是否有可分性，可将部件分为基础部件（不能再分的部件）和合成部件（由两个或两个以上部件组合成的部件）。

笔顺是书写汉字时下笔先后的顺序。笔顺的基本规律是：（1）先横后竖，如：十、干。（2）先撇后捺，如：人、入。（3）先上后下，如：二、三。（4）先左后右，如：你、们。（5）先外后内，如：月。（6）先中间后两边，如：小、水。（7）先外后内再封口，如：国、四。我们在写合体字时，也要按照笔顺的基本规则一个部件接着一个部件来写。部件组成的不同结构的字，笔顺的难易情况也有所不同。相对来说，包围结构的字部件的笔顺比较复杂。

掌握好部件的笔顺与汉字的结构，对于正确书写汉字有很大帮助。据张旺熹（1990）统计，常用汉字中最常用的部件只有100多个，这100多个部件占常用字累计部件数的近80%左右，汉字最常用字的结构类型也很有限，且并不复杂。

延伸阅读

1. 崔永华. 汉字部件和对外汉字教学. 语言文字应用，1997（3）.

2. 郝美玲，范慧琴. 部件特征与结构类型对留学生汉字书写的影响. 语言教学与研究，2008（5）.

3. 刘弘，朱琳. 美国学生汉字笔顺习得个案研究. 中文研究与国际传播（第二辑）. 上海：华东师范大学出版社，2013.
4. 盛继艳. 对外汉字教学中笔顺规范化的层次性思考. 语言文字应用，2013（1）.
5. 肖莉. 海外汉字入门阶段的笔顺教学初探. 语言文字应用，2006（2）.
6. 张旺熹. 从汉字部件到汉字结构——谈对外汉字教学. 世界汉语教学，1990（2）.
7. Hung, W.Y. et al. (2014). Synaesthesia in Chinese Characters: The Role of Radical Function and Position. *Consciousness and Cognition*, Volume 24.
8. Simner, J., Hung, W.Y., & Shillcock, R. (2011). Synaesthesia in a Logographic Language: The Colouring of Chinese Characters and Pinyin/Bopomo Spellings. *Consciousness and Cognition*, Volume 20, Issue 4.
9. Wong, A.W.K., Wu, Y., Chen, H.C. (2014). Limited Role of Phonology in Reading Chinese Two-character Compounds: Evidence from an ERP Study. *Neuroscience,* Volume 256.

34 巧用汉字教学素材

实战问题

除了名字以外，还有哪些材料可以被巧妙地用在汉字教学中？这些素材又该怎么用？

观点碰撞

袁紫阳

零起点的话，象形字可能会比较好入手，还有数字一到十，可以借助这些汉字帮助学生学习基本笔画。

杨 珮

学生喜欢吃的菜（配图片的菜单），地铁或者公交站名，公司的名字。

朱 勇

简单的标牌，汉字比较简单的春联也可以。

朱海丰

直接问学生喜欢什么，然后教相关的汉字。还有路上的标示牌，比如公厕、麦当劳等。公交车站上常用的字，饭馆的常用字，比如“串儿、川菜、湘菜”等。

王 波

标语、指示牌、菜单都可以让学生用手机照下来，然后解释给大家听。

邹桂娇

广告中出现率较高的商品名称，如“可口可乐”“雪碧”“苹果”等。

鞠慧

报纸、杂志、宣传页，这些有汉字的材料其实都可以作为汉字教学的素材，教师可以让学生圈出认识的汉字、找出目标汉字、数出目标汉字的数量等。

理论广角

汉字认知规律

人们对语言材料的编码大致可以分为语义编码和表象编码两种方式，汉字字形是一种图形或类似图形的结构方式，因此学习者一般是以处理表象编码的方式对汉字进行加工处理。在对汉字字形感知辨别时，通常具有一种先整体轮廓，后局部细节（如部件、笔顺）的次序性。这种外围清楚、内含部分模糊的表象特性，使得汉字易于复认，对于学习者来说，再认（如辨认）的成绩较好，可再现（听字或默写）时出错率高。

冯丽萍（1998）在总结汉字认知规律的基础上，对教学汉字的选择给出建议：从总体上来说，汉字是作为语素文字或表意文字而存在的，但是不同汉字的形音义关系又是各不相同的，字与字之间的相互关系也在很大程度上影响着汉字的存储与提取。例如，由同一声旁构成的一组形声字的读音具有相似性，如果它们读音相同则称为“一致字”；若某个字与同一声旁的其他字读音不同，则该字称为“不一致字”。如，以“黄”为声旁的形声字“璜”“簧”“潢”读音均为“huáng”，是一致字；而同样以“黄”为声旁的“横”读音则为“héng”，是不一致字。研究表明，对于母语非汉语的学习者来说，一致字的读音快于并好于不一致字，并且若由同一声旁构成的字读音较多，则学习者需要的反应时间更长。因此，在汉字教学的不同阶段，应该选择不同的汉字，帮助学生掌握系统的汉字规律。例如，在基础汉字教学阶段，可选择一批出现频率高、理据强、较规则、组词能力强的汉字，这样可帮助学生形成相应的汉字观念，对汉字的认识逐步深化。

延伸阅读

1. 冯丽萍．汉字认知规律研究综述．世界汉语教学，1998（3）．
2. 刘伟，张必隐．汉字的心理贮存和认知历程．北京师范大学学报（人文社会科学版），2000（5）．
3. 彭聃龄．汉语认知研究——从认知科学到认知神经科学．北京：北京师范大学出版社，2006．
4. 万业馨．从汉字研究到汉字教学——认识汉字符号体系过程中的几个问题．世界汉语教学，2007（1）．
5. 臧克和．结构的整体性——汉字与视知觉．语言文字应用，2006（3）．
6. Bi, Y.C., Han, Z.Z., & Zhang, Y.M. (2009). Reading Does Not Depend on Writing, even in Chinese. *Neuropsychologia*, Volume 47, Issue 4.
7. Kuo, L. J. et al. (2014). Acquisition of Chinese Characters: the Effects of Character Properties and Individual Differences Among Learners. *Contemporary Educational Psychology*, Volume 39, Issue 4.
8. Liu, L. et al. (2012). Similar Alterations in Brain Function for Phonological and Semantic Processing to Visual Characters in Chinese Dyslexia. *Neuropsychologia*, Volume 50, Issue 9.
9. Opitz, B. et al. (2014). Selective Transfer of Visual Working Memory Training on Chinese Character Learning. *Neuropsychologia*, Volume 53.
10. Yum, Y.N., Holcomb, P.J., & Grainger, J. (2011). Words and Pictures: An Electrophysiological Investigation of Domain Specific Processing in Native Chinese and English Speakers. *Neuropsychologia*, Volume 49, Issue 7.

35 形近字教学

实战问题

赵老师喜欢在教汉字时教形近字，但李老师觉得这种教法比较容易引起学生的混淆。你觉得哪位老师的做法或看法有道理？

观点碰撞

曹 芳

我不主张教形近字，怕学生混淆。我都是等学生认错以后再进行对比，他们肯定会错很多次，所以我得通过画图、讲故事的方法帮他们加深记忆。

刘颂浩

确实应该先掌握现在学的，之后再学形近字；同时教造成的混淆使得学习难度加大很多。不仅是形近字如此，同义近义词、相似语法格式也应如此，即“延迟出现”。

张京京

对于形近字、多音字等易混淆的情况，教师首先要把握好“教多少”的分寸，并保持敏感度：对于初级学生，没出现的不要教，一出现要马上注意到；更重要的是要培养学生对比的意识，养成总结的习惯。解释优于告知，启发优于其他。

刘 弘

在教新汉字时，教师不要主动引入陌生的形近字去比较。如果是复习阶段，可以将过去学过的形近字做些比较。

王波

形近字是需要辨析的，但是不要急于做这件事，要等到学生的生词量达到一定程度再进行，否则会引起学生记忆上的混乱。

孙岩

初级阶段对已学形近字的对比和总结可以让学生发现写字错误或避免写字错误，让学生意识到汉字笔画的重要性。但是不主张在初级阶段通过教形近字来扩充汉字量，本来学生记汉字就有困难，再扩充新的形近字则更会产生混淆。

鞠慧

形近字的确容易产生混淆，但是也能够带动学生成组记忆。建议：（1）在处理形近字教学时，教师应当想一些办法让学生明确记忆其区别，比如可以利用“渴了要喝水（氵），喝水要用嘴（口）”等口诀。（2）不要割裂汉字教学，要把汉字放在“语境”中去教，让学生在词、句子、语段里加深对汉字音、形、义的记忆。（3）用辨识、书写练习帮助学生巩固。

理论广角

形近字教学

形近字，顾名思义，就是指一些在形体特征上极为相近的字。陈五云（1989）将形近字分为独体形近字和合体形近字两大类。独体字只有笔画和整字两级结构单位。独体形近字的主要区别性特征有：笔画数、笔画的位置、笔画的组合关系和笔形。因此，我们分析独体形近字应从笔画入手。合体字是由多个部件构成的，合体字有笔画、部件、整字三级结构单位。合体形近字的主要区别性特征有：部件的数量、部件的位置以及部件的形体。分析、区分合体形近字应主要从部件入手。

针对不同类型的形近字，教师应采取不同的教学方法。比如：对于一些独体形近字，可以追根溯源，了解其最初造字形象并进行对比，如“瓜—爪”两者之间的区别在于笔形的不同，教师在对比这两个汉字时，可以展示它们的形体演变过程，学生很快就会明白“瓜”字下面的“点”是指瓜蔓中的“瓜”，而“爪”从字形上看就像是鸟兽的脚印；对于一些合体形近字，可以通过其部件所代表的不同意义进行分析，帮助学生理解、识别合体形近字，如“请—情”，二者的区别在于部件形体、意义的不同。“请”与言语有关，所以部件为“讠(言)”，而“情”与人的心理活动有关，所以部件为“忄(心)”。

延伸阅读

1. 陈五云. 现代汉字形似字初探. 语文建设，1989(4).
2. 费锦昌. 对外汉字教学的特点、难点及其对策. 北京大学学报(社会科学版)，1998(3).
3. 肖奚强. 外国学生汉字偏误分析. 世界汉语教学，2002(2).
4. 周文德. 现行汉字形近字分析. 西南师范大学学报(哲学社会科学版)，2000(3).
5. Chang et al. (2015). Incremental Learning of Chinese Orthography: ERP Indicators of Animated and Static Stroke Displays on Character form and Meaning Acquisition. *Journal of Neurolinguistics*, Volume 33.
6. Mo, C., Yu, M.X., Seger, C., Mo, L. (2015). Holistic Neural Coding of Chinese Character Forms in Bilateral Ventral Visual System. *Brain and Language*, Volume 141.
7. Wong, L.H. et al. (2011). Improving the Scaffolds of a Mobile-assisted Chinese Character Forming Game via A Design-based Research Cycle. *Computers in Human Behavior*, Volume 27, Issue 5.

36 简化字还是繁体字？

实战问题

常老师在新加坡一所业余学校授课，班里有个酷爱中国文化的学生。这个学生之前有学繁体字的经历，他认为学繁体字比学简化字更有意义。为此他还举出了很多例子，比如繁体字“愛”中间有个“心”字，简化字“爱”没有；繁体字“麵”里有个“麥”，比简化字“面”更具表意性；繁体字“雞”比“鸡”更具表音性。如果你是常老师，你准备怎么回应这个学生？

观点碰撞

繁体字难以完全回避，需灵活处理

曹 芳

我的韩国学生小时候都学过繁体字。上课时会问到“这个字繁体字怎么写？”“这个字的繁体字是这个，对不对？”幸亏我以前喜欢听粤语歌，认识很多繁体字，才不至于丢脸。西方学生成年之后学简体字已经很头疼了，好像背下来一幅幅画似的，如果不是着迷似地喜欢繁体字的话，还是尽量避免学生接触比较好。

薛 白

由于新加坡通行使用简化字，要向学生介绍简体字在沟通交流中的重要性和优越性，还要向学生介绍繁体字在港澳台的使用情况，告知学生在新加坡简体字是主要的教学和沟通语言，但是不反对学生根据自己的兴趣和需要学习繁体字。

邹桂娇

关于泰国中小学的汉字教学，由于过去很多学生在中学阶段开始接触的是台湾老师教授的繁体字，这导致学生到大学之后进行专业学习时不适应简化汉字。而且泰国书店里的一些中文书籍、报刊，甚至是使用较广的《现代汉泰词典》（杨汉川编）、《泰汉词典》收录的也是繁体字。对单一学习简体字的泰国学生来说辨认词典上的繁体释义成了个大问题。另外，考虑到毕业之后进入一些台企工作时，公司要求应聘者须认读繁体字翻译文件，所以在大学期间汉语专业也会开设认读繁体字的课程。

苏磊鑫

我首先会肯定学生细致的观察和他思考问题的角度，简要介绍我国汉字简化的情况（产生时间、历史背景、制定简化字的基本规则等方面），并且介绍繁体字和简化字目前使用的情况（大陆和港澳台地区）。还可以作为兴趣延伸，给他介绍一个字的不同字体，比如金文、小篆、隶书、楷书等，汉字的发展大体说来也就是从繁至简，从多样化到趋向同一性。简化字已经被广大群众接受，并且可以在实际生活学习中运用实践，又比繁体字易写，所以有自身的优势和意义。

刘弘

对于那位同学喜欢写繁体字，我们应该尊重。但是对于他所说的一些理由，其实并不完全成立。暨南大学的王汉卫教授跟我聊过，他做过统计，汉字简化以后所出现一些理据性不强的汉字，其实也就是现在常说的“爱”“亲”等几十个字，数量很少。而汉字简化后，也有一些新造的汉字是有理据的，如“灾”之类。而大部分简化汉字都是常用字，笔画的减省使得人们书写和记忆变得容易。我们都是汉字的熟练使用者，因此对于多写两笔、少写一笔没什么感觉。我们可能都忘记了自己小时候学写汉字的痛苦了。

就我的教学经验而言，案例中的那位同学之所以爱好繁体字大概有家庭背景因素。作为多次参与美国大学的汉语教学的老师，我认为繁体和简体真正带来的问题有以下几个：一是教学问题。班级里面往往既有写繁体的学生，又有写简体的学生，此时试卷和练习必然要出简体和繁体两种，但是上课的 PPT 呢？板书呢？如果教师会写一些繁体字，这可能比较有利于教学。二是教材问题。现在有繁体字版本的教材很少，大部分教材没有相应的繁体字版本，或者只是有繁体字的课文，练习部分没有繁体字部分，教师在教学时就会很麻烦，因为学生会跟你说他没法做作业。三是字形规范问题，由于繁体字的规范与简体字有些差异，新教师会误将某些规范的繁体字当成错误的汉字，比如“减”的繁体字左边是“三点水”，而不是“两点水”，如果新教师对此不了解，就会做出误判。

对汉字理据性的认识

范红娟

字理的教学要服务于汉字、汉语教学。比如“明天”的“明”，可以解释成“tomorrow is a bright day”。再如“爱”可以解释成“上面一个爪子，要抓你的朋友，于是你用一个工具挡在中间，保护朋友”。在基础汉语中，这样教学效果还是很好的，也并不耗时。当然，繁体字也不都是有理据的。说到那个“麵”，有“麥”表义，但是这又得多学一个“麦”的繁体，那么“麥”的理据要不要想办法解释出来呢？

刘颂浩

既然名为简化字，就意味着从相应的繁体字简化而来，失掉原有的部分理据是逻辑的必然。北京大学简称“北大”，如有人据此认为北大“失京无学”，一定会被嘲笑。简化字和简称一样，其理据有时要回溯。

李芳慧

相对于简化字而言，繁体字的理据更强。但繁体字有时也看不出理据，需要回溯到以前的形体，甚至回溯到甲骨文才能说清楚。在理据方面，简繁字体只是程度差别；有些繁体字的理据，需要回溯至甲骨文；正如有些简化字的理据，需要回溯至繁体字。

理论广角

繁 简 字

今天的汉字字形是经历了 4 000 多年漫长的发展和演变而来的，汉字形体演变经历了甲骨文、金文、大篆、小篆、隶书、楷书等阶段，期间存在着隶变、讹变、草书楷化、繁体简化等问题。从汉字的历史可见，汉字发展的总趋势就是逐渐简化，汉字简化符合这个总趋势，符合人们使用文字时避难就易的总要求。1956 年国务院公布《汉字简化方案》，简化字逐步普及，国际上均承认中国的简化字。后来，新加坡和马来西亚分别于 1969 年和 1972 年开始使用简体中文。1990 年后，中国教育机构推出一系列面向外国非中文使用者的汉语水平考试（HSK），就是以简体中文为标准。目前，港澳台地区仍以繁体字为官方文字。

当然，繁体字是中国传统文化中非常重要的组成部分，它体现了中国汉字文化的延续性。从字形上讲，繁体字能够体现出更多的意义，更加符合汉字表意的特点。国际汉语教师应"具备历史发展的眼光，要对汉字书体的古今演变脉络十分清晰（周健，2007）"。以繁体字作为辅助手段进行教学有利于帮助汉语学习者了解汉字的意义，从音、形、义等方面更全面地掌握汉字，加强记忆，以便日后更好地应用汉字。但是，我们需注意，繁体字只是为了辅助汉字教学，不宜要求学习者完全掌握。

延伸阅读

1. 陈亚川. 六书说、简体字与汉字教学. 语言教学与研究，1982（1）.
2. 丁晓虹. 试论汉字形体的演变. 齐鲁学刊，1981（3）.
3. 苏培成. 简化汉字 60 年. 语言文字应用，2009（4）.
4. 万业馨. 从汉字识别谈汉字与汉字认知的综合研究. 语言教学与研究，2003（2）.
5. 张静贤. 谈谈对外汉语教学中的汉字课. 语言教学与研究，1986（1）.
6. Hildebrandt, T.H., & Liu, W.T. (1993). Optical Recognition of Handwritten Chinese Characters: Advances Since 1980. *Pattern Recognition*, Volume 26, Issue 2.
7. Kuo, L. J., Li, Y., Sadoski, M., & Kim, T.J. (2014). Acquisition of Chinese Characters: the Effects of Character Properties and Individual Differences Among Learners. *Contemporary Educational Psychology*, Volume 39, Issue 4.
8. Liu, C.L., Yin, F., Wang, D.H., & Wang, Q.F. (2013). Online and Offline Handwritten Chinese Character Recognition: Benchmarking on New Databases. *Pattern Recognition*, Volume 46, Issue 1.
9. Peng, G, Minett, J.W., & Wang, S.Y. (2010). Cultural Background Influences the Liminal Perception of Chinese Characters: An ERP Study. *Journal of Neurolinguistics*, Volume 23, Issue 4.

37 写字还是打字?

实战问题

有一天，周老师和崔老师在办公室里争论了起来。周老师认为："外国人学汉字，一定要练习书写，通过书写才能更好地理解字的笔画、结构。这和中国孩子从小要学书写是一个道理。"崔老师却觉得："现在计算机都这么普及了，大家都用电脑打字，中国人都很少写字了，更别说外国人了。汉语教学完全没必要教外国学生书写。"对这个问题，你有什么看法?

观点碰撞

打字即可

阎卫

汉字教学应与时俱进。汉字输入、打印输出正逐步地成为人们书面交流的主要手段，教打字，事半功倍。笔画笔顺、汉字结构是汉语环境中把汉语作为母语的汉字教法，直接用于把汉语作为外语的教学实践，其效果普遍不佳，事倍功半。

刘弘

我个人认为对于大部分学生来说，会打字就行了。写字肯定有助于汉字记忆，但是打字和记忆的关系现在研究还很少。我自己现在教美国学生，深深感到记汉字和写汉字之难是影响学生汉语学习动力的最重要因素。我认为写汉字本身比较难，这是不可能改变的，如果可以借助技术（如电脑打字）降低写汉字的难度，对于汉语教学有重要意义，或许这是解决汉语难学的一个突破口。事实上，现在需要写汉字的场合已经很少了。记得电脑刚出现时，很多人都是先把文章在纸上写好然后再输入电脑的，那时很多人都说不习惯一边打字一边写文章（可能也跟输入法不够好用有关），但是今天，大部分人都已经习惯用电脑代替笔来写作了。写汉字仅仅在签名、写便条等个别场合有用（很多人做笔记也是用电脑的）。既然大部分人都在打字，那么我们就应该教学生打字，这也符合“急用先学”原则吧！

写字依然重要

贾泰宇

在一次教师分享会上，不止一位外国留学生提到，学习汉语最好的方法还是写字，他们都是汉语水平较高的汉语国际教育专业的研究生。虽然现在电脑普及了，但是写汉字在我们可以预见的未来仍然非常重要，不会消失。

打字写字各有其用

朱 勇

汉语作为第二语言的教学（在中国）和汉语作为外语的教学（在外国），由于环境不同，学习目的不同，因此汉字的教学是有差别的，这个学界已有定论。打字确实有很多好处，比如可以降低汉字学习的难度。当然究竟是打字还是写字，还得看学生的学习目的。打字、写字的不同也不能忽视，一个是认、选，一个是输出。至于海外环境下怎么教汉字，要看学习目的，要看学习水平。而且，打字和写字也不一定就完全势不两立，可以互相补充，认写分开。

王 波

教写字还是打字取决于教学对象的特点和目的。如果学习时间非常短，不能要求学生写汉字，识读一点儿即可；如果是系统学习汉语，应该对书写汉字提出较为严格的要求。

孙 岩

打字可以练习汉字的音形对应，对拼音的正确拼写也有帮助。我跟合作教师通常进行分工，他在作业中要求学生手写，我则要求学生打字。打字作业通常有两类，一种是输入有拼音参考的文段，另一种是只有汉字的文段，两类文段对应于授课的不同阶段。

刘 悦

我咨询了一些教零基础班的老师，她们都不在课堂上强调汉字的书写，但会在作业中纠正书写错误。她们认为短期培训班的课时压力很大，汉字书写见效慢。她们不设置专门考汉字的试题，而是把汉字书写放在作文中考查（如每三个错字扣一分）。我还咨询了一位学习汉语多年的意大利朋友，他的 HSK 是五级，今年 27 岁。他在意大利学习汉语之初，老师十分注重笔画、结构、笔顺，在课堂教学、作业和考试中均有很明显的体现。他认为汉字的书写很重要，早期进行阅读的时候如遇到不认识的字，掌握汉字结构对于查字典很有帮助。现在电子产品（电子字典、智能手机）普遍了，但手写查字仍需要以规范的结构书写为前提。而且他认为汉字和中国文化紧密相连，是他学习汉语的兴趣点的所在，电脑打字不可能替代手写汉字。

理论广角

书 写 方 式

随着现代信息技术的不断进步，从 20 世纪 80 年代开始，中文信息处理进入了快速发展阶段，极大地提高了中国社会的信息处理效率。利用电脑“书写”汉字，适应了信息化的趋势，将古老的汉字与信息时代的计算机结合起来。用电脑“书写”汉字在汉字教学中有很多优势：有利于缓解学生对汉字的畏难心理和抵触情绪，从而有助于汉语的推广；有助于推动汉语拼音、语音以及普通话标准音的教学；有利于扩大学生识字量，提高阅读能力。冯禹教授通过对美国大学汉字教学的实际考察，得出了在初级阶段用电脑打字代替手写效果极好，是大势所趋，十年内将成为主流的结论。他认为在初学阶段用机打代替手写，可以使学生尽快用汉语而不是汉语拼音进行交流。在其授课的布兰戴斯大学，第一堂中文课学生就可以用电脑打出中文句子，并且可以直接读无拼音标注的句子，这使学生极为惊喜。恰当的教学手段可以让学生更好地辨认、阅读汉字。电脑化可以强化汉字教学。

但是，电脑打字并不能完全取代手写汉字，如果没有掌握汉字就不能算真正掌握了汉语。文字是一个民族文化的重要标志，汉字更是中国传统文明和民族精神的主要载体。手写汉字是学生学习汉字的一项重要内容，不但有助于汉语学习者记忆汉字的形、音、义，提高其汉语水平，而且学生学习写字的同时也是体验中华民族传统文化的过程。手写汉字不但具有个性化的特点，而且在实用功能上具有广泛性和方便性，在很多场合不宜用电脑打字来替代，如签字、写便条等。手写汉字还具有独特的审美价值，形成了中华民族一门独特的博大精深的艺术——书法。

Chuanren（1996）的研究着重分析了汉字识别与汉字书写之间的关系以及不同的学习者在汉字识别与汉字书写这两项测验中的表现。结果表明，被试汉字识别测验的成绩要高于汉字书写测验成绩。就两者关系而言，汉字书写成绩好的被试在汉字识别测验中成绩普遍良好，反过来，一些在汉字识别任务中成绩较好的被试却在汉字书写中表现不佳。这给我们以启示：我们应在学习者的不同学习阶段提出不同程度的要求。在汉语学习的初级阶段，我们应避免在汉字书写方面对学生提出过高的要求，避免占用学习者太多的学习时间而造成过高的学习压力，影响他们的学习自信心与积极性。

延伸阅读

1. 何文潮．新一代汉语课程的构成和教学．国际汉语教学动态与研究，2005（4）．
2. 胡汶青，郭晓冬．利用电脑“书写”汉字．考试周刊，2011（20）．
3. 潘先军．汉字电脑输入与对外汉字教学．汉字文化，2000（3）．
4. 余又兰．谈第二语言的汉字教学．世界汉语教学，1999（1）．
5. Athènes, S. et al. (2004). Evaluating the Coordination Dynamics of Handwriting. *Human Movement Science*, Volume 23, Issue 5.
6. Baron, N.S. (2004). Rethinking Written Culture. *Language Sciences*, Volume 26, Issue 1.
7. Bringhurst, R. (2006). Printing and Typewriting. *Encyclopedia of Language & Linguistics* (Second Edition).
8. Chuanren Ke. (1996). An Empirical Study on the Relationship Between Chinese Character Recognition and Production. *The Modern Language Journal*.
9. Ferris, D.R. et al. (1997). Teacher Commentary on Student Writing: Descriptions & Implications. *Journal of Second Language Writing*, 6 (2).
10. Huang, J.S., & Ma, M.Y. (2007). A Study on the Cognitive of Complexity and Difficulty of Chinese Characters When Reading and Recognizing. *Displays*. 28 (1).
11. Leung, K.C., & Leung, C.H. (2010). Recognition of Handwritten Chinese Characters by Critical Region Analysis. *Pattern Recognition*, Volume 43, Issue 3.
12. Longcamp, M. et al. (2006). Remembering the Orientation of Newly Learned Characters Depends on the Associated Writing Knowledge: A Comparison Between Handwriting and Typing. *Human Movement Science*, 25 (4–5).
13. Spitzer, M. (2013). To Swipe or Not to Swipe?—The Question in Present-day Education. *Trends in Neuroscience and Education*, 2 (3–4).

38 汉字也有“理”

实战问题

有的老师在讲解汉字时喜欢对一些汉字进行一些“戏说”，而有的老师则喜欢引经据典地追根溯源，对这两种老师的做法你有何评价。

观点碰撞

朱 勇

这道题一方面提醒我们对传统的汉字解读要谨慎，另一方面也给我们启示，通过形象的方法可以促进学生掌握汉字。

刘颂浩

解释汉字时，应该区分两个层次。一、造字之初的理据。这方面有正确和错误之分，如果想正确解释，就要按照文字学的研究成果来进行。二、通俗的理解。这方面有很多发挥的余地，传统上是测字先生的专长。如果只是为了识字，通俗解释没什么问题。如欲了解古代文化，就需遵循造字之初的理据。

王若木

个人认为戏说与正统可以相辅相成。如果一个字可以很容易看出它的造字原理，那就按正统讲；如果不行，不妨戏说。因为汉字学习的最终目标是让学习者能理解、诠释中文及用中文表达，而不是培养文字学家，所以只要能让学习者达到这个目标，任何方法都是可行的。

朱 勇

不管科学注解还是戏说，关键是实用。如果不实用，即使是所谓的科学注解，也可以弃之不用；当然戏说要有度，简单好记的形象说明即可。

王波

只要有助于学生记住汉字，两种方法都可以用。有时候可以鼓励学生自己寻找有效的“解读”方法。

刘弘

我觉得教师得想清楚为什么要讲解汉字的理据，如果是为了展示汉字中的文化，大概就不能乱说，如果只是为了帮助学生记忆，用“戏说”也没什么不行。我感觉大部分汉字去讲理据效果不好，因为汉字形体和意义的变化很大，学生听了也是糊里糊涂的，有时反而会增加学生的记忆负担。英语单词都有词根，很多英语单词都可以从拉丁文的形态说起，可是扪心自问，当我们记忆单词的时候，这种词根变化的历程对我们记忆这个单词到底能起到多大用处？俞敏洪赖以成名的“红宝书”都是用“词根＋联想”的“戏说”方式来编写的，这应该给我们汉语教学一些启示。

鞠慧

有些汉字的字理本身就可以帮助学生建立字形与字义的关系，以会意字居多，如“休、从、灭、泪、看、采”等字。至于其他汉字，究竟要不要戏说、戏说的度如何掌握，要以便于学生理解和记忆为标准。老师可以在这方面留心做一些积累。如解释“怕”字时，可以说“怕”就是“‘心（忄）’里害怕，吓得脸都‘白’了”。再如解释“幸福”的“幸”，可以说“有土（地），又有￥（人民币），就很幸福”。此外，戏说只是一种帮助学生快速记忆汉字的方法，学生真正能够掌握汉字，还要多看、多读、多练习。

孙岩

不仅老师可以“戏说”，学生参与“戏说”效果会更好。学生从外国人的视角看汉字，经常会看到很多我们母语者看不到的东西。

理论广角

汉字的理据性

根据郑继娥（1998）的定义，文字的理据就是指文字符号“形—音”或“形—义”联系的可解释性。汉字的理据表现为部件与整字之间所具有的“形—义”“形—音”两方面的联系。如“看”就像一个人将手搭在额前向远处张望，而形声字也较好地体现了形和音之间的关系。但也有例外，如“六书”中的假借字是借用某个字形来表示一个词的读音，只有“形—音”的联系，同样，记录双音节的单纯词及音译外来词等汉字也是如此。

由于现代汉字经过了隶书、行书、楷书、草书、简化字等发展阶段，部分汉字的理据性遭到了破坏，尤其是现代的汉字简化使得汉字的构形发生了巨大的变化。郑继娥（1998）对《汉语水平词汇与汉字等级大纲》中汉字的理据性进行了定量描写和定性描写，得出的结论是：现代汉字的理据度大概在45%左右，而且汉字“形—义”联系的理据性优于“形—音”联系的理据性。

虽然现代简化字的理据性并不高，但仍然具有一定的理据性，理据性教学是非常值得运用的。追溯汉字的字理、字源，让学习者了解汉字的起源和发展，从本质到形式地去认识汉字，学习汉字，更易使之建立汉字“形—音—义”的联系，而不是孤立地去死记硬背。例如“酒”字的甲骨文字形像是有酒篓伸进大缸的酒坛，后来加上三点水，变成了“酒”，强调坛中饮料的液态性质。适当选取并利用汉字理据可以有效激发学习者对汉字的兴趣，促进其汉字理解和记忆，提高汉字教学效率。培养学习者对汉字理据性的意识，也有助于深化其对汉字部件、造字法的理解和应用，例如在阅读中利用形声字、会意字的义符猜测字义，如“贱、账、财”等字以“贝”为形旁，这说明在中国曾用贝壳作为流通手段。

延伸阅读

1. 胡文华. 汉字与对外汉字教学. 上海：学林出版社，2008.
2. 李宝贵. 汉字理据性与对外汉字教学. 汉字文化，2005（1）.
3. 姚敏. 现代汉字理据研究在对外汉语教学中的应用. 语言教学与研究，2011（2）.
4. 赵妍. 现代汉字的理据性与对外汉字教学. 语言文字应用，2006（S2）.
5. 郑继娥. 汉字的理据性与汉字教学. 华东师范大学学报（哲学社会科学版），1998（6）.
6. Casacchia, G. (2006). Chinese Linguistic Tradition. *Encyclopedia of Language & Linguistics* (Second Edition).
7. Chen, M.P. et al. (2014). Effects of Type of Multimedia Strategy on Learning of Chinese Characters for Non-native Novices. *Computers & Education*.

8. Chu, W.H. et al. (2015). The Relationships Between Ambiguity Tolerance, Learning Strategies, and Learning Chinese as A Second Language. *System*.

9. Chung, K.H. (2008). What Effect do Mixed Sensory Mode Instructional Formats Have on Both Novice and Experienced Learners of Chinese Characters? *Learning and Instruction*, 18 (1).

10. Lin, T.J. et al. (2014).Task-based Teaching Approaches of Chinese as a Foreign Language in Second Life Through Teachers' Perspectives. *Procedia Technology*.

11. Qiu, Y.C., & Zhou, X. L. (2010). Perceiving the Writing Sequence of Chinese Characters: An ERP Investigation. *NeuroImage*, 50 (2).

12. Shen, H.H. (2005). An Investigation of Chinese-character Learning Strategies Among Non-native Speakers of Chinese. *System*, 33 (1).

39 以字带词有实效

实战问题

有学者说，“我们强调先字后词，字词学习要以字为主。但词汇教学必须跟上，要成比例。有的汉字课本不太重视这个问题，错误地认为字会了，词也就会了。”请你评价这段话。

观点碰撞

刘颂浩

关于字和词的教学问题不是一个简单的问题。有些词的透明度较高，如“售货员、鸡蛋”，讲解这类词时，先拆开再组合确实有助于记忆。对那些透明度低的词，如“象征”，拆开反而更难理解。还有些表面上对称的词，实际上意义不对称，如“大人、小人”；表面上同义的词，也可能实际上有差别，如“亲口、亲嘴”。整体上可能要以词为本。

朱 勇

汉语的字词关系比较特殊，有的字本身就是词，有的字只是语素。以前有过买“鸡蛋的妈妈”的笑话，因为学生只学过“鸡蛋”，却没学过“鸡”。字词学习很难独立开来，我认为这位学者的观点值得注意，核心思想应该是注意字和词的互动，一味分离教学的话会出问题。

曹 芳

我的学生大部分是韩国人，学汉字其实不算太难。不过我教词的时候还是喜欢全都拆开，让学生明白每个字的意思，有必要的话再把字拆开，说明不同的部件分别代表什么意思，这样学生比较容易记住。可能是因为我自己的学习方法就是这样吧，喜欢搞明白为什么，而不是死记硬背。

蒋楠

对于成词语素，我基本都是拆开讲解，但并不拘泥一种固定模式。汉字构词很有意思，应该区别对待，这样学生学起来也会省力一些。

阎卫

就海外的国际汉语教学而言，由于课时短缺，很难有专门的汉字课。而且单讲汉字其实意义不大，还是以词句为主，字为基础。如在教“我想吃鸡蛋”这样的词句时，可以顺便讲“鸡”和“蛋”两个字。当然，也可以引导学生在课前自学汉字，让其对“鸡”和“蛋”有所了解。

刘弘

目前出版的不少汉语教材已经注意到了字和词的关系，很多教材会在解释一个词的同时，适当介绍一下其中包含的字的意思。语言交流的基本单位是词，而不是字（语素）。而且字和字的意义相加不一定等于词的意义，即使意义接近，用法也不同。我认为过分强调“字”的教学，实际上是回到了把语言当作知识来教的老路上。另外，提出“字本位”的学者大概是想提高西方学生汉语学习的效率，毕竟诸如日本、韩国等国仍在一定程度上使用汉字，他们的汉字大概不能说是我们汉语老师教的。而教西方学生时，把汉字拆开讲解，到底能有多大作用，是否会增加学习负担，都需要实证研究来得出结论，而不能仅靠感觉来说。

王波

如果生词量很大的话，很难做到逐字讲解，还是以词为主，但是教师应该有析词的意识，遇到构词能力较强的语素要跟学生解释一下，这样能引导学生更有效地记忆。

孙岩

我觉得在汉语学习初期就要跟学生明确解释字和词的区别、联系，这样教和学都能更灵活有效。字词教学的先后要依实际情况而定，不是所有的词都要拆开来看其中的汉字。比如《轻松学汉语》这本教材的生词部分，对有的生词进行了汉字拆分解释，我觉得这样的做法给字词教学带来了很大的便利性和参考价值。

刘悦

我认为在给学生讲新词的时候拆开来讲，可以方便学生理解。比如“过期”这个词，带学生读过这个词后，可以只给学生看“过”，问学生看到“过”字能想到哪个词。学生可能会回答“超过”，这个时候老师可解释“过”就是 over，而“期”表示时期、时间。那么超过一个时期、时间，就是“过期”，意思就是 out of date。

邹桂娇

初、中级阶段的学生，由于掌握的词汇有限，对于一些字（语素）容易混淆，会出现“识词不识字”的现象，如“旅游”“游泳”以及“结婚”“结果”等。

理论广角

“词本位”和“字本位”

本位，指语言的基本结构单位，是语言研究的基础。“词本位”教学法主张者认为，在现代汉语里，词是最小的独立运用单位，或者仅由一个语素构成，或者是语素的组合。所以，国际汉语教学应该以词为基本单位，把汉字作为单纯的书写符号，使其附属于词汇教学。词本位教学主张在汉语作为第二语言教学领域属于传统观念，由来已久。以教“欢迎”这个词为例，只教“欢迎”的意思，并造句“北京欢迎你”，而不单独解释“欢”和“迎”的意思。

以白乐桑（1998，2002）为代表的学者认为汉语中现成的结构单位是“字”，从汉语本身特点出发，以汉字作为汉语教学的基本单位更具优越性，有助于留学生语素意识的确认及发展，从而为进一步深入学习打下坚实的基础。“字本位”教学模式，从教汉字入手，而教汉字不是只简单地教一笔一画的书写法，而是对研究确定的400个常用汉字，讲每个字的笔画、笔顺、偏旁以及汉字部件与结构组合，讲每个字的字源，讲每个字从甲骨文到楷书的形体变化，讲字里的文化，讲每个字的字义字音，讲由字到词的组合。

关于这两种“本位”理念，刘颂浩（2007）指出：（1）汉字的书写因素和语言因素具有内在的不一致性，作为一种语言教学思想，字本位同样无法解决汉字难学问题，因为汉字难主要源自汉语书写系统本身的复杂性。（2）字本位在字词层面上的优势要受到很多限制。（3）在语言教学的其他层面，比如课文、练习、测试等，字本位基本上还没有介入。总体来看，字本位还没有建立起一个成熟的国际汉语教学框架，因此尚无法取代词本位教学法。在国际汉语教材以及教学中既要重新认识汉字的重要性，又不能忽视词的重要性，应该兼顾汉字和词。

延伸阅读

1. 江新. 词的复现率和字的复现率对非汉字圈学生双字词学习的影响. 世界汉语教学，2005（4）.
2. 贾颖. 字本位与对外汉语词汇教学. 汉语学习，2001（4）.
3. 刘颂浩. 对外汉语教学中的本位之争. 汉语教学学刊（第3辑）. 北京：北京大学出版社，2007.
4. 任瑚琏. 字、词与对外汉语教学的基本单位及教学策略. 世界汉语教学，2002（4）.
5. 施春宏. 对外汉语教学本位观的理论蕴涵及其现实问题. 世界汉语教学，2012（3）.
6. 张和生. 也谈对外汉语词汇教学的本位之争. 语言文字应用，2007（1）.
7. 张朋朋. 词本位教学法和字本位教学法的比较. 世界汉语教学，1992（3）.
8. Hu, B., & Tian, L.L. (2012). Do Teachers and Students Share Similar Beliefs About Teaching and Learning Strategies? *System*, 40 (2).
9. Liu, S.Y., Zhang, X.J., Ren, Y., & Yu, Q. (2011). Processing Fluency of the Forms and Sounds of Chinese Characters. *Consciousness and Cognition*, 20 (2).
10. Wu, Q.Y., & Deng, Y. (2011). An Event-related Potential Study on Cross-modal Conversion of Chinese Characters. *Neuroscience Letters*, 503 (2).

40 有趣的汉字教学

实战问题

中秋节快到了，吴老师打算举行一次以中秋节为主题的文化活动，你觉得这样的文化活动中有哪些细节设计可以将汉字融入其中，请举例说明。

观点碰撞

蒋楠

在美国，我们做过一次中秋节的活动。当时我以书法的形式写了“月”的汉字演变，然后衍生出“月亮、月饼、赏月、月圆”等。汉字教学可以渗透在时时刻刻。

朱勇

语言与文化密不可分，汉语教学中的文化传播是应有之义，文化不仅仅是太极拳、剪纸、葫芦丝、京剧，将汉字“月”（书法）融入类似中秋节等文化活动中会让活动更饱满、更立体。

张京京

个人经验是利用图片展示“月”的象形字和演变，并可用来布置教室或活动场地。月饼盒、包装、甚至月饼皮上的汉字都是好材料。对于酱油班（一般指以引发学生兴趣为目的而开设的初级汉语班），坚持这种润物细无声的展示和引导，最终对汉字足够感兴趣并走上深入学习道路的人会更多。

方杰

可以从“月”这个字的演变过程讲起，介绍汉字的发展过程，然后再引出与中秋节有关的关键词语，如“月亮、月饼、月圆、团圆”等。

孙岩

如果学生主要是儿童，可以制作头箍，每个人的头箍上有一个汉字，每两人或三人可以组成一个与中秋节有关的词，每个词是一个小组，并以词命名小组。然后以小组为单位开展一些小活动。

鞠慧

在此类文化活动中，“参与”是一个关键词，教师要根据学生的思维能力和语言程度，想办法让学生参与其中。比如，教师可以事先准备好空心汉字“月、圆”等，让学生用废纸屑将空心汉字拼贴好，完成自己的作品。再如，教师可以将一些字卡藏在教室的某处，设计形式有趣的“汉字寻宝”活动。

理论广角

趣味汉字教学

汉字难书写，难记忆，难理解，增强汉字教学的趣味性尤为重要。周健（2007）指出：“汉字的字形承载着汉字的音和义，把汉字字形教学作为对外汉字教学的切入点，可以激发学生学习的积极性，提高对外汉字教学的效率。”教师可以利用汉字字形本身的结构特点进行教学，例如运用字谜、游戏等方法进行教学，展现字形的艺术性。

字谜教学法也可以增强汉字教学的趣味性。它是将汉字教学与猜字谜的游戏结合起来，寓汉字教学于趣味性之中。字谜对于中国人而言并不陌生，但是对于学生而言，字谜不可以设置太高难度，应该考虑到留学生自身的汉语水平，设计简单有趣的字谜，字谜设计要体现汉字结构规律，以更好地促进学生记忆汉字的字形，如：一人推倒山（扫）；一人旁边立（位）；自大一点，人人讨厌（臭）；等等。在富有趣味性的游戏项目中，师生与生生之间互动增多，在愉快的学习氛围中学习汉字，同时也能增进学生与教师之间的感情。“添一笔变新字”“笔画组字”等小游戏可以加深学生对于汉字结构和笔画的认识；“部件拼字”“看谁组字多”等小游戏可以培养学生正确分解、合成汉字的能力。注意汉字教学一定要考虑学生实际的汉语水平，否则实施起来效果不太理想。

另外，教师还应该选择有趣的教学资源，例如幽默的汉字故事、汉字笑话、歇后语等，将这些资源加入汉字教学中，使汉字教学充满趣味，让学生对汉字课充满期待，由“让我学汉字”变成“我要学汉字”。

延伸阅读

1. 孟国. 趣味性原则在对外汉语教学中的作用和地位. 语言教学与研究，2005（6）.
2. 万业馨. 略论形声字声旁与对外汉字教学. 世界汉语教学，2000（1）.
3. 周健. 汉字教学理论与方法. 北京：北京大学出版社，2007.
4. Victor Siye Bao, Sihuan Bao, John Tian. 中文游戏大本营：课堂游戏 100 例. 北京：北京大学出版社，2010.
5. Lu,Q.L., Tang, Y.Y., Zhou, L.,& Yu, Q.B. (2011). The Different Time Courses of Reading Different Levels of Chinese Characters: An ERP Study. *Neuroscience Letters*, 498 (3).
6. Yan, H.N., & Wu, W.H. (1990). Learning to Write Chinese from First Principles. *Computer & Education*.
7. Lin, M.C., Lee, G.C., Chen, H.Y. (2004). Exploring Potential Uses of ICT in Chinese Language Arts Instruction: Eight Teachers' Perspectives. *Computers & Education*, 42 (2).
8. Liao, S. (2009). Variation in the Use of Discourse Markers by Chinese Teaching Assistants in the US. *Journal of Pragmatics*, 41 (7).

第四章

语言要素教学

41 语音教学有误区

实战问题

以下是一些教师在语音教学中的不当做法，请从语音的客观属性、学生的语言背景、学生的情感和心理多个角度分析这些做法为什么不妥当。

A. 重复学生的错误发音。

B. 请一个学生为另一个学生纠音。

C. 教国际班时，只将汉语语音与英语语音对比，大量使用英语发音带汉语发音。

D. 过早地告诉学生有不少中国人也发不好舌尖后音 zh、ch、sh，所以发不好这些音也没有关系。

E. 声韵调全部讲授完后，马上开始听写拼音的练习。

观点碰撞

朱 勇

做法 A 不合适。教师不要重复错误的发音，否则容易误导学生。有的学生不是很用心，会无意中将教师所重复的错误发音“准确”记住。做法 B 要看情况。要考虑发音的学生的性格特点，也要考虑纠音的学生的水平，我的做法是：一般由教师本人纠音。

蒋 楠

语音教学是国际汉语教学首先且一直要面对的问题。A，B 两项涉及纠错问题，直接纠错、间接纠错皆可，但要灵活选择、巧妙穿插。纠错时要考虑到学生的情感因素。

张家莉

我个人倾向老师重复学生的话，但应重复正确的发音（recast），不需特意纠正，毕竟开口比正确更重要。

朱 勇

国际班的学生来自多个国家，用英语发音来带不太合适。

孟嘉君

如果国际班的学生都懂英语，适当地进行语音对比、突出重难点还是可行的。但是“大量使用英语发音带汉语发音”不合适，毕竟汉语发音有自己的特点，将对比带音作为语音练习的主流方式难免有些牵强附会，也不利于后期声韵调教学。

朱 勇

D 有个“过早”，那就不合适了。过早地告诉学生容易轻易放弃、缴械投降，还是应该先让学生努力地练习。当个别学生确实有困难时，可以适当用 D 来安慰。

蒋 楠

没有必要如 D 中所说向学生介绍汉语发音，这会增加学生的畏难情绪。

JATHLETIC

我倒是觉得早点告诉学生 D 项情况更有利于学生从情感上减少畏难情绪，“这么多中国人发不好这几个音都沟通无碍，汉语也就那么一回事儿。”

朱 勇

声韵调组合练习可以稍晚一些进行，等发音稳定了，可以先声韵组合，逐渐过渡加入声调，否则难度太大。

孟嘉君

做法 E 中“全部”有问题，可以先学习一些简单的声、韵母，进行声韵调拼合练习，待学生掌握了基本的拼合规律，减少了畏难情绪后，再进一步学习，循序渐进。

孙 岩

做法 E 中“马上开始听写拼音的练习”不妥，因为听写对学生的要求比较高，既要听辨发音，又要准确地写出相应的声韵调，在刚刚完成声韵调学习的阶段，这对学生是不小的挑战。听写可以有，但是应控制难度，给出声韵调的其中一项让学生写出另外两项；还可以采取选择的形式。另外，足量的音节朗读练习也可以进一步巩固拼音写法。

理论广角

语音教学法

语音教学法的研究成果主要有音素教学法、语流教学法以及音节教学法。

音素教学法。程棠（1996）主张首先要教好单个的音素，在此基础上逐渐过渡学习音节、词语以及短句，会话练习是最后一步。音素教学法能让学生系统地学习语音，有助于集中精力打好语音基础，但是却忽略了语音的功能性。

语流教学法。不设相对集中的语音训练，而是在开始很短的时间内介绍《汉语拼音方案》，让学习者有个初步的了解，接下来在词汇、语法和课文的教学过程中学习语音。语流教学法强调语音的表意功能，强调音素的组合协调，有助于在一定程度上缓解汉语学习者的洋腔洋调问题，然而这种教学方法忽视了语音的系统性。

针对以上两种教学法的不足，作为语音教学新途径的音节教学法应运而生。音节教学法提出语音的教学从音节切入，分两步走：第一步从音节到音素，通过声韵拼合表，拼读声韵结合体时赋予一定的声调，让汉语学习者辨析每个音素的发音；第二步从音节到语流，把学过的音节组合起来构成可以用来交流的短语和句子。音节是汉语中自然感知的基本的语音单位。音节教学法强调语音教学的基础性和系统性，符合汉语语音的特点。

延伸阅读

1. 柴俊星．对外汉语语音教学有效途径的选择．语言文字应用，2005（3）.
2. 程棠．对外汉语语音教学中的几个问题．语言教学与研究，1996（3）.
3. 顾筝，吴中伟．留学生入门阶段语音教学研究．云南师范大学学报（对外汉语教学与研究版），2005（2）.
4. 蒋以亮．语流教学初探．语言教学与研究，1998（4）.
5. 马学良．谈谈现代汉语的语音教学．语言教学与研究，1986（3）.
6. Lee, C.H., & Kalyuga, S.（2011）. Effectiveness of On-screen *Pinyin* in Learning Chinese: An Expertise Reversal for Multimedia Redundancy Effect. *Computers in Human Behavior*, 27（1）.
7. Newman, E. H., Tardif, T, Huang, J.Y., & Shu, H. (2011). Phonemes Matter: The Role of Phoneme-level Awareness in Emergent Chinese Readers. *Journal of Experimental Child Psychology*, 108 (2).
8. Stickler, Ur., & Shi, L, J.（2013）. Supporting Chinese Speaking Skills Online. *System*, 41（1）.

42 语音教学中的汉字选用

实战问题

小高是赴泰国的志愿者，他的第一节课是教零起点的初中生，教学目标是让学生掌握六个单韵母和一点儿日常交际语。他打算在教单韵母时，结合具体的意义教学生几个汉字。不过选汉字时，他有点儿拿不准要选几个、选哪几个。请你帮他选择一下，并说明理由。

喔窝我握　饿俄鹅鳄　一衣医乙　午五舞雾　雨玉于鱼

观点碰撞

操练时应选用实词、独体字

蒋楠

语音操练时，选词最好选择 meaningful unit；选汉字时要把握两点：常用、简单。

朱勇

从实词、常用度、独体字的角度来选，“我、一、衣、医、午、五、雨、鱼”等字都可以重点考虑。

张家莉

基于发音难易、独体字及日常使用率，我选“我、饿、一、五、衣、医”，若学生对 ü 发音没有困难的话，也可加上“雨、玉、鱼”。

刘弘

我一直认为教“e”时选用“鹅”可能是有问题的。对汉语母语者来说，看到“鹅”字就能联想到“e”，但是对于外语学习者，是否有同样的联想，我表示怀疑。我觉得应该想清楚教拼音时给出例字的目的是什么，如果只是显示一下汉字，好像意义不大，可能还是得考虑字的使用频率吧！

王 波

从常用词的角度来说，选择“我、一、饿、衣、午、雨、鱼”这几个汉字。

孙 岩

常用、简单，如果选择的汉字还能与后续教学中的汉字联系上就更好了。我觉得“我、饿、一、五、鱼、雨”都可以选择。唯一的问题是，如果这里想给汉字标上拼音的话，那就出现了“w”“y”的问题。

理论广角

语素的能产性与语音教学

针对语音教学阶段的汉字选用问题，大多数参与讨论的教师都选用了具有实在意义的汉字，如“我、饿、一、五、鱼”。由于汉语语素和汉字的一一对应关系，这些汉字都是语素。王晓平（1990）认为，书面语中的一个语素就是一个音、形、义相对稳定的、结合于一体的方块，这些方块可以灵活地拆卸下来、安装上去，而且在拆卸、组装的过程中没有任何形态方面的变化；同时这一集音、形、义于一体的方块，又是立体的，像一种多功能的螺丝钉，它可以向左转、与前面的语素组成合成词，也可以向右转、与后面的语素组成合成词，还可以向上转加上词头、向下转连上词缀；它既可以与一个语素组合，又可以与两个或两个以上的语素组合，还可以前后都与其他语素组合，因而构词能产性极强。

比如汉字“鱼”，作为成词语素，它可以单独表意；在与其他语素组合时，它又能充当构词的成分。如果我们在语素“鱼”的前面加上名词性的语素“草”，就构成合成词“草鱼”；若加上形容词性的语素“黄”，就构成合成词“黄鱼”；若在前面加上动词性的语素“买”，就构成合成词“买鱼”，且在构词过程中“鱼”这一语素的形态和意义没有改变。因此，若在语音教学阶段适时教授“鱼”这一类成词语素，不仅能为枯燥的语音练习注入活力，也能为学习者日后的汉字学习和词汇学习奠定基础。而且选择这些具象的汉字，有助于学生在学习语音的同时，联想到实物，促进音形义之间的连接。

延伸阅读

1. 顾筝，吴中伟．留学生入门阶段语音教学研究．云南师范大学学报（对外汉语教学与研究版），2005（2）．
2. 王晓平．汉语语素组合的灵活性及其构词的能产性．南昌大学学报（人文社会科学版），1990（4）．
3. 张宝林．语音教学的现状与对策．云南师范大学学报（对外汉语教学与研究版），2005，3（6）．
4. 周芳．对外汉语语音研究与语音教学研究综述．云南师范大学学报（对外汉语教学与研究版），2006，4（2）．
5. Guo, T.M., Peng, D.L., & Liu, Y. (2005). The Role of Phonological Activation in the Visual Semantic Retrieval of Chinese Characters. *Cognition*, 98 (2).

43 怎么教第四声?

实战问题

如果学生的第四声发不准，你准备用什么方法来帮助学生找准调值？说说你的理由。

A. 让学生不断跟教师重复。
B. 用跺脚或手臂用力向下的方式帮助学生“发力”。
C. 让学生模仿叹气的方式发音。
D. 利用阴平的 55 调值找发音起点。
E. 利用阳平的 35 调值找发音起点。
F. 在词、句中纠正学生的发音。
G. 其他______________________

观点碰撞

寻找和利用正迁移

张京京

目前我比较常用 D，B 和 C。学生往往会自动寻找自己母语中类似的语气和句调，有时甚至是一些 bad word。

Cynthia-Li-MY

我的学生年龄比较小，对于声调感知比较好，基本上 A 方法就很有效，但是 B 也是我常用的。还有一个方法，就是让他们感受英语单词“go”的发音，然后带到四声当中。

曹芳

韩国学生的第四声也经常不到位，这时我会告诉他们汉语的第四声就是韩语的“야!（喂！）”，这样他们马上就能找到调了。

苏磊鑫

让学生想象从高处掉落的感觉，还可以找视频给他们看，听那种从高处掉下来的叫声，“啊~~~~”，让他们体验声音从高到低的感觉。

手势法练四声

朱勇

我常常用右手用力往下的动作来示意。

方杰

我也常用手势法，或者让学生先把头仰起来，然后在发四声的时候，向下点头，还可以同时配合手势。

孙岩

手势加重复是我常常使用的办法，学生发第四声（其他声调也一样）发不准时我还会退一步，先不急着让学生发出正确的四声，而是准备大量的材料，让学生听辨，先形成对该声调的正确听力认识，然后再练习发第四声。

音乐法学四声

张京京

我听说有一个音乐家班，讲四声时学生就很有默契地开始分工协作，把四声的调值变化用乐器模拟出来，因为我不通什么乐器，暂不能分析和验证。另外，唱歌特别好的人，外语发音一般都不会差，因为他们对“音”足够敏感，并善于控制发音器官。

薛白

汉语里的第四声可以对应歌曲里面的“hey!Yo!”。

在语流中学四声

Cynthia-Li-MY

在句子中纠正学生发音要注意，如果是高级班，一两个音不对，纠正会比较有效，但是对beginner来说，在词句中纠错可能会让老师学生都感到沮丧。

年龄、母语背景对声调学习有影响吗？

恰恰呀恰

留学生声调的掌握跟他们开始学习汉语的年龄很有关系。我分别在韩国和蒙古国两地教过韩国学生，在蒙古国育才中文学校遇到的那个韩国孩子上六年级，只有十岁，发音很好，没有任何四声问题。在韩国时，初学者大多十七八岁了，受母语影响较深，发音问题较大。而且蒙古国育才中文学校六年级的孩子中已经有好几个考过HSK五级，除此之外，他们学习其他语言的能力也很惊人，我也正在试图寻找答案。

理论广角

如何避免洋腔洋调？

关于声调的教学，有学者提出应以交际为原则，进行有层次、系统性的教学，在初级、中级和高级阶段循序渐进（李丹青，2011）。

在初级阶段，学习者的主要任务是掌握单字和词的声调、变调的基本规则和轻声、儿化等。在进行练习时，应该尽量找交际中常用的语言材料，单字可以用数字、姓氏、属相等内容来练习；词和词组的语言材料也是如此，像回答的时候经常会用到的“喜欢”“不要”“你好”“谢谢”等。另外，辨调的练习能很好地帮助学生学习声调，应多多加强这方面的练习。比如区分“我要烟”“我要盐”的意思，区分“汤”和“烫”，区分“年纪”和“年级”等；读一些阴阳上去的四字词语，像“光明磊落”“千锤百炼”“风调雨顺”等；读一些有变调和轻声的词语，像“选举”“粉笔”“胳膊”“云彩”等。

在中级阶段，声调就不光涉及字和词的声调，还要把这些字词放到句子中去，这时教师还要注意语调的教学。汉语虽是一种声调语言，但不同的语句、不同的语调也能在一定程度上影响声调。通过声调和语调的学习，也能使学习者从认知上更加了解汉语作为一种有声调的语言和其他语调语言的差别。在学习声调的同时，也要让学习者了解停顿、重音、语气等语调知识。在这一阶段，学习者的词汇量不断增加，语法知识也不断地积累，这时的声调教学应该与词汇和语法更好地结合起来，巩固字词的声调和变调，并且注重语法结构中句子的声调和语调。

在高级阶段，学习者已经能够用汉语完整地表达自己的思想，那么这时的教学目标就是要使表达更加流畅，并将声调融入语感当中。教师要注意不断纠正学习者的固化错误，并通过学生不断的交际实践来培养声调的语感。最终使学生摆脱“洋腔洋调”的困扰。

延伸阅读

1. 李丹青.“洋腔洋调”与对外汉语声调教学. 内蒙古师范大学学报（教育科学版），2011（11）.
2. 彭玉康，胡袁圆. 对外汉语声调教学研究回望. 暨南大学华文学院学报，2006（4）.
3. 王安红. 汉语声调特征教学探讨. 语言教学与研究，2006（3）.
4. 喻江. 声调教学新教案. 语言教学与研究，2007（1）.

44 相似音能引起正迁移吗？

实战问题

面对母语背景不同的学生，有的教师尝试用一些共性较强的、近似的语音现象引导学生体会汉语的声调，比如用独词句的句调来带声调。下面的四张图片能否用来启发学生学习汉语声调？它们分别代表哪种声调？又有哪些不足和局限性？你有什么更好的建议？

观点碰撞

图片大致对应汉语四声吗？

朱 勇

思考题中采用的是句调带声调的方法，四幅图大致可以对应 ɑ 的阴阳上去四声。

范红娟

第一幅图和第二幅图大致能对应第一声和第二声，后面两幅图所对应的声调不是那么好领会。

刘仙佑

这四幅图不一定能对应汉语四声，因为不同国家、地区的学生看到相同情景时所给出的反应是不一样的。

利用“唱调法”进行声调教学

刘仙佑

关于声调教学，我本人推崇赵元任先生提出的利用音调的手段进行声调教学的方法：先让学生唱音调，感知声音上的高低曲降，然后说明，汉语的声调不过就是这样的高低曲降。但是又因音调和声调的不完全一致性，音调对声调的教学只能起辅助作用。

郑丽杰

我个人也赞成利用曲调教声调，“唱调”既能增强课堂的趣味性，又能让学生一步到位地领会汉语声调的本质。不过在纠个别音时可以利用其母语的相近发音来带。

帮助学生找到四声的感觉

朱 勇

不管用图示法，还是用“曲调”法，都是先带一带，让学生比较容易地找到四声的感觉，在此基础上再进行科学的严格训练：教师展示发音部位、发音方式（口型夸张）——学生模仿——教师纠音。

张京京

同意，先找近似再找不同，先大致类比再精准对比，符合人类认知规律。

注意语流中的声调教学

蒋 楠

关于声调教学，每位教师都有自己的“小绝招”。这里我只想补充一点，声调教学要注意单字的声调，更要重视字词在句中的声调。很多学生单字发得不错，但一说句子就出现洋腔洋调。

朱 勇

单字发音基本掌握后，要注意语流音变问题，教师要通过日常用语来加强训练。

孙 岩

单字音调要练习，但是也应该尽快进行双音节、多音节及句中声调练习，因为常常会出现这样的情况：学生单音节声调准确，但是在双音节和多音节时就发不准了。

理论广角

对比分析假设和语音学习模型

有的教师在进行汉语语音教学时用学习者母语中相同或相似的语音引导学习者学习，这种教学方法利用了对比分析的原理。Lado（1957）提出了对比分析假说（Contrastive Analysis Hypothesis，简称 CAH）。CAH 是一种基于行为主义理论的假说，行为主义关注的焦点是刺激—反应关系，反应由刺激导致，一种具体的刺激与一种具体的反应之间的关联就形成了所谓的“习惯”。根据行为主义的学习理论，旧习惯会介入新习惯的形成过程中。对于 SLA（第二语言习得）来说，既有的 L1（母语）习惯会迁移到 L2（第二语言）的学习中去，而迁移的方法与 L1–L2 结构的相似性很有关系。当 L1–L2 相似性较大（完全相同或者相近）时，L1 的习惯就会促进 L2 的学习，这种迁移就是正迁移。反之，当 L2 的一个结构在 L1 中不存在或者与 L1 所有结构都有较大差异时，L2 的学习就会产生困难，这就是负迁移现象。负迁移导致偏误的产生。

CAH 在 20 世纪 60 年代颇为流行，但从 70 年代开始，对 CAH 的质疑声越来越多，人们发现 L1 和 L2 结构的相似性未必导致正迁移，两者之间的相异性也未必导致负迁移。这就促使人们对 L1–L2 语言结构的相似性与 SLA（第二语言习得）之间的关系进行细致的实证考察和新的理论探讨。

20 世纪 80 年代以后，在这一领域产生了影响广泛的两个理论模型：语音学习模型（Speech Learning Model，简称 SLM）和知觉类比模型（Perceptual Assimilation Model，简称 PAM）。王韫佳（2008）指出，Flege（1987、1993、1999）提出 SLM 的目的在于揭示 L2 语音习得过程中的种种变化。SLM 以 L1–L2 语音相似性为基础，把 L2 的语音从声学上分为相同音素、相似音素和陌生音素三类。在初级阶段，相似音素的习得显得比陌生音素好一些，但是，经过长时间的学习之后，相似音素的发音可能没有进步，而陌生因素的发音不仅会有长足的进展，而且会被成功习得。因此，借用学习者母语中相似语音教授汉语语音需谨慎，在语音学习初级阶段，这种与学习者母语中某一音素发音相似的音素可能比较容易被学生记住，可经过长时间的学习，这种相似音素可能不会被成功习得，而学习者母语中没有的陌生音素反而会被成功习得。

延伸阅读

1. 李培元．汉语语音教学的重点．世界汉语教学，1987（1）．
2. 王韫佳．跨语言语音对比与 L2 语音习得——CAH、PAM 和 SLM 述评．第八届中国语音学学术会议暨庆祝吴宗济先生百岁华诞语音科学前沿问题学术研讨会论文，北京，2008.
3. Best, C.T. & Tyler, M.D. (2007). Nonnative and Second-language Speech Perception: Commonalities and Complementarities. O.-S.Bohn and M.J. Munro (Eds.). *Language Experience in Second Language Speech Learning*. Amsterdam/Philadelphia: John Benjamins.
4. Flege, J.E. Production and Perception of a Novel Second-language Phonetic Contrast. *Journal of the Acoustical Society of America*, 1993 (3).
5. Murphy, J.M. (2014). Intelligible, Comprehensible, Non-native Models in ESL/EFL Pronunciation Teaching. *System*, Volume 42.

45 生词讲解方式多

实战问题

讲解生词主要有哪些方法？请以“猎头、椰子、尴尬、印象、化妆、继续”等词为例说明。

观点碰撞

翻译法的弊端

刘仙佑

在讲解“猎头”这一词语时，用 hunter 这个英语翻译固然好，但是如果课上有没学过英语的留学生就行不通了。在讲解时可以从人的身份或者职业入手引导学生，首先说明“猎头”是一种职业、一种人，就像老师、学生、司机等。然后解释“猎头”是做什么工作的人。

举例法

杨 珮

随着对学生的慢慢了解，老师可以用学生的真实情况来举例子。比如我们班有一个女孩，厌倦了现在的工作，想换工作，于是我可以以她为例子，为她出主意，她肯定很容易理解“猎头”这个词，如果其他同学还不理解，她可以给其他人解释。当然这也要看性格，西班牙人很乐观坦诚，因此可以讨论这个问题，否则应多加考虑。

朱 勇

讲“印象”的时候，老师问：“你们都去过上海吧，觉得怎么样？有什么印象？”学生回答：“我喜欢外滩，对上海小吃印象也很好。”还可以举个例子：Bob 是个好学生，老师们对他印象很好。这样引导举例，学生基本能够明白。讲“继续”时可以说：昨天讲到 A，今天继续，从 B 开始讲。

曹丽梦

信息加工理论显示，与自己相关的新信息更容易被加工。所以教师在举例时，可以举一些与学生的学习、生活相关的例子，也可以用某个学生举例子，这种的举例方式有助于学生对新词的加工记忆。

演示法

朱勇

“化妆”一词可以用表演法讲解：老师左手装作镜子，右手在眉毛、眼部比划比划。

情境法

邓馨

像“尴尬”“猎头”“印象”都可以给实际的情境让学生体会这些词的用法和使用条件。在教学里面，我觉得提供用词情境或者用简单句解释是比较好的讲解词语的方法。

朱勇

“尴尬”可以用情境法，举个常见的例子即可，比如老师或同学裤子的拉链忘拉了。

图片法

邓馨

“椰子”这种实物直接翻译或用图片展示。

语素义分析法

曹丽梦

语素义分析法仅适用于构词的两个汉字都是语素的情况。讲解“蝴蝶”一词时便不能使用该方法，因为“蝴”和“蝶”都不是语素，没有实在的意义，“蝴蝶”一词构成一个语素。

课后交流的作用

朱 勇

因地制宜。教师课间、课后与学生的交流是教师的秘密武器，举例子、造句、讲解、开玩笑等都用得上。

无对应词

张京京

这些词里我觉得“猎头”比较特殊。我遇到过一些学生，他们所在的国家或社会中还没发展出这个职业，其头脑中对这一名词压根儿就没有概念。

曹丽梦

遇到所学生词在学生所在国家商务实务中尚无对应词的情况时，还是应该按照适合该词的教学法进行教授，具体讲解该词的词义。例如“猎头”一词，可以结合“直接法”“举例法”和“情境法”对它进行讲解。

孙 岩

教材的生词表中常常已经给出生词翻译，学生随时可以看到生词的意思。所以在某种程度上，其他各种方法都是练习生词的方法。也就是说，这些进一步的讲解不仅让学生知道是什么，还要让学生知道怎么用。所以可以根据生词的实际情况决定是否需要进一步解释。

理论广角

生词讲解的方式

生词讲解是生词学习中重要的一步，明白词语的意思是掌握其用法的前提。在课文中进行生词讲解一般不应做过多的扩展，讲清楚语境义即可。讲解生词的主要方法有这样几种：

（1）实物引入。如讲解“椰子”“芒果”“热带水果”等词汇的时候可以拿着椰子、芒果等热带水果的实物去教室展示。

（2）图片引入。如讲解“大海”“游泳”可以带着相关的图片展示给学生看。

（3）情境引入。如讲解“尴尬”这个词的时候可以呈现一段情境：“刚才我去超市买东西，结账的时候发现自己没带钱包”，引导学生用“尴尬”完成句子。

（4）问答法引入。老师问：“你们都去过长城吧？觉得怎么样？有什么印象？”学生回答：“我喜欢长城，对长城的印象很好。”

（5）表演法引入。比如讲解“化妆”这个词的时候，老师可以借助体态语，用简单的表演帮助学生理解。

（6）形式法引入。有的词语常常用在语块之中，比如“跟……见面”，这时候放在结构中一起出现比较好。

关于生词的讲解，钱旭菁（2005）的研究也给我们很多启示。该个案研究发现：日本学生在阅读中遇到不认识的词语时，主要采用两种方式猜测：提取词语和归纳词义。而在猜测时则主要用了三类五种已有的知识：语内知识（句法知识、构词知识、词语知识）、语际知识（学习者的 L1 或其他的 L2 知识）和超语言知识（语言以外的有关世界的一般性知识）。老师们讲解生词时应考虑到上述三类五种知识，并酌情选讲。

延伸阅读

1. 钱旭菁. 词义猜测的过程和猜测所用的知识——伴随性词语学习的个案研究. 世界汉语教学，2005（1）.
2. Eckerth, J. (2009). Negotiated Interaction in the L2 Classroom. *Language Teaching*.
3. Gezegin, B.B. (2014). An Investigation of Using Video vs. Audio for Teaching Vocabulary. Procedia-Social and Behavioral Sciences, Volume 143.
4. Hall, J.K., Hellermann, J., & Doehler, S.P. (Eds.). (2011). *L2 Interactional Competence and Development*. Clevedon: Multilingual Matters.

46 先讲生词还是先讲课文？

实战问题

任老师目前在韩国的一所大学教汉语专业的学生。由于使用的教材课文生词较多，任老师处理生词时一般都是在课文中讲解生词的用法；对于那些学生比较难掌握的词，任老师会在课文学习后着重处理。不过，班里有两个学生对此做法有疑问，他们课下找到任老师和教导主任，建议任老师先讲解生词，因为不讲生词的话他们很难理解课文。如果你是任老师，你会怎么解决？

观点碰撞

先生词，后课文

张思

先处理生词，在这过程中重点生词不做太多的扩展练习，在处理课文的过程中，再把重点生词单独提出来操练。

谢柳

我在韩国的一所学院教汉语，我们学院的方法是先讲解课文的生词，用生词造句，造句的例子先是生活中的例子，然后是课本中出现的话，最后让同学们造句。在讲课文的时候就不用讲解生词了，而是以讲解语法和课文意义结构为主。

教学顺序有国别差异？

隋桂滨

在课堂观察中，我发现绝大多数教师采取先讲解生词再讲课文的方式。这可能比较适合日韩学生，至于是否适合欧美学生还有待研究。既然这是一所韩国院校，可以在了解韩国教育方式等之后再做出选择。

张璐

我教过的中高级班，日韩学生很愿意先讲解生词，而且越详细越好，但班上的德国学生不大愿意这样，认为这是小学生的上课方法，曾经为此给我写过纸条反映问题。

刘弘

我认为这个没什么国别差异，关键看老师和教学环境。我发现我接触到的美国来华暑假项目一般都是先串讲课文，再操练重点词汇和结构，这要求学生做充分的预习；可是在美国来华留学的长期项目中，由于学生还要学习其他专业课，预习不如暑假班那么充分，学习动力也不如暑假班，因此很多老师都会先讲解生词，然后开始讲练课文，否则一上课就讲练课文，不少学生会跟不上。

教无定法

张京京

教无定法，每课教学内容和特点不同，学习者每天的思维状态也有不同，课程因时制宜，百变所以美丽。

蒋楠

生词讲解不必遵循先生词后课文的顺序。有些生词一定要在语境中才好解释，有的则可以直接给出 100% 的对译，明晰且高效。总之，学习生词无定法，要根据词性、词义等多方面因素选择合适的方法。

朱勇

要根据生词的多少、课文的难易度、学生的好学程度（预习情况）等来决定生词讲解方法，每次也可以不一样。对于联合国班来讲，某一教学方法很可能众口难调，要看看能否取最大公约数，总之教学方式要多样化。

孙迪

我想大家在实际操作过程中都有体会，处理生词的模式肯定不是固定的，可以根据课文生词的情况调整。可以先串讲生词，然后讲课文。也可以讲一段课文，在课文里讲生词。还可以先梳理相对容易理解的生词，然后进入课文再讲包含重点语法的虚词或有对比的词。每课变换方式，学生也不容易生厌。

曹丽梦

各国学生认同的生词教学方法可能都是不同的，面对这样的情况，在课程开始前对学生进行需求评估，并确定一种为大多数学生所接受的生词教学方法也许比较合理。

教学顺序应基本一致

刘 弘

总的来说，老师的教学顺序应该在一个学期中保持基本一致。除非老师很清楚地告诉学生为什么要改动教学顺序，否则不应该这一篇课文先讲生词、后一篇课文先讲课文。学生对于上课的过程是有期待的，熟悉老师的基本上课流程对于他们理解教学内容是有用的（尤其是初级班），毕竟是外语课堂，学生在听力理解上有很大压力。如果老师的教学流程老是变来变去，学生会受不了。我觉得可以调整的是具体的教学方式，比如词汇教学的方式、课文处理的方式，但是总的教学流程应该基本固定，这样对于学生预习、复习都有好处。

鼓励学生预习生词

蒋 楠

在美国教学时，我们每课都有预习单。预习单中最重要的部分就是"完形填空"，教师把课文重组，学生只有在理解课文的前提下才能正确地填出每个答案。每个空儿，不是本课生词，就是前几课重点词的复现。做这份预习单对老师也是个挑战。

刘 弘

预习是很重要的。不过预习单虽然有用，但是难度和数量是教师需要考虑的。

方 杰

鼓励学生课前预习，在每次讲新课的时候，都以答疑的形式来讲解生词，给学生例句，然后再把学生没有问到的重点词讲解一下。

王 波

我觉得生词的预习非常重要，某种程度上甚至比复习更重要。如果生词比较多，可以分为几部分，先让学生预习一部分生词和课文，之后再讲生词、语法点，最后串讲课文。这种方式会让老师和学生都感到轻松一些。

理论广角

词汇的语境化教学

清晰的、学生已知的语境有助于学生理解句中的词语。根据李立新（2006）的观点，在语境教学法中，学生在学习词汇时，被置身于有交际的真实环境中，以现实社会成员的身份参与各种语言活动，这不是一个简单的、静态的学习，而是“词义—词组或句子—交际情境”这样一个动态的、立体的、生动的学习，学生会觉得学习充满了乐趣，同时也会灵活地运用学到的知识，达到交际的目的。另外语境教学法也会让学生产生记忆的联想，从而保持长久的记忆。

刘珣（2007）也认为词的教学应与句子教学相结合，在一定的语境中掌握词汇。学习者只有在句子中才能明确生词的含义并了解其用法，因此要提倡“词不离句”，避免孤立地死记硬背，而要在一定的语境中通过运用掌握词语。如动词“打”有十多种用法，只有在句中才能理解和掌握“打人”“打球”“打电话”“打酒”中“打”的不同意义和用法。

词汇教学中语境的设置应遵循三个原则（王倩，2011）：

（1）典型性和依赖性。教师给出的语境要典型，即体现该词的语义和用法，不能让学生产生误解。语境教学法不是孤立的，在单纯的语境设置不能满足讲课需要的时候，可以配合其他方法使用。

（2）真实性和生活化。教师在设置语境时要给学生明确、真实的语言信息。语境和语言形式要符合语言的实际交际功能和语言规律，生活化的语境和学生的日常生活紧密联系，使学生产生交际的冲动。

（3）以学生为中心，讲练结合。语言学习的目的是交际，因此我们在教学过程中要尽量使学生多说多练。例如在讲解抽象词“再说”时，教师可以尝试在以下语境中进行讲解：“星期五下午没有课，再说天气也很好，所以很多同学都出去买东西，或者去公园玩儿。”“星期二晚上有很多作业，再说星期三有听写，所以同学们都不出去玩儿。”利用类似语境进行教学，其效果远比仅将“再说”一词简单翻译成“besides”好得多。

延伸阅读

1. 李立新．论对外汉语词汇教学对语境理论的应用．陕西师范大学学报（哲学社会科学版），2006（S2）．
2. 彭志平．“言内语境”在汉语课堂教学中的设置与利用．世界汉语教学，2012（1）．
3. 王倩．语境教学法在对外汉语词汇教学中的应用．文教资料，2011（16）．
4. 王世友，莫修云．对外汉语词汇教学的几个基本理论问题．云南师范大学学报（对外汉语教学与研究版），2003（2）．
5. 徐子亮．语境在汉语作为外语学习中的认知作用．南京大学学报（哲学人文科学社会科学版），2000（5）．
6. Nicolay, A.C., & Poncelet, M. (2013). Cognitive Abilities Underlying Second-language Vocabulary Acquisition in an Early Second-language Immersion Education Context: A Longitudinal Study. *Journal of Experimental Child Psychology*, Volume 115, Issue 4.

47 如何促进词汇的输出？

实战问题

对于如何积极使用口头报告中出现过的生词，下面是本案例中的教师对学生进行的一段访谈，请予以评析。

关于如何利用口头报告中出现的生词的问题，笔者曾对学生做过访谈。有的学生告诉我，他们聊天时会用那些生词。比如坐电车的时候说秘密的话（周围都是日本人，所以用汉语讲话别人自然听不懂，这样就可以保密了）；开玩笑的时候；去学校的汉语角聊天时也用生词。还有一个学生比较特别，他高三时曾在台湾留学一年，他经常“用新词和中国朋友上网聊天”。以上各种词语输出机会无疑都有助于学生掌握生词，有助于他们将消极性词汇转化为积极性词汇。

观点碰撞

对词汇要有复现意识

朱勇

所谓“学过的不少、学会的不多”现象，跟复现、跟输出有很大的关系。老师要对新词比较敏感，不管是课本上的，还是课堂上各种活动补充的，都要有复现意识。教学生第二册，老师应该首先翻一翻第一册，看看都有哪些词语学过了，上课时尽可能地复习使用。如果学生忘记了、不熟悉了，则要提醒学生这个词在前面学过，暗示他们要复习。另外，学生水平不同，词语复现方式也应有所不同。

蒋楠

其他方面，比如教师给学生写邮件时，教师应当首先有意识地使用新词。

促进词汇应用

蒋 楠

有经验的教师可以把它渗透在各个方面。最直接的方法是在布置作业时直接把重点词、新词列出，并要求学生使用。教师的课堂用语，随着词汇、句型的学习，也要不断调整。

张 思

我在口语课上，在设置课堂活动或者是课前口头报告的环节，会把一些学过的重点生词放在给出的关键词里，让学生运用，可以根据话题来决定可以用哪些词，且在不同的话题里可以反复运用。

邓 馨

老师要积极鼓励学生使用新词。日常对话中，老师自己就要注意使用新词的频率，一旦发现学生使用新词要及时鼓励，给学生信心。很多学生不愿意说新词是怕出错，所以要先帮学生过心理关。

张京京

零起点和很初级的学生，我主要鼓励和要求他们用新词布置、装饰宿舍、教室；初中级学生，我会适时用新词把他们讲过的笑话或者出过的笑话再复现一遍，他们都乐在其中。

理论广角

输出假说与汉语教学

汉语教学中，大量可理解输入能够为学习者语言“内化”过程提供真实可靠的材料，为语言习得奠定基础，然而，可理解输入仅能激活学习者语义认知处理机制，可理解输出则能激活学习者句法形式处理机制，引起学习者对语言形式的注意，促使学习者进行流利、准确的表达。因而，可理解输出在语言习得中同样占有重要地位。

Swain 于 1985 年提出输出假说，她认为，尽管可理解输入对二语习得很重要，但并不能保证学习者在语法准确性方面达到近似本族语者的水平。学习者只有使用所学语言才能达到这一点。语言输出假说的主要论点是“使用目的语会促使语言学习者注意为了成功地表达自己的意思所需要的表达方式（Swain，1985）。”Swain（1985）认为语言输出有三个作用：为了准确、连贯地表达自己的意思，学习者需要学会相关的语法；只有使用语言才能为二语学习者提供试验其对二语的假设并检验其效果的机会；同理解语言不同，使用语言可促使学习者从语义操作转向句法操作，从而促使学习者注意表达方式。然而，Swain（1985）还指出仅有说的机会是不够的，只有当学习者被“逼迫”时，输出的语言才有助于习得。

当然，“逼迫”学习者进行语言输出需要设计一系列有效的教学活动（温晓虹，2007）。首先，教学活动要有高度的组织性。以交际题目“找工作”为例，其步骤应包括：（1）语言输入：如用替换、在情景中完成句子的形式练习或复习要用到的句型；（2）生生互动：同桌之间用刚刚练习过的句型对话，然后汇报各自所得到的信息；（3）读写练习：阅读工作广告，并写一封应聘申请；（4）完成任务：小组活动模拟找工作的面试；（5）任务后评鉴：小组讨论决定是否录用。其次，教师给学生的要求要具体，比如对段落的长度和词汇、句式的运用提出明确要求等。最后，在交际过程中，教师必须敦促学习者准确、清楚、连贯地进行表达，使别人容易听懂。

延伸阅读

1. 冯纪元，黄姣．语言输出活动对语言形式习得的影响．现代外语，2004（2）.
2. 卢仁顺．“输出假设”研究对我国英语教学的启示．外语与外语教学，2002（4）.
3. 温晓虹．语言的输入、输出与课堂的互动设计．汉语学习，2013（2）.
4. Choi, S., Kim, J., & Ryu, K.（2014）. Effects of Context on Implicit and Explicit Lexical Knowledge: An Event-related Potential Study. *Neuropsychologia*, Volume 63.
5. Swain, M. (1985). Communicative Competence: Some Rules of Comprehensible Input and Comprehensible Output in Its Development. In S. Gass & C. Madden (eds.), *Input in Second Language Acquisition*. Rowley, MA: Newbury house.
6. Swain, M. (1995).Three Functions of Output in Second Language Learning. G. Cook & B.Seidlhofer (eds.). *Principle and Practice in Applied Linguistics*. Oxford: Oxford University Press.
7. Swain, M. (1997). The Output Hypothesis, Focus on Form and Second Language Learning. V. Berry, B. Adamson & W. Littlewood (eds.). *Applying Linguistics*. Hong Kong: University of Hong Kong.

48 如何把生词讲解清楚?

实战问题

假设教学对象是初级班学生，需要教师在课堂上临时对下列词语做出解释，想一想如何用图示法、动作或简单的汉语进行描述，让学生明白词义。

（1）名词：宠物　矿泉水　方言　硕士　反义词　压岁钱　来电提醒
（2）动词：起哄　暗恋　走私　传染　复印　退休　解雇
（3）形容词：调皮　干燥　幽默　糊涂　团结　倒霉　尴尬

观点碰撞

通过语素启发猜测词义

杨 珮

以前讲词我喜欢让他们先自己看看课本上的西班牙语解释，然后再给他们例句，做适当的延伸。现在也开始用汉语启发式的教学，比如“暗恋”，我应该会告诉他们这两个字的本意，让他们来猜词的意思；“起哄”，我应该会借此机会教育一下班里不太守纪律的学生，拿他们来举例子让学生们猜。让学生们自己猜有时像猜谜语一样有意思，比如有一次我讲“脑袋开花”，他们有的猜“头发白了”，有的猜“有新的主意了”，有的猜“头上戴花”。所有人都觉得很有挑战而认真思考，效果很好，虽然答案让他们很意外。

描述和举例

苏磊鑫

还可以用汉语描述法和举例法。除了一目了然的实物展示和指向明确的图片说明之外，我还喜欢用汉语描述法来解释新词语。用学过的词来解释比较少见的词，可以把学习新词变成一个有趣的猜谜过程。比如说“暗恋”，解释为这个人喜欢那个人，可是他不想告诉她，每天都想看见她，希望她高兴。这是？学生们一般都可以说出来，这是暗恋。还有一种方法，就是给出大量例子，不用解释，让学生自己体会。比如说“倒霉”，可以说“他的闹钟坏了，没有按时起床，他想骑自行车去学校，可是自行车丢了；他坐公共汽车去学校，公共汽车的轮胎破了；他打车去学校，可是堵车了。他只好走路去学校。他很饿，想买东西，可是没有带一毛钱。今天，他很……”。

袁紫阳

在初级班的课上遇到第一组类的名词大多是具象的，我会用图片或简笔来解释，比较直接；第二组的动词和第三组抽象的形容性的词语可以用简单的词语来做情境描述。

苏磊鑫

（1）“起哄”：我们班里有几个男生，特别喜欢在别人回答问题的时候插嘴。如果别人回答对了，他们就高喊“对！”；如果别人答错了，他们就喊“不对！”。然后我就用这个例子教他们什么是“起哄”，他们一听就笑了。或者可以邀请班里一位同学表演节目，别的同学一般也会鼓励他上台表演，这也可以算一种“起哄”。（2）“糊涂”，可以给学生举例：“口语老师说下周一 8：00 考试，听力老师说下周一 8：00 上课，汉字老师说下周一上午不上课”，同学生们有什么感觉；或者举例说：你在找一个地方（办公室、图书馆、教学楼等），问了一个同学，他说在东边；又问了一个同学，他说在西边，等等。

场景模拟

杨 珮

（1）起哄——用图片设置一个场景，老师给每个位置的人配音，可以用英语“Come on! Do it!”等，让学生自己领会。（2）糊涂：故意叫错学生的名字，引出这个词。

其他方法

庞红波

名词一般用图片。动词可以的话我会自己做动作，或者用图片、设定一些帮助理解的场景、情境，每个词多举几个简单易懂没歧义的例子。

张晓明

还可以实物展示（矿泉水等）、直接演示（方言、来电提醒等）或使用情境法（传染、尴尬等）。

理论广角

词汇释义的方法

意义和用法是词汇讲解要涉及的两个最基本内容。讲清楚词汇的意义是词汇学习的第一步。依据不同的标准，词汇释义的方法有多种分类，如刘座箐（2013）将其概括为以下六种：直接对译法、比较联系法、语素教学法、动作演示法、实物展示法、图片展示法。

直接对译法、动作演示法、实物展示法、图片展示法相对简单，此处重点介绍比较联系法和语素教学法。

（1）比较联系法。即通过同义词、近义词或反义词的对比和联系解释词义。词语之间，特别是同义词、近义词之间的对比和联系，能使其共性和区别更清晰，区别特征更明显，有助于学生理解和掌握。比如，“矮”和“低”都是形容词，二者都可以作“高”的反义词，但有区别：“矮”主要形容具体事物的形象，如“矮个子”；“低”主要形容抽象事物，如“低年级”。“低”用于形容具体事物的形象时，主要指在水平面以下的东西，如“水位低”。

（2）语素教学法。语素教学法认为，在词汇教学中，不但要讲练词语的意义和用法，而且要重视语素拆分和语素间的组合规律，通过分析语素讲解生词，并扩大该语素相关的新词范围。比如，用语素教学法讲解“住址”一词，“住”的意思是“居住”，“址”的意思是“地方”，学生很快就能明白这个词的意思，也容易记忆。教师由此可扩展出“住房”“住户”或者“地址”“遗址”等词语。

在课堂上，对同一个词语可以使用不同的讲解方法，而同一种讲解方法也可能适用于不同的词语。教师要根据词汇的特点、教学条件和学习者认知风格特点，对中选优，选择最清楚、最易于理解和记忆、课堂效率最高的释义方法。同时，为了提高学习兴趣、丰富课堂内容，教师要注意适度变换词汇释义方法。同时，各种词汇释义方法除单独使用外，还可根据需要综合运用。

延伸阅读

1. 李明. 近 20 年来对外汉语词汇教学研究. 天津师范大学学报（社会科学版），2013（6）.
2. 刘座箐. 国际汉语词汇与词汇教学. 北京：高等教育出版社，2013.
3. 任瑚琏. 字、词与对外汉语教学的基本单位及教学策略. 世界汉语教学，2002（4）.
4. 肖贤彬. 对外汉语词汇教学中“语素法”的几个问题. 汉语学习，2002（6）.
5. Andreas Glombitz. (2007). Explaining the Meaning of Words: A Descriptive Study on Strategies. GRIN Verlag.
6. Ely, E. (2014). Improving Instruction of Future Teachers: A Multimedia Approach that Supports Implementation of Evidence-based Vocabulary Practices. *Teaching and Teacher Education*.
7. Hilal lnal, Abdulkadir Cakir. (2014). Story-based Vocabulary Teaching. Procedia–Social and Behavioral Sciences, 98 (6).
8. Molinsky, S.J., & Bliss, B. (1994). *Handbook of Vocabulary Teaching Strategies: Communication Activities with the Word by Word Picture Dictionary*. London: Pearson Longman.
9. Nation I S P. (1990). *Teaching and Learning Vocabulary*. Massachusetts: Newbury House.
10. Zhang, H.S., Creider, S.C., & Box, C.D. (2013). Explaining Vocabulary in the Second Language Classroom: A Conversation Analytic Account. *Learning, Culture and Social Interaction*. 2 (4).

49 语法教学的阶段性

实战问题

陆俭明（2000）认为，初级阶段的重点是语音、词汇和汉字，语法教学不应过分强调，等学生对汉语已经有较丰富的感性认识后再适当加重语法教学的分量。你同意这种观点吗？为什么？

观点碰撞

不要操之过急

佟叶

我同意陆先生的观点。在汉语学习的初级阶段，语音、词汇和汉字已经让学生有点儿招架不住了，再系统地讲解语法无疑会加重其焦虑感。个人认为，一般而言，语法随着语言学习的深入和语感的增强会更容易理解。所以初级阶段，语法教学最好还是辅以操练、游戏等活动进行。

张晓明

我觉得语言学习就像建房子一样，总要打好底层的基础才能一步一步垒成高楼。初级阶段的学生对于汉语还是懵懵懂懂，如果再系统教语法他们肯定吃不消。教会他们大量的词汇、汉字、句子后，他们才会慢慢形成汉语意识，到那时再好好归纳语法知识才是最合适的。

淡化不等于回避

郑丽杰

陆俭明先生说的有道理，在初级阶段强调语法会加重学生的畏难情绪。但这并不意味着完全放弃语法教学，陆先生在《现代汉语语法研究教程》中指出：语法是音义结合体之间进行组合所依据的规则，所以一入门接触语音、语义必然离不开“规则”。那么初级阶段老师就要有意识地帮助学生建立语法规范的意识，例如用替换法练习“你好吗？你累吗？你冷吗？天气好吗？今天忙吗？……”，这样的列举式总结就渗透了组词造句的规则，所以第一节入门课就有了语法教学环节。如果是对低龄学习者，辅以卡通贴纸对主谓宾加固定标签，效果也不错。个人认为语法在各个级别教学中都不能割裂出去，初级只是不用语法术语说明而已。

蒋楠

初级阶段应淡化语法，但不等于完全回避。语法是回避不了的。比如“我很好，我很忙……”这样的形容词谓语句，第一、第二课就会出现。初级阶段对语法的说明，我个人喜欢通过罗列例句，然后学生在教师的引导下，归纳总结出来。

刘弘

语法教学怎么教才是关键。如果是大量讲解语法规则，无论在哪个阶段都是不行的。我感觉初级阶段以给公式、归纳法为主，而到中级阶段，可以适当增加一些讲解。无论哪个阶段，口头的语法练习才是重点。

方杰

初级阶段，教师可以不强调语法，但是我认为应该让学生大量地朗读、背诵或复述，强化记忆，增强语感。

王波

初级阶段也会涉及语法教学，只是比较零碎。教师要对语法点足够重视，用最简练的语言解释，同时给学生提供大量典型例句，让他们在归纳中逐渐形成对汉语语法点的初步认识。

成人和孩子应有所不同

孙岩

我接触过成人和儿童学生，我觉得成人学生在初级阶段有语法学习的愿望，能够正确理解，有利于学习中的举一反三，因此相应的语法教学应该有，但要适量，正如陆老师说的，“不应过分强调”；对于儿童学生，语法教学则应该延后，主题词汇加简单的句子表达是比较好的方法。

秋瑗

看了好多前辈非常实用的初级语法教学方法，真是受益匪浅，我的看法是，对于已具备了完善的理解及总结能力的成年学生来说，在初级阶段，老师循序渐进地引入语法教学，是科学而高效的方法。对于低幼年纪的学生，考虑到他们的逻辑思维、理解及总结归纳能力还不完善，语法教学必须推后。

理论广角

语法教学的阶段性

国际汉语教学的内容主要包括五个方面：语音教学、文字教学、词汇教学、语法教学和文化教学。语音教学和文字教学属于基础教学，词汇教学和语法教学是汉语教学的重点内容。汉语语法教学虽然是一个完整的教学体系，但是语法教学应遵循阶段性教学模式，从习得句子结构开始，继而学习结构形式所包含的语义，进而扩大到对结构形式的得体使用。

赵金铭（1996）指出，初级阶段只需教最基本的语法形式，使习得者具备区分正误的能力。这一阶段应教授的内容包括词的功能类别、词语组合时所形成的成分关系和层次关系、词的排列顺序以及词组的结构类型和句子的结构类型。例如，动词重叠是外国人学习汉语的一个难点，我们说“我看看报纸”，不能说“* 我看看两张报纸”，却可以说“我看看那两张报纸”。其实这是因为动词重叠作谓语动词而其宾语为偏正词组时，这个偏正词组不能是数量结构，要想使句子正确只有在数量词前加上指示代词“这”或“那”。在教学初级阶段，教师需要教授如动词重叠这一语法的基本语法形式，使学习者具备区分正误的能力。

中级阶段侧重语义、语法的教学，使习得者具备区别语言形式异同的能力。从初级阶段进入中级阶段，语法教学便从教授句法形式层面进入了教授语言成分内部语义关系的层面，但是，对外国人的语义、语法教学并不是进行繁琐的语义分析，而是比较语言格式不同的语义，特别是相同或相似的格式所具有的不同的语义，用以培养习得者区别异同的能力，比如，要告诉学生“三斤鱼”不同于“三斤的鱼”，前者指鱼的多少，后者指鱼的重量；“下雨了”不同于“雨下了”，前者的雨是无定的，后者的雨是有定的。

高级阶段要侧重语用功能语法的教学，使习得者具备区别语言形式之高下的能力。在初、中级阶段，习得者掌握了语法形式，也了解了内部的语义关系，但这还只是孤立地、静态地掌握了一个个句子的规则和含义。只有了解了在什么样的语言环境中、为了何种表达需要才会使用该语言形式，交际的准确性、得体性才能实现。赵淑华（1992）曾举出“是……的”句式阐述语境教学的重要性。对这个句式，国际汉语材中是这样解释的：对一个已经发生了的动作，要强调说明发生的时间、地点或动作的方式等就用“是……的”这个句式。“是”放在要强调说明的那一点之前，“的”放在句尾。看了这段解释，学生仍不会用，他们往往用“他昨天来了”来代替“他是昨天来的”，因为他们并不知道在什么语境下说这样的句子。如果我们运用预设（“他来了”、听者和说者共知）、焦点（昨天）等概念从语用的角度去分析，相信学生会比较容易掌握。

延伸阅读

1. 李泉. 对外汉语语法教学研究综观. 语言文字应用，2007（4）.
2. 陆俭明. “对外汉语教学”中的语法教学. 语言教学与研究，2000（3）.
3. 赵金铭. 教外国人汉语语法的一些原则问题. 语言教学与研究，1994（2）.
4. 赵金铭. 对外汉语语法教学的三个阶段及其教学主旨. 世界汉语教学，1996（3）.
5. Chu et al. (2015). The Relationships Between Ambiguity Tolerance, Learning Strategies, and Learning Chinese as a Second Language. *System*, Volume 49.
6. Li, S. (2014). The Effects of Different Levels of Linguistic Proficiency on the Development of L2 Chinese Request Production During Study Abroad. *System*,Volume 45.
7. Luk, C.M., & Wong, M.H. (2010). Sociocultural Perspectives on Teacher Language Awareness in Form-focused EFL Classroom Instruction. *Linguistics and Education*, Volume 21, Issue 1.
8. Rajabi, M., Aghaei, K., & Samuel, M. (2014). Revisiting Challenges of Traditional & Transformational Grammar in ELT: A Sign-based Approach. Procedia–Social and Behavioral Sciences, Volume 118.
9. Yang, Y.N. (2013). A Corpus-based Study of Interpersonal Grammatical Metaphor in Spoken Chinese. *Language Sciences*, Volume 38.
10. Youn, S.J. (2014). Measuring Syntactic Complexity in L2 Pragmatic Production: Investigating Relationships Among Pragmatics, Grammar, and Proficiency. *System*, Volume 42.

50 “把”字句的教学

实战问题

想一想，讲解“把”字句时，下列哪些做法是可行的？

A. 利用动作法展示“把”字句的位移义，如表演“请你把书交给老师”“我把书放到桌子上了”等。

B. 利用发现式教学法让学生自己去总结规律。

C. 使用句型转换法，用一般的主动宾句式引出“把”字句，如用“我打了他”引出“我把他打了”。

D. 利用大家熟悉的情境引出“把”字句。

E. 使用演绎法，先给出句型和运用规则，再结合课文举例讲解。

F. 其他＿＿＿＿＿＿＿＿＿＿＿＿＿＿＿＿＿＿＿＿

观点碰撞

讲典型“把”字句，不进行句型转换

何一薇

不使用B方法，因为“把”字句的结构、语义都较为复杂，学生很难通过自我探索总结出规律。且不说很多主动宾句式不能转换成“把”字句，就是转换成“把”字句，也会有意义上的差别，所以也不主张采用C方法。我觉得教“把”字句的首例可以是“我把书放到桌子上了”，这是个强制性“把”字句，它的意思不用“把”字句很难用其他句式表达。崔永华曾对留学生的3 733个“把”字短语进行研究，发现“把……放在/到……”短语出现频率最高，使用成功率也是最高的。因此，崔永华认为可以从“把书放到桌子上了”这一类习得容易、含义具体的格式开始，在学生有了一定基础后，再扩展到其他词语和结构。利用大家熟悉的情景反复使用“把”字句也不失为一个好办法，如学做中国菜“西红柿炒鸡蛋”：把西红柿洗干净、把西红柿切成块儿、把鸡蛋打进碗里、把鸡蛋搅拌均匀……

蒋楠

研究数据显示，即使中高级水平的学生，使用“把”字句的频率仍不是很高。“把”字句的难点并不在结构，而在使用。本人的做法是只讲典型、常用的“把”字句，让学生了解汉语中有这么一种典型的句子，不要求讲完马上会用。不使用句型转换的方法，它容易使学生感到困惑，觉得似乎很多汉语的句子都能转化为“把”字句，不能突出“把”字句的语义、语用特点。但一旦学习了“把”字句后，教师的课堂用语，作业中的指示等要做出相应调整，该使用“把”字句时，一定要使用。通过各种不同方式进行复现、强化。

卡片法

熊晨晨

学生初步掌握“把”字句后，教师可做两组卡片，一组是人物，如“你”“我”“小明”，第二组是动作，如“打”“夸奖”“送书”，让学生抽签，用“把”字句将两组词连成完整的句子。

动作法

张思

我是用教室里的实物演示来讲的，比如，让学生搬椅子、放手机和书本、贴照片等，一边用动作演示，一边引导学生描述。

语际对比法

钱钦

我对“把”字句的处理方法比较特殊，用英文句型“have sth. done”做类比。例如“I had my hair cut short.”可以类比为“我把头发剪短了”。实践证明，学生很容易就掌握了，因为在英语中存在与“把”字句类似的思维方式。

孙岩

我以前听过北京语言大学姜丽萍老师的课，她举了一个讲解“把”字句的例子。她带了一盒巧克力去教室，给学生布置了吃巧克力的任务，从把盒子打开到吃到巧克力用了一系列的“把”字句。我觉得这样用具体情境来理解使用“把”字句的方法有趣、有效，很容易调动学生的积极性。

理论广角

发现式教学法

发现式教学法又称问题教学法。它是美国著名心理学家 J.S. Bruner 于 20 世纪 50 年代首先提出的、让学生自己发现问题并主动获取知识的一种教学方法。Bruner（1966）认为学习、了解一般原则固然重要，但更为重要的是发展一种态度，即探索新情境的态度，做出假设，推测关系，并应用自己的能力，以解决新问题或发现新事物的态度。该教学法认为教师应当通过演示、提问等手段引导学习者像科学家发现真理那样去发现知识，从而培养他们进行探究和创造的能力。

蒋利等（2005）指出发现式教学法有四个优点：（1）提高学生对知识的保持程度。（2）教学中提供了便于学生解决问题的信息，可增加学生的智慧潜能。（3）使外部奖励向内部动机转移。比起直接给予学习者某一概念或原则的分析性描述，通过发现例子之间的关系而学习这一概念或原则更能激发学习者的积极性。（4）使学生获得解决问题的技能。在汉语课堂中，发现式教学法的优势在相对简单的语法点的讲解中能够得到充分的发挥，比如，在讲解否定词“不”和动词的前后位置时，教师可以在黑板上写出若干否定句，并引导学习者自主发现“不”和句中动词的前后位置，学习者对依靠自身能力而获得的知识会有更加深刻的记忆。

丁安琪等（2012）根据发现式教学法，以“吗”结尾的是非问句为例对汉语教材的编写提出建议。她们所设计的教学环节有呈现语法材料、发现语法规则，机械或半机械的操练和有意义的交际任务活动三个方面。在呈现语法材料、发现语法规则阶段，为学生提供典型的语法材料，让学生根据这些归纳出语法规则。例如：

Look at the two sentences and check the two correct explanations.

我是王玉。	你是王玉吗？
安娜是美国人。	安娜是美国人吗？
他姓王。	他姓王吗？

◎ 1. 吗 is used at the end of a question.

◎ 2. 吗 is used to form a yes-no question.

◎ 3. The word order in a sentence ending with 吗 is NOT the same as that in a sentence.

通过呈现语法材料的方式，学习者可以很快发现“吗”字句的两个特点：形成问句、该句为是非问句。同时通过对第三个选项的否定，学习者可得出“吗”字句的第三个特点：该是非问句的语序与陈述句相同。这样，语法规则由学习者自主发现，学习者对语法规则的记忆会更深刻。

然而，发现式教学法也有其缺点：第一，发现式教学法在一定程度上夸大了学习者的学习能力，真正能够用发现法学习的只是少数学习者；第二，发现式教学法耗时长，不宜用于在短时间内需向学生传授一定数量知识和技能的集体教学活动；第三，发现式教学法过于灵活，对教师知识素养和教学机智、技巧、耐心等要求较高，一般教师很难掌握。

延伸阅读

1. 陈琦，刘儒德. 当代教育心理学（第164-165页“发现学习”）. 北京：北京师范大学出版社，2007.
2. 丁安琪，景黎黎. 对外汉语教材发现式语法编排模式探索. 第十届国际汉语教学研讨会论文选. 沈阳：万卷出版公司，2012.
3. 冯生尧. 发现学习模式的历史透视与评价. 现代教育论丛，1998（3）.
4. 蒋利，王学成. 发现式教学与非英语专业大学生自主性学习能力的培养. 四川理工学院学报（社会科学版），2005（2）.
5. 邵菁，金立鑫. 认知功能教学法. 北京：北京语言大学出版社，2007.
6. Dincer, A., Yesilyurt, S., & Takkac, M. (2012). The Effects of Autonomy-Supportive Climates on EFL Learner's Engagement, Achievement and Competence in English Speaking Classrooms. Procedia-Social and Behavioral Sciences, Volume 46.
7. Ismail, N., & Yusof, M.A. (2012). Using Language Learning Contracts as a Strategy to Promote Learner Autonomy Among ESL Learners. Procedia-Social and Behavioral *Sciences*, Volume 66.
8. Najeeb, S.R. (2013). Learner Autonomy in Language Learning. Procedia-Social and Behavioral Sciences, Volume 70.

51 汉语没有礼貌？

实战问题

丁老师在对一个韩国学生进行一对一教学。在某次课上，该学生说：“韩语中有复杂的敬语系统，而汉语中却没有。这样看来，汉语好像是没有礼貌的语言。”如果你是丁老师，你准备如何回应？

观点碰撞

敬语是语体的问题吗？

刘颂浩

语体应该是语言运用的普遍特征吧，不同语言的具体表现不同而已。

蒋 楠

个人认为，首先，能提出这个问题的韩国学生，汉语水平应该已经不差了。已经从语言的准确性、流利性上升到了得体性。其次，汉语中存在大量的词语和结构，使语体变得正式、表达变得高雅。另外，我推荐大家读一读冯胜利老师关于书面语、语体、庄雅度方面的文章。

表达尊敬的方式不同而已

朱 勇

汉语虽然句子后面没有敬语作为结语，但是有独立的礼貌敬语词，是个独立的系统。不同的语言，表达礼貌的方式也可能有所不同。韩语有敬语系统，可以通过形式化的东西很好地根据身份、地位、场合等进行礼貌表达，而汉语也有一套表达礼貌的方式，没有敬语系统丝毫不影响中国人礼貌、得体的表达。语言本没有高下之分，表达清楚、对应得体就好。

秋 瑗

非常赞同朱老师说的！语言是种工具，工具本身并不自带情感色彩，就好像我们不能说“这把剪刀很热情”“那把锤子很冷漠”一样。相比而言，即使汉语没有复杂的敬语系统，使用者却依然可以进行礼貌而得体的表达，这是不是更体现出汉语系统的高效优质呢？

刘仙佑

汉语敬语主要体现在词汇方面，用大量的敬谦词来表现；而韩国语的表现方式比较独特，除词汇手段外，还可以用丰富的格助词和词尾表现。韩国语的敬语之所以比汉语发达，全在于用这些独特的表现形式构成了一个完整的敬语体系。孟柱亿教授在澳门科技大学的讲座中也提到这是中韩跨文化交际的障碍之一。另外，汉语敬语的语法手段也确实比较匮乏，它仅靠句型、语气以及重复的方式来表现；而韩国语则是用其丰富的附加成分。我想其主要还是因为汉语和韩国语的语言类型不同。汉语属于孤立语，缺乏形态；韩国语属于黏着语，形态丰富。

曹丽梦

语言是文化的重要组成部分，文化只有通过语言才能代代相传。语言同时也是保持生活方式的重要手段，几乎每个文化集团都有自己独特的语言。世界上的 5 000 余种语言承载着不同的文化和各异的生活方式，它们之间没有高下之分、优劣之别。虽然汉语不具备韩语那样完整的敬语体系，但这并不代表汉语是没有礼貌的语言，汉语也有自身表达礼貌的特殊方式。

如何展示汉语的礼貌性？

金 雄

我会给学生看两封信。一封是我给导师写的，另一封是我给同学写的。这样学生会发现原来汉语也是一种很有礼貌的语言。

孙 岩

学生能提出这样的问题，说明他的汉语已经达到一定水平，而且爱思考。我会请他以“汉语中的敬语”为题做一个小的研究，相信通过调查他一定可以得出恰当的结论。

理论广角

汉语中隐性的礼貌

作为礼仪之邦，中国自古就非常重视语言的文雅，在交际中常常大量使用礼貌语。所谓礼貌语，包括谦辞、敬辞、套语、婉辞等。谦辞如“鄙人”“在下”“舍间”“舍下”“寒舍”等；套语如与朋友分手时说的“珍重”“珍纳”，请人接受馈赠时说“笑领”，接受他人馈赠时说“拜领”，别人为自己花钱时说“破费”“破钞”，请人任职时说“屈就”“俯就”；敬辞如“殿下”“阁下”“足下”“侍者”之类；婉辞如称死为“长眠”“永眠”“百年”“谢世”，称上厕所为“告便”“净手”，称舍弃为“割爱”，称考学不中为“名落孙山”。这些礼貌词语是表示礼貌的显性方式，但随着等级制度的消亡，汉语中这些礼貌词语的使用频率逐渐降低，同时，另一种隐性的礼貌表达方式逐渐凸显出来，即“小量策略”。“小量策略”主要通过“VV”、“V一V”、“（一）+ 量词”、“两 + 量词”、“三五 + 量词”、“一 + 不定量词（一点 / 一些）”、“有点儿 +*adj.*”、“*adj.*+（一）点儿”等方式表达。

单宝顺、齐沪扬（2014）对“小量策略”在各种句式中的运用进行了分析。例如在祈使句中，“麻烦你帮我仔细核对一下数字。”比“帮我仔细核对数字！”礼貌；“这件事情很重要，请你说得详细一点。”比“这件事情很重要，你得说得很详细”礼貌；“你去吃饭，顺便帮我捎两个包子回来”比“你去吃饭，顺便帮我买包子回来”礼貌；“不好意思，我得先去一下洗手间”比“不好意思，我得先去洗手间”礼貌；“你先回去吧，我去买两本书”比“你先回去吧，我去买书”礼貌。

延伸阅读

1. 董明．汉语中的礼貌语．世界汉语教学，1987（4）.
2. 单宝顺，齐沪扬．从“小量”意义看汉语中“礼貌原则”的隐性表达．汉语学习，2014（5）.
3. 单宝顺，肖玲．“一下”与礼貌原则．辽东学院学报（社会科学版），2009（2）.
4. Liang, W., Shi, Y.M., & Huang, Q.L.（2014）. Modeling the Chinese Language as an Evolving Network. *Physica A: Statistical Mechanics and its Applications*, Volume 393.
5. Zhang, H. et al. (2013). ERP Correlates of Compositionality in Chinese Idiom Comprehension. *Journal of Neurolinguistics*, Volume 26, Issue 1.

第五章

文化与跨文化交际

52 如何讲解政治文化？

实战问题

本案例中的教师要给该班学生讲解“中国的政治制度”。你觉得以下哪些教学组织方式合适？哪些不合适？说说你的理由。

A. 按照传统授课方式讲，着重比较中国和所在国的政治制度。

B. 给学生分组，安排他们课下查阅资料，课上逐组用 PPT 做汇报。

C. 安排学生课下查阅资料，课上分组辩论中国和所在国的政治制度哪个更好。

D. 给学生分组，每个组代表一个国家，安排学生课下准备，课上分组介绍“本国”的政治制度，教师再对中国的政治制度做总结。

E. 让每个学生就此话题写出一个相关问题，然后交换学生的问题，让学生课下准备，下次课为同伴解答问题。

F. 其他________________________________

观点碰撞

视学生汉语水平而定

隋桂滨

要视学生的汉语水平而定，如果是初级班，那么教师最好采取传统方式简单讲解，即 A；中高级的话尽量鼓励学生参与，B 让学生漫天去找资料似乎也不合适，需要教师设计好一定方案安排学生查询。C 可能涉及政治敏感问题，不适宜。D、E 较好。

蒋楠

该话题至少出现在中级。本人支持让学生先课前分组，查阅相关信息，上课时以报告的形式呈现。我还会给每组学生分配不同角色，如新闻发言人等。不同汉语水平班级的学生分配不同角色（不同角色使用的语体也不尽相同）。总之，这种围绕话题的学习，尤其到了中高级班，教师应大胆放手，充分相信学生的能力，把主动权交给学生。学生展示完，可进行小组之间互评及教师单独点评。

鲍思冶

不管对什么水平的学生，A 都不太好，作为老师讲政治制度问题，很容易得到负面的反应。让学生自己去比较，他们说出的话，其他同学容易接受。

政治问题谨慎讨论

刘仙佑

文化层次的教学应该更多的与当今国际形势结合起来，不能一味地讲中国传统优秀文化多么博大精深。涉及政治、宗教等的敏感话题，一般不鼓励在课堂上讨论。

理论广角

文化教学在汉语国际传播中的地位

文化教学不是汉语国际传播的核心内容。语言教学离不开文化，特别是由于不同民族、不同国家存在着文化上的差异，所以需要重视跨文化交际问题。但是，文化教学不能成为汉语教学的重心，不能当作汉语教学的主流，更不能用文化技艺来冲击乃至取代汉语言文字教学。要知道，语言是文化的载体，汉语教育必然会同时伴随着文化教育，但这种文化教育应该是润物细无声的，应该是耳濡目染、潜移默化的（赵金铭，2012）。这样的文化教育才能深入骨髓。文化教育要从这方面去下功夫，而目前有些做法只是一种浮躁之举。再说，一个民族、一个国家文化的传播，一定的宣传当然需要，但主要是靠文化自身厚重的吸引力、感染力、影响力，这才能真正实现有效的文化传播。此外，文化传播还得有赖于两方面：一是我们每个中国人，特别是汉语教师自身的言谈举止——汉语教师就是中华文化的形象大使，就是中华文化的窗口与镜子。二是靠学好并掌握了汉语，特别是汉语书面语的外国学者，由他们来向自己的国人介绍中华文化，这是中华文化走向世界最有效的途径之一。如果按照一些错误导向来开展汉语国际教学，不仅会大大削弱汉语言文字的教学，而且从文化传播的角度来说，这既非策略之举，更非科学之举，反倒有损中华文化的传播，引起一些国家的反感与不安（陆俭明，2013）。

文化教学的重点应结合学生的水平有所调整。张英（1994）指出我们应在初、中级阶段进行合理、系统的表层文化教学，使学生对中国文化中的表层文化有一个感性了解；在高级阶段，则要通过设置不同的“文化质点”课把留学生的注意力引到中国文化的深层部分。

延伸阅读

1. 李晓琪主编．对外汉语文化教学研究．北京：商务印书馆，2006.
2. 李枫．对外汉语教学文化因素处理的阶段性划分．语言教学与研究，2010（4）.
3. 刘芝琳，王瑞芝．外语教学中文化背景知识传授的思考．清华大学教育研究，2002（1）.
4. 陆俭明．汉语国际传播中的几个问题．华文教学与研究，2013（3）.
5. 马叔骏，潘先军．对外汉语文化教学的层次．汉语学习，1996（1）.
6. 张英．论对外汉语文化教学．汉语学习，1994（5）.
7. Morozova, T. (2014). Dialogue of Cultures in the System of Teaching Foreign Languages: Modern Imperative. Procedia-Social and Behavioral Sciences, Volume 143.
8. Nasirahmadi, A., Madarsara,F.A., & Aghdam, H. R. (2014). Cultural Issues and Teaching Literature for Language Learning. Procedia-Social and Behavioral Sciences, Volume 98.
9. Tseng, C.J., & Chao, C.T. (2012). Teaching Culture in Taiwan's EFL Classroom. Procedia-Social and Behavioral Sciences, Volume 47.

53 国际汉语称谓教学

实战问题

课堂上有学生错用了“老太太”指称“前妻”，分析这一错误产生的原因，并就下列词语设计合适的例句，以帮助学生掌握这些词语的意义。（一个句子可以包含多个词语）

前妻　前夫　前男友　前女友　新太太　后妈　亲妈　老太太

观点碰撞

王 波

汉语中有极其丰富的称谓词，用错了会闹笑话，案例中就是这个问题。教师应该抓住称谓词中容易引起混淆的加以解释，也要适时阐发称谓背后体现出来的文化习俗。

孙 岩

题目中希望通过举出合适的例子让学生明白这些词语的意思，学生理解了例句会悟出“前妻”“前夫”“前男友”“前女友”中“ex-”的意思。我觉得可以逆向思考，换种方式，给出“ex-”的意思，让学生造句，然后确定学生是否真正理解并会用。

刘仙佑

学生错用的原因是把“老太太”当作了“old wife”来理解，而英文中 old wife 是相对于 new wife 而言的，所以学生会认为“老太太”指称的是“前妻”。汉语称谓是一个极其复杂的系统，我觉得国际汉语教学应该加深称谓方面的研究，让留学生切实掌握称谓的语用功能，提升跨文化交际能力。

秋 瑗

“老太太”一词的错用与“新太太”这个词有关。对于案例中的词语，是不是以一个人物为主线讲解会更简单清晰？人物：学生熟知的、有丰富经历的女名人。事例：从年轻到衰老的过程中，女名人在不同阶段担任的不同人生角色，基本可以引出思考题中的所有词汇。

张京京

关于解释“后妈”和“亲妈”的问题，我用过白雪公主的例子：“白雪公主的亲妈很早就死了，她爸爸很快又结婚了，白雪公主和后妈关系很不好。”解释“前妻”“前夫”“前男友”“前女友”“新太太”等词时，我一般都以当红影视或体育明星的绯闻逸事为例。

理论广角

汉语称谓教学

语言是文化的载体，不同的国家、民族称谓词语不同，其差异不只是语言层面上的，还与不同文化间的差异有着直接、紧密、深刻的联系，汉语称谓语也是中国传统文化的一个体现，折射出不同的家庭观念和文化。留学生在学习汉语亲属称谓语时，由于不了解汉语亲属称谓词的文化背景，往往以母语的文化去理解汉语，因此在亲属称谓词的汉语教学中，教师不但要讲解称谓词的指称、含义，还要注重汉语亲属称谓词的文化背景的讲解。

周健（2001）认为，汉语称谓教学应以留学生的实际语言能力为基础，以提高跨文化交际水平为目标，有针对性地进行称谓教学。注意以下几点：（1）称谓教学的阶段性和层次性。汉语称谓系统一般分为两大子系统，即亲属称谓系统和社会称谓系统。亲属称谓如“爸爸、妈妈、爷爷、奶奶、伯、叔、婶、哥、嫂、弟、妹”等；社会称谓如“李主任、张经理、肖教授、刘大夫”等，汉语亲属称谓在交际中还常扩大到亲属之外的社交场合，甚至用于不认识的人，如“爷爷、阿姨、李大哥”等。初级阶段的称谓教学基本内容应当是中国人称呼的基本方式和最常用的称谓语，包括亲属称谓和社交称谓，尤其是社交通称用语（泛尊称），以满足他们最基本的社交需要。中级阶段重点学习汉语称谓的民族文化特点、时代特征和感情色彩等，掌握不同交际语境中的得体称谓。高级阶段重点学习称谓的社交指示功能和语用功能，以及理解和掌握书面称谓语。（2）通过中英称谓习俗差异的比较，帮助学生更好地理解汉语称谓的特点，如英语中一个uncle就相当于汉语中叔叔、伯伯、舅舅、姨父、姑父五个词。（3）克服跨文化交际中的文化依附矛盾。在汉语称谓教学中，加强学生的参与动机，可从引导、帮助他们认识、理解、欣赏中国文化中的称谓习惯入手，鼓励他们尽可能地运用汉语称谓方式进行交际。如可以通过中国传统伦理道德的介绍，引导学生理解为什么汉语中带“老”字的称呼特别多。

延伸阅读

1. 崔希亮. 现代汉语称谓系统与对外汉语教学. 语言教学与研究，1996（2）.
2. 丁夏. 称谓与文化——从对外汉语教学的角度看汉语称谓词语. 清华大学学报（哲学社会科学版），1995（4）.
3. 李明洁. 现代汉语称谓系统的分类标准与功能分析. 华东师范大学学报（哲学社会科学版），1997（5）.
4. 孙琴芳. 中西称谓用语的文化差异. 西安外国语学院学报，2002（1）.
5. 赵军. 跨文化交际——认知差异与文化语言习得（第十二章“称谓词差异与跨文化交际”）. 北京：北京大学出版社，2012.
6. 周健. 汉语称谓教学探讨. 语言教学与研究，2001（4）.
7. Mikhaleva, L. V., & Régnier, J. C. (2014). Parallel Study of Native and Target-language Cultures in Foreign Language Teaching. Procedia-Social and Behavioral Sciences, Volume 154.

54 如何减少文化冲突？

实战问题

老师在讲“所谓”的用法时，一个平时课上很喜欢拽成语的美国学生说：“麦克（班上一个年纪较大的男同学）的太太很年轻，他们是老夫少妻，这就是中国人所谓的‘老牛吃嫩草’。”假如案例中的麦克理解了美国学生说他“老牛吃嫩草”的含义，并由此产生了尴尬和小冲突，教师应该如何应对？

观点碰撞

佟 叶

这道题从去年开始我就一直在想。我觉得可能在西方文化背景下不容易理解“老牛吃嫩草”的真正含义。目前社会上这样的现象越来越多，大家的观点也越来越开放。案例中的老师可以引导学生对此进行辩论，我相信麦克会主动为“如果相爱，‘老牛吃嫩草’也没什么大不了”这样的辩题而踊跃发言的。

秋 瑗

感觉外国人有些忌讳“老”这个字。曾经有学生很反感被称为“老外”，并问我为什么这么称呼他们。我用了其他带“老”的词给他做了解释，比如老师、老板、老友、老妹等，让他体会到“老”也会用于表示尊重、亲切等的称呼中。所以，老牛的老，也可以理解为老练、有丰富经验。如果麦克是对“老”这个字有些敏感，是不是可以进一步解释“老”的意思？并且这个俗语用幽默的方式调解会不会更好？记得有个很有意思的笑话，说的是不同年龄段的男人和女人对于理想伴侣的要求。女人在不同年龄有不同的要求，而几乎所有年龄段的男人都希望自己的理想伴侣是“20 岁”，由此看来所有的“牛”都想吃“嫩草”。因此“老牛吃嫩草”并非绝对贬义，可能说话人有点“羡慕嫉妒恨”的酸葡萄心理。

薛白

Rob the cradle, to marry or date someone who is much younger than oneself. I hear that Bill is dating Ann. Isn't that sort of robbing the cradle? She's much younger than he is. "rob the cradle" 字面上的意思是 "抢劫摇篮"，喻指与比自己年轻很多的人交往或结婚，对应中文里的 "老牛吃嫩草" 或 "老少配"。例：我听说 Bill 正在和 Ann 交往。他们是不是那种 robbing the cradle（老少配）？ Ann 比 Bill 年轻不少呀。

理论广角

国际汉语教师的角色定位

国际汉语教师的工作本身就是一种跨文化交际，教师不仅需要知道如何在国际汉语教学中传播中国文化、帮助学习者通过了解中国文化来开掘提高汉语水平的潜能，知道怎样寓文化价值观于语言教学，还需要知道如何应对异文化的碰撞。

陈莹（2013）提到一个案例：一名在海外的教师遇到学生提出这样的问题："我真的不能理解，为什么中国人喜欢吃皮蛋这么恶心的食物？" 面对这样的尴尬，教师首先表示自己也喜欢吃皮蛋，并耐心地询问学生为什么会这样想，学生回答皮蛋的颜色让他想到了屎，顺着学生的思路，教师解释，中国人的联想不是这样，因为松花蛋上有天然的花纹，好像松叶一样，所以中国人觉得它很美，而且它的颜色有红有绿，中国人觉得像蜜蜡一样。蜜蜡是琥珀（amber）类的东西，藏传佛教将其看成神圣的宝物，而且蜜蜡还是名贵的中药，有一股淡淡的松香味，所以古代中国人看到皮蛋的松花纹和颜色，就联想到珍贵的蜜蜡。经过老师的解释，学生虽然仍无法接受吃皮蛋，但已经可以理解中国人的想法，从冲突到对话，再到理解和认同，教师其实就充当了化解文化冲突的一个重要角色，在冲突中启发学生思考，引导学生学会倾听不同的意见与换位思考，从而达成两种文化的沟通与交流。

多元文化背景下，耿淑梅（2009）对汉语教师的定位是：（1）多元文化的理解者。对学生跨文化交际能力的培养首先要求汉语教师能够理解和认可多元文化，树立多元文化意识和跨文化视野。（2）所有学生的关怀者。要关怀来自不同文化和语言背景的所有学生，创设一个体现公平的汉语教育环境，将学生的学业、情感及社会需要置于教学的中心。（3）本土知识的专家和传授者。要能敏锐地认识到本土知识的存在和本土认识方式的价值，通过汉语传播使更多的外国人以汉语为媒介来接触、了解中国。（4）多元文化教育环境的创设者。在多元文化的教育环境中，关怀及文化共享的程度能够产生更高层次的成就。教师要建立与学生的信任关系，营造一种积极的家庭式的氛围。（5）行动研究者。注重针对某些实际问题改变自己的教学方式，在解决问题的过程中自我监控、评价。

延伸阅读

1. 毕继万．跨文化交际与第二语言教学．北京：北京语言大学出版社，2009.
2. 陈莹．国际汉语文化与文化教学（第七章“文化教学中的问题与对策”）．北京：高等教育出版社，2013.
3. 耿淑梅．多元文化背景下对外汉语教师的角色定位——以北京语言大学为例．中国大学教学，2009（7）.
4. 周健．论汉语教学中的文化教学及教师的双文化意识．语言与翻译，2004（1）.
5. Arasaratnam, L. A. & Doerfel, M. L. (2005). Intercultural Communication Competence: Identifying Key Components from Multicultural Perspectives. *International Journal Relations*, 29.
6. Feng, A. W., Byram, M., & Fleming, M. (2009). (Eds.) *Becoming Interculturally Competent Through Education and Training*. Bristol: Multilingual Matters.
7. Karabinar, S., & Guler, C. Y. (2013). A Review of Intercultural Competence from Language Teachers' Perspective. Procedia–Social and Behavioral Sciences, Volume 70.
8. Sercu, L., et al. (2005). *Foreign Language Teachers and Intercultural Competence: An International Investigation*. Bristol: Multilingual Matters.

55 文化教学如何“润物细无声”？

实战问题

薄德子是德国一所大学汉学专业的研究生，他很喜欢老子、孔子和孟子，所以给自己起名叫“薄德子”，平时也总是念叨“老子、孔子、薄德子”，在一次留学生活动中，报社将其名字写成薄德茨，他很不开心，老师本想安慰他，告诉他“‘子’不是老子、孔子的名字，而是一种尊称，用于那些对社会做出了很大贡献的卓越人士。”却没想到反而令他备受打击，一连消沉了三日，从此再也不把自己跟老子、孔子放在一起念叨了。

对于薄德子这样汉语水平很好、文化知识却有一些空白的学生，你们觉得应该如何处理才不会“伤害”他们呢?

观点碰撞

刘弘

可能因为是德国学生，所以这样？我觉得我的美国学生可能会更高兴，他可能会觉得自己也是伟大的人。我觉得他的名字“薄德”才是有问题的。

佟叶

为了不伤害这样高水平学生的自尊心，还是尽量让其自我探索中国文化比较合适。老师可以先笑而不语，推荐他利用网络或者书籍去查一下相关文化知识，下次见面让他给老师讲一讲，这样可以做到“润物细无声”“无声胜有声”，相信薄德子也会感激老师的。

张晓明

我觉得对于薄德子这样的学生，教师委婉地让他们自己去探索中国文化可能会比直接告诉他这方面的知识更有效。鉴于他们的汉语水平已经很高了，老师可以给他们推荐一些书籍或视频，平时也可以多开展一些文化知识沙龙等活动，让学生自己去探索。

文化教学的艺术

国际汉语中的文化教学包含汉语中的文化因素的教学、中国国情以及文化背景三个方面。一般来说，初、中级水平的学生，应以语言为主，同时介绍隐含在语言系统中的文化因素；高级阶段，文化教学应趋于系统和全面，将学生的注意力引到中国文化的深层部分。文化教学的方法也很讲究，初、中级阶段，应以老师为主导，主张润物细无声地教学，如教授“竹子”，可以通过竹字头将“毛”和“竹子”串联起来，解读“毛笔”背后的文化因素，以及汉民族吃“笋”的饮食习惯。到了高级阶段，尤其是针对水平较高的学生，教师要在教学艺术上多下功夫，注意教学手段的改进与更新。像薄德子这样水平高、兴趣浓、自尊心较强的学生，教师不仅要对他的汉语水平和学习热情给予充分的肯定，还要鼓励其多自觉读书、参与文化活动，将文化教学延伸至课外，通过课上课下的各种方式鼓励学生主动探究中国文化。比如：

（1）组织文化沙龙、讲座等文化活动。文化活动是文化教学的重要组成部分，是课堂文化教学的延伸与深化。国外的汉语教学非常重视这一点，美国的《全美中小学中文学习目标》中明确提出了5C目标，其中一个就是“Community（社区）”，即在社区生活中学以致用。文化活动的形式多种多样，如参观博物馆、欣赏中国的戏剧或电影、参与民间手工艺制作、举办各种中国文化展览与讲座、组织各类表演等，在这些文化活动中，学生可以亲身体验和实践中国文化，深化对中国文化知识的了解。

（2）借助于电视、电影、幻灯片以及多媒体等技术手段。这些技术手段更为直观，细节之处一目了然，能创造出与文化内容相适应的气氛，这种恰当的语境能使学生较快地进入角色，使他们对不同文化差异既能“知其然”，又“知其所以然”。

文化因素的渗透不仅仅依靠课堂上教师的讲解与传授，国际汉语教师在充分认识到文化教学重要性的基础上，在日常生活中、在与学生打交道的过程中要立志做一个中国文化传播的有心人，为学生提供更多的接触中国传统文化的环境。

延伸阅读

1. 陈莹. 国际汉语文化与文化教学（第六章“文化活动的设计与实施”）. 北京：高等教育出版社，2013.
2. 李枫. 对外汉语教学文化因素处理的阶段性划分. 语言教学与研究，2010（4）.
3. 刘继红. 谈汉语第二语言教学中的文化教学. 云南师范大学学报（对外汉语教学研究），2004（4）.
4. 马叔骏，潘先军. 对外汉语文化教学的层次. 汉语学习，1996（1）.
5. Catana, S. E. (2014). Teaching Cross-cultural Communication Issues–A Way of Successfully Integrating into the Multicultural Knowledge Society. Procedia–Social and Behavioral Sciences, Volume 128.
6. Hassan, Z. M. (2014). Language Contextualisation and Culture. Procedia–Social and Behavioral Sciences, Volume 136.
7. Mikhaleva, L. V., & Régnier, J. C. (2014). Parallel Study of Native and Target-language Cultures in Foreign Language Teaching. Procedia–Social and Behavioral Sciences, Volume 154.
8. Safina, M. S. (2014). Formation of Socio-cultural Competence in Foreign Language Teaching. Procedia–Social and Behavioral Sciences, Volume 136.

56 影视教学的技巧

实战问题

钱老师在菲律宾教初级班，他本人觉得初级班学生不适合通过电影学习汉语，所以从来没有考虑过在课堂上放映电影。可钱老师的学生却一再要求，甚至在课上集体提议看一部中国电影。如果你是钱老师，你会怎么做？选择放映电影的话，你会选择哪一部电影？你会如何帮助学生看懂这部电影？

观点碰撞

初级班是否适合影视教学？

朱 勇

从学生语言水平来看，初级班学生不太适合看中国电影。但是由于中国电影大多带英文字幕，偶尔看一下应该可以操作。菲律宾学生的英文应该不错吧，通过字幕看电影，就像很多国人通过字幕看韩剧一样。

张世涛

我在菲律宾给初级学生开过中国电影课，语言相对完整、简单的片段，配台词，控制进度，挺受欢迎的。对，也有字幕，虽然课上看不完整，课后他们会自己去看，有好处。

张 思

初级班也可以放映电影，同学们可以从电影中学到很多中国文化知识和一些日常用语。我也同意放电影只看部分片段，教师可以一边放一边解释，如果有比较简单的对白，还可以让学生表演。关于电影的选择，可以选一些生活类题材的电影。

刘弘

如果我是那个老师，我会客气地拒绝。老师应该学会拒绝学生的不合理要求。如果学生一起要求老师不上课、出去玩，那怎么办？

孙岩

我觉得看电影在初级阶段的积极作用主要不是表现在语言方面，而是在帮助学生了解中国、提高学习兴趣上。因此，选择电影时应该重点关注影片的内容是否传达了文化、国情等方面的信息，语言的难易程度其次。

哪些电影适合初级水平学习者？

张京京

先说个使用效果不错也相对比较新的电影吧，李冰冰、孙红雷主演的《我愿意》，是逗你玩儿老师向我推荐的。再说个使用效果一直不错但是越来越老的，成龙的《宝贝计划》。

孙迪

我觉得电影《岁月神偷》如果有国语版应该不错。还有《家有儿女》这种对话简单、情节易懂的影视剧，初级学生可以看看。

李红叶

个人觉得《岁月神偷》极好，画面很美、很温馨，一直是我最爱的影片之一，但是要听粤语原声才有味道，国语配音失色不少。而且这部片子略显小众，只是香港平民阶层数十年前生活的缩影，不具有代表性。如果不是非要电影的话，我会选择《舌尖上的中国》，不仅是因为美食和美景，更有中国人的勤劳智慧，画面、音乐和台词也都美得像一首诗。

王波

初级水平的学生看中文电影还是有一定的难度，如果学生非常想看，可以找一些有中文字幕的电影，或者动作性、情节性较强的电影，最近几年的比如《人在囧途》；或者是表现跨文化冲突的电影，比如《喜宴》《推手》《刮痧》等，特别是对欧美学生，理解起来比较容易。

康菲

《人在囧途》网络潮语较多，初级班学生水平有限，没有什么文化积累，可能理解不了电影里的笑点。

体验式教学

刘弘

我觉得国内的中级班、海外的高级班才可以考虑看电影。选电影有两个因素要考虑，一是语言不要太难，二是时间不能太长。一种电影一般都在 90 分钟左右，加上教师适当的讲解，教学时间至少要两个小时，而如果没有简单的讲解，学生很难看得懂。我建议选一些由多个小故事串成的电影，如《爱情呼叫转移》《爱情麻辣烫》等，这些电影里面的小故事基本上独立成篇，每次上课只看其中一个故事，加上教师的讲解，差不多就是一节课。此外最近出现的“微电影”，从时间长度上来说可能也比较合适。看电影前要做些准备，比如发一个情节大纲，让学生预习一下。在看完电影后也要让学生完成一些任务，比如回答问题、写短文等。

理论广角

影视教学

视听说教学是利用现代传播媒体，主要是电视、录像、电影对学生进行视听说综合训练的一种教学方法。在国际汉语教学中通过观赏中国影视片来学习汉语，在耳濡目染和灵活模仿的基础上“活学活用”，达到理解、表达、交流的目的，是为语言学习者创设语言环境、提高语言交际与表达能力的好方法。

在汉语高语境的问题上，影视片段教学比传统教学的优势显得更突出。如电影《不见不散》中刘元和李清第三次相遇时的片段：

李清：你不是说都这么大岁数了吗？你这么做可是不尊重老人。

刘元：咱俩别一个跟苍蝇一个跟苍蝇拍似的。

李清：干吗？

刘元：头发！

刘元想抱一下李清，李清则以“你这么做可是不尊重老人”巧妙地拒绝了刘元，刘元瞬间意会，顺其自然地将自己靠近李清身旁的原因归结于是为了一根头发，这充分体现了汉语隐晦、跳跃的高语境特点，是传统课堂无法传授的。

关于国际汉语教学中影视材料的选择，单韵鸣等（2011）提出三个原则：（1）针对不同教学目的，选择不同影视材料。教师在选择影视欣赏的材料时，应考虑影视作品是否能帮助学生学习和提高相关的知识和技能，以达到特定的教学目的。（2）选择影视材料，要充分考虑学生的语言水平。注意影视材料中的语言构成，选择与学生汉语水平相符或稍高一点的素材，且识别出影片中可能影响学生学习和理解的语言现象，在教学前做好注释和讲解的准备。（3）题材多样化，要能反映汉语言文化的不同方面。让学生能通过欣赏影片，对中国的文化有多方面、多角度的理解。

延伸阅读

1. 韩秀梅. 电影在对外汉语教学中的特殊作用. 海外华文教育，2005（3）.
2. 刘巍. 影视教学与留学生汉语交际能力的培养. 现代交际，2010（3）.
3. 单韵鸣，陈静雯. 对外汉语教学中影视欣赏的选材问题——从《建国大业》和《家有儿女》两部影视作品谈起. 电影评介，2011（4）.
4. 肖路. 对外汉语影视课中教师的主体作用. 暨南大学华文学院学报，2003（3）.
5. 赵功彦. 影视课在外语教学中的地位与作用. 外语电化教学，1994（4）.
6. Abrams, Z. I. (2014). Using Film to Provide a Context for Teaching L2 Pragmatics. *System*, Volume 46.
7. Chapple, L., & Curtis, A. (2000). Content-based Instruction in Hong Kong: Student Responses to Film. *System*, Volume 28, Issue 3.
8. Krauskopf, K. et al. (2014). Understanding Video Tools for Teaching: Mental Models of Technology Affordances as Inhibitors and Facilitators of Lesson Planning in History and Language Arts. *Studies in Educational Evaluation*, Volume 43.
9. Yang, S. C., & Chen, Y. J. (2007). Technology-enhanced Language Learning: A Case Study. *Computers in Human Behavior*,Volume 23, Issue 1.

57 谨慎翻译文化典故词语

实战问题

小谢作为赴美志愿者在美国一家孔子课堂教小学生。中秋节时，小谢用英语为学生们讲了“嫦娥奔月”的故事。通过上网查询，她把“嫦娥”翻译成“goddess”，没想到授课后的第二天，就有家长找到校方，称小谢教授的内容是强行给自己的孩子灌输宗教的内容。你对这件事情怎么看？你认为该怎么在教学中规避此类问题的发生？

观点碰撞

多考虑教学对象

蒋楠

对于文化典故，首先要明确教授的对象。针对不同层次的学生要进行不同文化点的教学或对同一文化点进行不同层次的教学。在进行翻译时一定充分考虑跨文化交际因素。而且这是小学生的课堂，应该用更生动、更直观的方法呈现。

外语功底很重要

鲍思冶

其实就用“嫦娥”的汉语拼音就可以。该题也说明了英文的重要性，学生年龄段越低，对老师的语言要求越高。

朱 勇

案例反映了两个问题，一个是外语很重要，尤其是面对初级水平的学生时；另一个是隐藏其后的文化问题。外语（语言）再好，一些地道的文化也未必熟悉。

王 波

非常赞同朱勇老师的看法。

跨文化交际因素

苏磊鑫

我觉得人名直接用拼音写出即可。另外，正如以上老师们所说，要考虑跨文化交际因素。对中国神话传说或者历史故事，老师们选取哪些文化点来讲、用什么方式讲，也需要斟酌。而教学对象是小学生，这也应该得到教师重视。不过我觉得大家都是在摸索和实践中成长起来的，不要怕犯错误，错了能改，避免类似错误就好。

刘仙佑

"嫦娥"本来就是一个人名，不用刻意翻译，直接用拼音就可以了。国际汉语教师在不断提高自己教学水平的同时也要注重跨文化交流方面的探究学习，尽量减少课堂上不必要的误解。

请教当地老师

朱 勇

这个老师太轻率了，涉及明显的宗教词汇时应该请教当地教师。

憨丫C

这个案例亲身经历过。当时学区一位同事也这么翻译，后来引起了学校和家长不满。在美国教学，尤其是小学，特别在相对比较闭塞或传统的地区教学，一定要注意词汇的使用，避免一些敏感话题，如宗教、政治。如果拿捏不准，最好请教学校其他老师。

张京京

首先，同意老师们说的，人名不用翻译。其次，很多国家现在对于宗教、种族等问题的“政治正确性”，其重视和敏感度已经到了我们有时难以理解的程度，尤以美国为甚。在这种活动前一定要请教本土有经验的教师，把内容和活动方式检查一下，宁可过分小心，不可“铤而走险”。

刘 弘

我觉得应该多看看汉英翻译方面的书，增加自己在这方面的知识。推荐陈德彰教授的相关著作。

方 杰

同意老师们说的，作品中的人名可以直译。在美国给中小学生上课，补充的故事、影像等资料一定要特别注意，要跟主管的老师商量，什么可以播、什么可以讲，都得问清楚。

理论广角

文化典故教学

中国文化源远流长、博大精深，五千年的文化传承造就了许多文化典故。这些典故经过历史的沉淀和浓缩，体现在语言上便形成了各类成语、熟语、惯用语等。这些词语具有固定的表达形式和特定的内涵，承载着深厚的民族文化特色。合理、准确地介绍这些词语背后的文化含义，是弘扬中国文化的一个重要途径，有助于学生增长文化知识，加深对中国文化的理解，也有助于学生更地道地运用汉语，提高汉语表达能力。

在进行文化典故教学时，国际汉语教师要对不同的典故和词语采取不同的教学方法和教学模式，同时从学生的文化角度来思考、审视中国文化，注意中外文化思维的异同，找出学生学习的难点和易错点，有针对性地进行教学活动。例如，讲解“愚公移山”这个文化典故时，教师就必须向学生强调愚公坚持不懈的精神。

另外，在跨文化交际中，由于中外语言、文化的差异，很多汉语词语在其他语言中并没有相应的对等译词，因此国际汉语教师在介绍中国文化典故和词语时，需要谨慎选择翻译词语，采取直译加意译的方式（如“东窗事发”“三顾茅庐”等），注意避免因为翻译误会而出现不必要的文化冲突。对于由古代神话故事浓缩而来的词语“牛郎织女”“门神”等，汉语教师须谨慎翻译与讲解。因此，汉语教师应当具有“双文化意识”，不仅对汉语文化有深刻的自知之明，同时对学生的母语文化也有相当深入的了解，对于两种文化的异同及其在语言中的反映非常敏感，能自觉将文化比较运用于国际汉语教学（周健，2004）。

延伸阅读

1. 陈莉，于慧钧. 中国特色文化词语英译研究. 文史博览，2008（6）.
2. 张高翔. 对外汉语教学中的文化词语. 云南师范大学学报（对外汉语教学与研究版），2003（3）.
3. 周健. 论汉语教学中的文化教学及教师的双文化意识. 语言与翻译（汉文），2004（1）.
4. Beard, C. (2010). *The Experiential Learning Toolkit: Blending Practice with Concepts*. Philadelphia: Kogan Page Publishers.
5. Jiao Xue. (2014). Cultivating Intercultural Communication Competence Through Culture Teaching. *Theory and Practice in Language Studies*.
6. Nida, Eugene A. (1993). *Language, Culture, and Translating*. Shanghai: Foreign Language Education Press.
7. Qiujuan Zhu. (2006). The Application of English-Chinese Comparison to Culture Teaching. *Canadian Social Science*.

58 如何体验中国的饮食文化?

实战问题

聂老师在法国一家孔子课堂当老师，下个星期就是中国的春节了，而且她又刚好讲到“把”字句。她很想开展一次包饺子的活动，这样学生可以一边学习语言一边体验文化。可是一方面，她很难准备包饺子需要的材料，另一方面，即便材料凑齐了，她又担心班里的学生在饮食上有很多禁忌。如果你是聂老师，你会怎么做？如果不能真正地包一次饺子，怎么能让学生“体验”饺子文化?

观点碰撞

饮食活动要注意什么?

张京京

很多国外大学的中文系也搞包饺子的活动，往往都是联系大学食堂，保证卫生和食材质量；并且多准备几种馅儿，食堂往往都有应对学生多元饮食的经验。这个案例让我想起以前和学生吃饭，都是直接去清真食堂，先给印度教徒点两个没牛肉的，再给吃素的点两个青菜，再帮那个海鲜过敏的把把关。

李青蔚

中餐在海外如此普及，怎么会吃个饺子都过敏？只要不放坚果就行了。一般猪肉白菜馅不会有问题。按照学校的要求来就行了。不必如此胆小。

康 菲

但是穆斯林不吃猪肉，应该要注意，不能过于草率。

王波

提前对学生的饮食禁忌做一个简单摸底，应该没有太大问题。场地应该提前联系，否则只能把学生请到自己家去包饺子了。

方杰

举办活动之前一定要跟校方商量，询问是否可行，他们也会把注意事项告诉老师的，而且一定要注意宗教饮食禁忌以及学生是否有过敏史等问题。

孙岩

我一般会先联系校方相关负责人，然后请他联系学校食堂协助准备食品材料。学校一般会把活动通知以及食品类型、原料等提前告知家长。这样就可以避免意外事件了。

如何模拟进行?

张莱宴

可以用纸或彩纸代替，在课堂就能实现啦，那些租不到厨房的可以试试。

冬夜的眼睛

如果把自己在家包饺子的过程录下来，再放给同学们看，会不会更有亲近感?

聂丝

如果不想让学生吃只是考虑让学生感受动手包的过程，可以使用橡皮泥，学生的成果老师做些修饰组合，还可以放在教室里展示，做装饰用。这个方法可能更适合非成人的教学。如果一定要让学生既感受包，又感受吃，可以让学生自己带馅儿，吃自己的那种饺子。如果学生间要互换，教师提醒一下即可。说不定还会出现很多新品种馅儿的饺子。

朱勇

如果由于条件限制无法包饺子，我可能会这样做：(1)找一段包饺子的视频，让学生通过视频了解包饺子的过程。让外国人亲手操作的话，那种感觉肯定不一样。就像吃饺子和包饺子的区别一样；(2)去中国超市(大城市一般都有)买包装好的饺子(饺子馅儿的成分要清楚，万一有学生食物过敏)，让学生品尝。过程中引导学生使用“把”字句。

理论广角

体验式教学

体验式教学法是指教师在教学过程中为了达到既定的教学目的，从教学需要出发，引入、创造或创设与教学内容相适应的具体场景或氛围，以引起学生的情感体验，帮助学生迅速而准确地理解教学内容，促进他们的心理机能全面和谐发展的一种教学方法（王鸣，2011：30）。

体验式教学将生动形象、和生活密切相关的体验引入国际汉语课堂，让学生在实际操作中将抽象知识形象化并能自主将其运用于现实生活中。实施体验式教学的方法很多，如情境体验、多媒体教学体验、社会实践、角色扮演、现场模拟等。像利用“包饺子”“模拟西红柿炒鸡蛋”等活动来进行“把”字句教学、在课堂上模拟订票等都属于体验式教学。高等教育出版社的《体验汉语》系列教材也是以体验式教学理念为基础编排而成的。

鉴于国际汉语教学中学生来源和文化背景的多样性，教师在实施体验式教学时要注重学生的个体差异，了解每位学生的文化背景，兼顾不同文化，合理设计、安排教学活动，避免出现文化冲突和禁忌，鼓励全体学生的参与。例如，当班级内有马来西亚学生，教师进行体验式汉语教学时，如果安排模拟点菜活动，必须避开酒、猪肉等食品，尊重马来西亚学生的信仰和生活习惯。

延伸阅读

1. 胡尚峰，田涛. 体验式教学模式初探. 教育探索，2003（11）.
2. 梁宇. 基于学习者感受的体验式对外汉语教材设计. 语言教学与研究，2011（4）.
3. 王鸣主编. 外语教学与语言文化 2011. 天津：天津大学出版社. 2011（10）：30.
4. 张金华，叶磊. 体验式教学研究综述. 黑龙江高教研究，2010（6）.
5. Samantha Wehbi.（2011）. Reflections on Experiential Teaching Methods: Linking the Classroom to Practice. *Journal of Teaching in Social Work*, Vol. 31 (5).
6. Suger, S., & Sugar, K. K. (2002). *Primary Games: Experiential Learning Activities for Teaching Children K-8*. Manhattan: Jossey-Bass.
7. Silberman, M. (2007). *The Handbook of Experiential Learning*. San Francisco: John Wiley & Sons.

59 要不要入乡随俗？

实战问题

在生活习惯上，中国人和其他国家的人有一些不同之处。比如中国人一般不会席地而坐，而有些国家的人则会自然地坐在地上，把书包随意地放在地上；再如中国人喜欢午睡，但是有些国家的人没有午睡的习惯。关于入乡随俗这件事，不同的教师有不同的看法，有的教师认为“既然是在国外，就要从各个方面学习当地人的做法，不要让人家觉得我格格不入”，也有的教师觉得“只要我不给别人造成困扰，我还是不愿意改变我的习惯”。你的观点是什么？说说你的理由。

观点碰撞

入乡随俗很重要

张京京

我坚定支持“Do as the Romans do”。因为入乡随俗这一情况，也是特别明显的“取法乎上，仅得其中”。当你以为没有给其他人造成困扰或不满而我行我素时，往往已经成为当地师生的烦恼了，比如午睡。

蒋 楠

“入乡随俗很重要”有太多的例子了。听说有些教师公派出国，与当地教师合作负责一个年级的中文课。两位教师在教学理念上有所不同，但那位本土教师已经负责该年级好几年了，形成了一套相对完善的体系。但公派教师就是不肯让步，结果双方很不愉快。

王 波

只要对自己没有什么伤害，尽量入乡随俗，这样更容易结交新朋友，能更快地适应新环境。

朱勇

公派教师开始时立足未稳，可适当妥协，熟悉以后，知道存在哪些问题再多加沟通。

孙岩

入乡随俗是一种主动适应的态度，有很大一部分入乡随俗的行为其实只是习惯的改变。有时自己的习惯也不见得是最好的，所以我觉得遇到新的东西，去了解、尝试一下很重要。根据个人目前在海外教学的经历，我觉得入乡随俗还可以更好地了解学生、利于教学。

鞠慧

有位在美国教学的汉语教师告诉我，午餐后的“闲谈”时间让她有机会从其他科目的教师身上获取教学理念与方法、了解学校与学生的综合信息。如果午睡使你失去了融入学校文化的机会，那就太可惜了。

保持习惯，不添麻烦就好

迟晓雪

我认为还是应该在自己能做到的范围（如生活上）内“入乡随俗”，这样会拉近师生之间的心理距离，学生也会觉得老师更亲近，而且还可以作为课堂上的“谈资”。

王若木

美国人也没有午睡的习惯。我一般是下午放学后立即补个觉。此外，在美国，大多数中小学早上有向国旗行礼的仪式（The Pledge of Allegiance）。作为中国人，我真的觉得很难做到严肃地把手放在胸口宣誓保护美国。所以现在我只是向国旗行注目礼，学生也没说我什么。个人感觉本族习惯只要不给他人造成不便就行。

杨依沐

只要不影响工作和学习、不妨碍其他人的正常工作我觉得午睡这个习惯可以保留。中午休息好了，下午才有足够的精力应对工作，才能以更好的姿态面对学生。其他风俗习惯，我认为以“互相尊重理解”为前提，多多沟通，都不是大问题。

谢柳

中国人喜欢午睡是学生时代培养的习惯，一时难以改变，像我们在韩国学院上课，经常上到晚上十点左右，中午不睡，晚上上课很没精神，但韩国人就是不睡午觉，所以有时会和韩国老师发生误会。

理论广角

跨文化适应

不同国家人民的语言、生活方式和文化习俗等都有所差异，这些差异让在海外从事国际汉语教学、管理工作的教师无论是在生活还是教学工作中都受到了文化冲击，在一定程度上影响了国际汉语教师的跨文化交际能力。在对海外教师跨文化适应的调查中，许多教师表示曾遭遇过语言不通、饮食不习惯、交友困难、教学任务繁重、当地教育理念不同、对教学对象缺少了解等困难，这使得教师在当地的教学和生活都受到了影响。因此，为了更好地提高海外汉语教学质量，也为更好地适应当地生活，教师们应该提高其跨文化适应水平。

跨文化适应是指在一个文化环境中适用的行为经过修正后，使其与另一个文化环境相适应（米尔顿，2012: 57）。例如在美国教汉语的教师经过一段时间的观察和琢磨后，决定改变其严肃的教学方法，充分发挥学生的自主能动性，让学生在课堂上自由表达观点，这使得其课堂气氛十分活跃，教学效果也很好。汉语教师对不同文化的适应程度对他们能否较好地完成教学任务有着至关重要的作用，而汉语教师跨文化适应能力的培养需要教师个人的主观努力以及国家汉办或其他管理机构的支持。

对于教师来讲，提高自身跨文化适应能力应该做到以下几点（孙琴、李艳，2012）:（1）提升自身业务素质和人际交往能力，在教学过程中不断探索新的适应当地学生的教学方法。（2）培养积极乐观和学习融入的心态，提高语言能力和沟通能力。（3）有意识地拓展交际圈，广泛与当地同事交流，多多参与当地学校组织的各种活动，融入当地生活。（4）遇到困难，主动向校方、使馆或家人、朋友寻求帮助。

对于新手教师以及职前教师而言，阅读跨文化适应案例也是一条捷径。

延伸阅读

1. 米尔顿·J·贝内特（美）. 跨文化交流的建构与实践（第四章"跨文化适应"）. 北京：北京大学出版社，2012. 07：57.
2. 孙琴，李艳. 国际汉语教师跨文化适应策略分析——以国家公派到南非的教师为例. 云南师范大学学报（对外汉语教学与研究版），2012（1）.
3. Chen, G. M.（2010）. A *Study of Intercultural Communication Competence: Foundations of Intercultural Communication Competence*. Hong Kong: China Review Academic Publishers.
4. Keshtiaray, N. et al.（2012）. Designing of an Experiential Curriculum: A Phenomenological Approach. Procedia–Social and Behavioral Sciences, Volume 46.
5. Moon, J. A.（2004）. *A Handbook of Reflective and Experiential Learning: Theory and Practice*. London: Routledge Falmer.
6. Rogers, R. A.（2006）. From Cultural Exchange to Transculturation: A Review and Reconceptualization of Cultural Appropriation. *Communication Theory*.

60 如何评分有讲究

实战问题

潘老师在一所大学教民族预科班，她不忍心让个别学生考试不及格，常常会用提高学生平时成绩的做法，让差两三分的学生及格。同一个教研室的陈老师则觉得学生的成绩应该真实反映学生的实际水平，提高成绩的做法“对其他的学生也是不公平的”，关于这件事，你是怎么看的？说说你的理由。

观点碰撞

该不该适当加分？

彭宗平

看学习态度，学习努力、态度好，当然可以加分。

朱 勇

我觉得可以适当加分，但是加分也有技巧。我曾经有过一次教训。班上有两位日本老人，出勤率高，学习认真，于是期中考试给他们每人加了 5 分（我是直接写在试卷卷面分之外的）。结果其他韩国同学不乐意了，觉得我不公平，花了点时间才平息下去。

苏磊鑫

我的想法有所改变，之前我是严格遵守平时分的，一分不加；后来确实有的学生学习态度非常好，但是个人学习能力不足，导致没有通过考试。虽然不会留级或者有其他惩罚措施，但是学生的积极学习态度确实被挫伤了。我现在的做法是比较注重学生的学习态度，如果确实全勤，作业也很积极，我会让学生及格。

佟叶

在泰国某大学，若学生一门课不及格就要延期一年毕业，经常有学生因不及格而六年甚至七年才能拿到大学文凭。所以我一般都会尽量让学生及格。现在想想，该从源头抓起，平时督促学生努力学习，激发其学习兴趣，这样就不至于到最后陷入两难境地。给个别学生提分确实有失公平。

如何完善评分体系?

蒋楠

语言课的成绩主要靠平时的点滴积累，在美国，我们最后的成绩没有 curve。学生平时努力学习，点滴积累下来，最后就是一个 solid A。我们有预习单、句型单、带回家的考试、课堂听写、口头报告等，期末笔试只占一小部分。很少有学生会不及格。

苏磊鑫

我觉得应该学习蒋老师他们的做法，在现有基础上细化平时分，让学生的每一次努力都可以得到相应的成绩，肯定他们的努力。我们目前是期中、期末考试占 70%，平时成绩占 30%（考勤 + 作业 + 课堂表现 + 课外活动）。

杨珮

考试成绩细分，这样就会给那些平时很努力、但因为年龄大或者学能不佳等而学习吃力的学生获得好成绩的机会，最终不至于挫伤他们学习汉语的积极性。这次期末考试我们班的老太太就直接说她觉得自己很差，她要看看最终的成绩来决定还要不要继续学习汉语。于是我在期末考试时很关注她的成绩，有意无意地想帮她一下。因为她口语部分准备得非常充分，再加上她的出勤率很高，所以虽然笔试不佳但总成绩还是很不错的，于是她决定继续学习，而且这学期上课时明显感到她的焦虑感下降、越来越自信了。

刘弘

如果用形成性评价的方式，可以解决这个问题。上海纽约大学的总分构成是：课堂表现 15%+ 作业 20%+ 单元考试 25%+ 期中考试 15%+ 期末考试 25%，这样只要平时学生学习努力，一般不会不及格。在这个体系中，期末考试占的比例不高，期中考试多为做报告等非纸笔考试，而课堂表现基本由老师自主打分。因此，如果老师觉得学生努力，可以在课堂表现部分给学生打一个较高的分，用这个办法“拉一下学生”，其他学生也不会觉得不公平。

孙岩

我也觉得细化成绩分布是保证“公平”的重要一环。比如成绩来源分为平时分（作业、上课表现）和期末考试分（笔试、口试）。我一般是在学期初就向学生说明评分方式，这样学生可以为达到学习目标而努力，最后得分也不会有争议。

理论广角

学习动机

动机是指引起、维持个体活动并使该活动朝向某一目标进行的内在动力。Jakobovits（1970）经过调查发现，影响语言习得的主要因素是：动机（33%）、才能（33%）、智力（20%）、其他（14%）。可见，学习动机对学习者的影响是不可忽视的，学习动机的激发和维持是实施各种有效教学的前提和保证。

动机从来源上可以划分为两大类：内在动机和外在动机。内在动机是指学生的学习目的，是指向学习活动本身的。学习活动本身能使学生得到情绪上的满足，从而产生成功感。内在动机提供了一个促进学习和发展的自然力量，它在没有外在奖赏和压力的情况下，可以激发行为。在学校教育中，有多种多样的外部条件，可以吸引、激励、诱发学生，成为促进他们积极活动的动力源泉，如父母的鼓励、教师的表扬、竞争的奖励等；同样，也有各种各样的外部条件，可以起到抑制、约束和限制不良行为表现的作用，如教师的批评、学校的处分、竞争的失败等。这种由外部力量和外部环境（即诱因）激发而来的动机，称为外在动机。

丁安琪（2014）发现，汉语学习者来华前汉语学习动机强度不高，他们学习时间不足，不能主动参与汉语活动或主动找机会说汉语。学习者个体差异因素对其来华前汉语学习动机强度的影响各不相同，性别、年龄、母语背景、是否华裔等对其来华前动机强度没有显著影响，影响较大的是他们的专业以及是否来华攻读学位。

教师应当通过学习者的努力程度了解学习者动机；保持学习者对汉字的兴趣，帮助学习者提高动机强度；选择语言适合、有代表性并具有吸引力的影视作品片段用于语言教学之中，并向学生推荐与其水平相适应的中文书籍，为学习者提供鲜活的学习素材，激发学习者的学习兴趣。

延伸阅读

1. 丁安琪. 留学生来华前汉语学习动机强度分析. 华文教学与研究，2014（3）.
2. 贾冠杰. 外语教育心理学（第二章"影响外语学习的因素"）. 广西：广西教育出版社，1996.
3. 贺阳. 汉语学习动机的激发与汉语国际传播. 语言文字应用，2008（2）.
4. Jakobovits, L. A. (1970). *Foreign Language Learning: A Psycholinguistic Analysis of the Issues*. Rowley, MA: Newbury House.
5. Gardner, R. C., Lambert. W. E. (1972). *Attitudes and Motivation in Second Language Learning*. Rowley, MA: Newbury House.
6. Gardner, R. C. (1985). *Social Psychology and Second Language Learning: The Role of Attitudes and Motivation*. London: Edward Arnold.
7. Maeng, U., Lee, S.M. (2015). EFL Teachers' Behavior of Using Motivational Strategies: The Case of Teaching in the Korean Context. *Teaching and Teacher Education*, Volume 46.
8. Gorges, J., Kandler, C., & Bohner, G. (2012). Internationalization at Home: Using Learning Motivation to Predict Students' Attitudes Toward Teaching in a Foreign Language. *International Journal of Educational Research*, Volume 53.
9. Busse, V. (2014). International Perspectives on Motivation: Language Learning and Professional Challenges (International Perspectives on English Language Teaching). *System*, Volume 45.

61 打破班级“小团体”

实战问题

杨老师在国内一所大学教汉语专业本科班，她的班里有来自日本、韩国、马来西亚、印度尼西亚、美国、白俄罗斯、荷兰、肯尼亚、法国、朝鲜等不同国家的学生。最近她发现班里的学生好像结成了一个个小团体，学生好像只愿意和本国的或者有相似文化背景的学生交往，课上活动和课下交流都是如此。面对这一局面，你有什么好的建议？

观点碰撞

彭宗平

从学习活动入手。学汉语的活动，如对话练习、交流作业、互相帮助，一般没有人会拒绝。我的写作课常常让非汉语圈的同学观摩汉语圈同学的写作练习，很有效。

朱勇

如果分组活动的话，建议不同国别的同学交叉分组。这样也许会在一定程度上避免小团体的情况。

熊晨晨

我认为小团体现象反映的是学生对别的“团体”文化的偏见，要打破这种观念，就应该让学生主动了解别国文化，并将此作为课堂和课下任务来完成。“和而不同”的包容精神有利于打破跨文化交际的障碍，而且能够帮助学生在汉语学习及其他语言学习中减少阻碍。解决学生文化优越感问题和对别国文化的偏见问题，不是教师一朝一夕就能完成的。我认为，解决的关键在于和谐的课堂气氛，教师要有意无意地教导学生形成宽容的文化理念。

康菲

曾在汉语高级班遇到过此类情况，但并不是因为文化的偏见。多数情况下，是因为相同国家的文化背景、语言以及生活习惯等相同，他们相处或沟通起来更加方便，所以自然而然结成小团体。但关于文化偏见方面的引导，也很有必要。

刘弘

多搞些班级的集体活动，让他们有更多的接触，这种现象就会减少。不过本国学生喜欢待在一起是自然的，尤其是初、中级水平的学生。其实很多来华留学生也有跨文化的问题，不仅仅是跟中国人交流的问题，其实他们也不知道如何跟其他国家的人交流。这些可能不是我们汉语老师能解决的，应该由留学生的心理咨询顾问之类的人来帮助解决。我们本科班的学生有《跨文化交流》的课程，上完课后很多外国学生才开始意识到自己可能有这类沟通上的问题。我印象很深的一件事情是有个俄罗斯男生告诉我："现在我知道为什么韩国女朋友跟我分手了！"

方杰

在国内的话，可以组织学生集体活动，如举办文化节、参加公益活动、义卖、用汉语排演话剧等。总之，让大家同时参与一项活动，能增加彼此间的相互了解，增强集体的凝聚力。

鞠慧

学生之间有亲疏，这是很正常的事情。教师需要做的，是营造整个班级的和谐感，让班级成员抱有集体感。除了开展形式多样的活动，教师也可以在课堂内外进行一些正面强化，让学生对自己所在的班级存有喜爱和自豪感。

王波

同一国家或者相似文化背景的学生抱团的情况很普遍，教师能做的就是在课上注意观察，在分组活动时把相同国家的学生打散。同时也要观察学生的性格，一般来说，即便国籍不同，但是性格相似、语言水平相近的学生也容易产生好感，愿意互相交往。教师应该有意识地给这些学生一股潜在的推力。

理论广角

跨文化交际意识和能力

R. G. Hanvey（1979）提出“跨文化意识”这一理论，指的是理解和承认文化差异的能力。它要求来自不同文化背景的交际双方要首先意识到彼此在文化上是有差异的，需要用另外一种思维方式去进行交际。跨文化交际意识是可以通过学习和训练来提高的。

在汉语教学中，我们需要培养学习者与中国人进行跨文化交际的意识和能力。同时，如果来自不同国家、不同语言文化背景的学习者聚集在一个汉语课堂中，就形成了一个多元文化环境，跨文化交际意识和能力的培养就更为重要和复杂。这要求教师首先要培养学习者的文化平等意识，找到差别之处，求同存异。在教学过程的每个环节中潜移默化地树立和强化以下观念：每个国家都有属于自己的文化，并且将其尊为正统，我们必须学会尊重彼此的文化，因为文化都是平等的、没有优劣好坏之分。这种观念不仅有利于来自不同国家的留学生之间的交流和交往，也有利于学生与中国人的交流。

培养学生的跨文化交际能力应由培养跨文化意识入手，进一步发展跨文化技能，并改变和提高学生的学习方式和认知方式，在这一过程中，教师应对学生的人格和个体差异因素做认真分析，因材施教、因地制宜。以下介绍几种语言教师常见的文化教学策略：（1）文化讲座。以教师为中心，以演讲的方式直接向学生传授有关目的语和目的语使用社团的文化知识策略。（2）文化欣赏。教师组织学生根据预定的计划就某一文化专题或某一文化事件，代表个人或小组向全班作汇报式讲演。（3）角色扮演。通常由部分学习者参加，为了完成特定的目标分别扮演不同的角色，然后在教师及其他学习者面前表演出来，其余学习者的任务是做观众观察并发现学习目标规定的某些问题。角色扮演的主题可以是与来自其他文化的人第一次见面、进行国际谈判等，并采用日常生活、工作或社交场景中使用的语言。（4）案例分析。通常以文字描述某一个真实的情境并提供足够的细节，以便学习者能够分析其中的问题并决定可能解决问题的方法等。

延伸阅读

1. 毕继万．跨文化交际与第二语言教学．北京：北京语言大学出版社，2009.

2. 陈国明．跨文化交际学（第2版）．上海：华东师范大学出版社，2009.

3. 俞玮奇．来华汉语学习者的跨文化交际能力实证研究——敏感度与效能感．世界汉语教学，2012（4）.
4. 张红玲．以跨文化教育为导向的外语教学：历史、现状与未来．外语界，2012（2）.
5. Breeman, L. D. et al. (2015). Teacher Characteristics, Social Classroom Relationships, and Children's Social, Emotional, and Behavioral Classroom Adjustment in Special Education. *Journal of School Psychology*.
6. Byram, M. (1997). *Teaching and Assessing Intercultural Communicative Competence*. Clevedon: Multilingual Matters.
7. Kim, T., & Schallert, D. L. (2014). Mediating Effects of Teacher Enthusiasm and Peer Enthusiasm on Students' Interest in the College Classroom. *Contemporary Educational Psychology*, Volume 39, Issue 2.
8. van den Berg, Y. H. M., & Cillessen, A. H. N. (2015). Peer Status and Classroom Seating Arrangements: A Social Relations Analysis. *Journal of Experimental Child Psychology*, Volume 130.

62 华裔学生的特点

实战问题

华裔学生和非华裔学生在语言学习上一般会有不同的特点。查阅有关资料，完成下面的表格。

	语音学习特点	词汇学习特点	语法学习特点	汉字学习特点	文化学习特点
华裔学生					
非华裔学生					

观点碰撞

张京京

这个题目再次让我想到，美国西北大学顾教授 2013 年 8 月在南开大学讲座中提到的，赴美教师要特别注意，不要排斥或不认可当地学生，特别是华裔学生书写和使用繁体字；要接受华裔学生的口音甚至方言。

曹 芳

抛开华裔非华裔的问题，国家不同的话，一起学语言也很不容易。前任印度大使和他的日本太太一起上课，接受能力和发音问题完全不一样。为了提高学习效率，还是分开最好。

鲍思冶

就海外华裔学生而言，每个人的背景都不一样。一般说来有：父母都是华人，家庭语言是中文；父母一方是华人，家庭语言不好说，这类学生（包括家长）也是最麻烦的；华裔三代以上，基本上跟外国人差不多；被收养的华裔孩子。对于不同背景的学生，教学侧重点和方法都会不同。家庭背景还可以细分，比如来自广东的、中国台湾的、新加坡的，等等。

刘弘

华裔学生的语言特点：(1)在发音上，华裔学生的发音基本上接近普通的中国人，不过其中有一部分人受自己家庭的方言的影响，有些发音不标准。(2)在语法上，华裔学生所说的句子大多符合语法规则，可是他们虽然能使用这些规则，但对规则本身并不清楚。(3)华裔学生的词汇量相对较大，尤其是口语词汇量比较大。这些词汇多数跟家庭、日常生活有关。(4)在语言表达的得体性方面。华裔学生对于一些低语域(Register)的场景，诸如跟家人交流等基本上没有问题，但是对于诸如商务或者学术研讨等正式场合的话语则会力不从心。(5)在读写能力上，华裔学生的读写水平与口语水平不同步。我们发现，一旦学生掌握了基本的汉字和书写规则，学生的读写能力进步很快。

王波

华裔学生是一类特殊的汉语学习者，他们来自不同的华人家庭，汉语水平也千差万别。他们大多带有一些地方口音；口语词汇掌握得较好，缺乏书面语词汇；汉字书写比较薄弱；在中华文化方面，比其他国家的学生更丰富，但有时知其然不知其所以然，因此他们对传统文化抱有更大的兴趣。

孙岩

我在意大利接触过几个华裔学生，他们要么出生在意大利，要么很小就定居意大利，他们的意大利语跟意大利人无异，在家里一般说方言。教他们唯一明显感受到的差异是语音。他们往往比意大利学生更快掌握发音(班里学生笑称这是基因优势)，但是常常会出现方言影响的发音问题。我觉得教他们只要注意单独提示一些个性问题即可，不必刻意采取另外的方法。

理论广角

华裔继承语学生

在学习汉语的群体中，华裔学生是一个特殊的群体，他们既有一般学生的共性，也有自己的特点。继承语(Heritage Language)一般是指一个人的父辈或祖辈的母语。继承语的学习者是指那些学习一门家庭所用的非英语语言的人，他们会说或者至少能听懂这门家庭语言，并且在一定程度上具有英语和这种语言的双语能力。

华裔继承语学生的学习特点：(1)相当一部分学生容易满足于“能说”

的现状，不重视提高自己的正式语体水平和写汉字的能力。由于华裔学生普遍能用简单的汉语句子基本表达自己的要求和意思，特别是生活方面的话题，因此，很多人觉得没有必要去掌握那些非常正式的语体和书面语体，看不到进一步提高汉语水平的必要。而且，随着他们汉语水平的逐渐提高，教师往往要求学生逐步掌握成段表达的方法，希望他们能够使用连接词来组成一个段落，可他们常常采取回避策略。（2）华裔学生普遍不喜欢“句型操练”这种教学方法。在外语教学中，句型操练能够有效地帮助学生提高语言能力，特别是帮助学生提高口语表达的流利性。可是华裔学生对操练活动最大的质疑就是：“为什么非要这样说”“为什么一定要用这个句型”。他们认为不学习这样的句型自己也能很好地表达。在教学中，华裔学生使用句型操练的效果也不好，他们一般都能比较好地根据老师的要求说出这个句子，错误率比较低，不需要练上几遍才能达到比较流利的程度。现在教学中广泛采用的互动式句型操练往往会针对学生的生活提问，可是很多华裔学生觉得这样的问题没有挑战性，因而也就觉得比较无聊。（3）由于华裔学生缺乏文化背景知识，很多语言活动无法深入。学生进行成段表达的时候，应当有一定的内容和深度，否则没法构成一个像样的段落。但是在“讨论”“辩论”这样的活动中，我们发现学生明显存在知识方面的不足。他们在语言活动中无法充分表达的原因更多的在于他们对这个问题本身了解有限。有限的知识限制了他们的言语表达。有时教师会在活动前布置学生查找一些材料，可是很多学生由于阅读能力的限制，也无法很好地达到老师的要求。这样造成的后果就是很多教学活动只能浅尝辄止，效果不佳（刘弘，2009）。

华裔学生在汉语课堂中的优势更多地表现在低年级，早期的优势容易误导师生双方。随着学习的逐步深入，问题便逐渐凸显，年级越高问题越大，一旦问题累积起来，早期的优势便不复存在（朱志平，2009）。对待华裔学生，从一开始就应该严格要求，帮助他们纠正语音，鼓励他们多读多写，摆脱对口语的依赖，让华裔学生发挥优势，减少劣势对其汉语学习的负效应。

延伸阅读

1. 刘弘. 内容型教学法和华裔学生汉语教学. 现代语文（语言研究版），2009（11）.

2. 盛继艳. 华裔学生汉语习得研究的现状与思考. 语言教学与研究，2012（4）.

3. 吴建玲. 对一百名华裔学生语言文化情况的调查报告. 语言教学与研究，1996（4）.

4. 赵氚. 试论华裔留学生的特点、教育与管理. 暨南学报（哲学社会科学版），2001（S1）.

5. 朱志平. 美国华裔学生在汉语课堂中的优势和问题. 北京师范大学学报（社会科学版），2009（6）.

6. Buhs, E.S. et al. (2015). Shyness and engagement: Contributions of Peer Rejection and Teacher Sensitivity. *Early Childhood Research Quarterly*, Volume 30, Part A, 1st Quarter 2015.

7. Expósito, J., Olmedo, E., Pegalajar, M., & Tomé, M. (2014). Pseudo-conflicts in Intercultural ESO (Mandatory Secondary Education) Classroom from the Point of View of Students and Teachers. Procedia–Social and Behavioral Sciences, Volume 132.

8. Helsing, D. (2007). Regarding Uncertainty in Teachers and Teaching. *Teaching and Teacher Education*, Volume 23, Issue 8.

9. Kello, K., & Wagner, W. (2014). Intrinsic and Extrinsic Patriotism in School: Teaching History After Estonia's Critical Juncture. International Journal of Intercultural Relations, Volume 43, Part A.

10. Theresa Chang Whei Jen. Expanding Visions of American Learners of Collegiate Chinese: Heritage Students. 世界汉语教学，2001（3）.

63 软磨硬泡可改分?

实战问题

胡老师在国内一所大学教汉语本科生，期末考试结束了，有一个学生考试后找他，说自己平时是全勤，作业也都按时完成了，希望老师给她加分，胡老师在其软磨硬泡之后同意了该学生的要求。结果第二天很多学生都来找胡老师加分，场面变得有点儿不可收拾了。对胡老师的做法，你是怎么看的?

观点碰撞

方 杰

开学第一堂课就把规矩立好，照章办事，避免不必要的麻烦。

老师可以事后加分

周金川

我觉得胡老师的做法有可取之处，出于对学生的考虑他还是勉为其难地为她加了分，但该同学却没有从老师的角度进行考虑，让老师为难。面对众多同学的要求，胡老师可以给全勤和作业都完成的学生集体加分。胡老师的做法鼓励了一些成绩较好的同学，但对于那些成绩不好的同学也是一种打击。

吴海燕

学习的目的是通过课堂学到知识，重在学习的过程，而不是最后的结果——分数。成绩只是提醒我们哪些地方还没学好、还有待提高。如果给学生一个好分数可以帮助学生申请到国外的好大学或者找到一份好工作，给他个好分数也不算错。

韩莎

我认为加分可以，但是一定要有充足的理由。如果每个同学都按时完成作业，都是全勤，那么这一部分的分数已经在他们的最后成绩里了，这样就没有必要加分。

评分应该怎样做？

朱玺

老师的做法不得当，一是没有标准原则，二是打分有人为操作空间，到头来给自己惹麻烦。建议老师在第一堂课的时候就约法三章，规定考试方式、全勤加分等细则。这样既能做到有章可循，还会为自己减少一些麻烦。老师在考试等关键问题上还是严肃一些好。

刘弘

不应该随意给学生加分，这样会带来麻烦。开学第一节课就要将评分规则告诉学生，并且严格执行。尤其不要随便破例，坚持原则很重要。美国学生很看重分数，华裔学生尤甚，教师得非常小心地处理相关问题。

孙岩

我觉得胡老师的做法不合适。加分与否应该有大家公认的标准，不能因为学生“巧舌如簧”便随意加分。正如上面两位老师所说的那样，我也认为老师应该在学期初便明确规定评分标准，如果学生考试后来“走后门”，老师可以态度诚恳地肯定学生做得很好的地方，并指出学生的努力方向，鼓励学生在下学期通过自己的努力取得好成绩。

评分标准有文化差异

熊晨晨

我在学校有个关系很好的印度留学生朋友，她跟我抱怨过汉语课老师打分过于严格的问题。其实，大部分印度学生比中国学生、韩国学生还要重视成绩。相反，学韩语的同学又窃喜韩国老师打分“好说话”。如果我是国际汉语老师，我会在学期伊始就跟同学们讲好考试打分细则，说清楚老师的原则和底线并充分结合当地学生的意见，总结出一个大家都满意又合理的方案。这样可以从源头上避免考试后学生找老师“麻烦”的问题。

王 波

每个学期末都会碰到“要分”的学生，要考勤分、要总评分，有时甚至叫来任课老师替自己说情。考勤的扣分原则应该在第一次课就跟学生说明；考试的扣分原则应该在第一次讲评试卷时讲清楚，同时也要告诉学生，成绩只代表这一阶段的学习态度和成果，并不代表一切。此外教师在打分时应该尽量避免 89、89.5 这样的分数，因为很多大学都设置了分数档，只差一分半分学生会很不甘心。

朱 勇

王波老师提醒得对。要是想给学生不及格，给的分数不要离 60 分太近。否则有两个结果：一个是来找老师加分，一个是憎恨老师太过分，就差几分也不给及格（我就被学生偷偷骂过）。

理论广角

课堂规则的制定

事先拟定规则、程序是课堂管理与教学秩序管理的一条重要原则。规则、程序对课堂行为、学生在教学各环节的行为（例如出勤、作业完成、评估考核等）的普遍期望或标准进行了界定。Thomas L. Good 等（2009）指出，教学管理程序是完成日常教学工作和其他在教学中频繁重复进行的具体活动的方法。其中包括对学生的反馈程序：如何与学生家长进行联系、如何展览学生的作业、如果记录的话会做什么样的作业记录、是否希望学生保持这些记录等；还包括评分程序：成绩测试评估的流程和次序、是否可以和如何进行调整。教师对其拟定的规则和程序考虑得越是仔细周到，就越能够向学生清楚地解释这些规章和程序，并能够保证其连续执行下去。

在新学期的第一节课上，教师就应该对本课程的评分程序进行详尽的介绍，并征求学生意见，讨论出最佳方案。例如，总评成绩 = 期中成绩（20%）+ 期末成绩（30%）+ 平时成绩（50%），并将平时成绩进行细化：平时成绩（50%）= 课堂参与（10%）+ 作业（10%）+ 听写 / 课堂小组作业（10%）+ 阶段测试（10%）。按照类似的评分程序，期中考试和期末考试成绩只占总评成绩的一半，降低了考试成绩在总评成绩中的比重，学生只要取得不错的平时成绩，并为期中考试和期末考试做好充分的准备，便能获得不错的总评成绩，央求教师修改期中、期末成绩的情况可能会有所减少。然而，若仍是遇到“死缠烂打”要求修改成绩的学生，教师就不能轻易“开后门”，以免为日后的管理带来困难。

延伸阅读

1. 刘家访. 课堂管理中纪律的问题与运用. 教育理论与实践，2002（4）.
2. 吴晓义. 国外积极课堂气氛形成理论及其对我国的启示. 外国教育研究，2007（9）.
3. F·戴维著，李彦译. 课堂管理技巧. 上海：华东师范大学出版社，2003.
4. Buhs, E.S. et al. (2015). Shyness and Engagement: Contributions of Peer Rejection and Teacher Sensitivity. *Early Childhood Research Quarterly*, Volume 30, Part A.
5. Expósito, J., Olmedo, E., Pegalajar, M., & Tomé, M. (2014). Pseudo-conflicts in Intercultural ESO (Mandatory Secondary Education) Classroom from the Point of View of Students and Teachers. Procedia–Social and Behavioral Sciences, Volume 132.
6. Helsing, D. (2007). Regarding Uncertainty in Teachers and Teaching. *Teaching and Teacher Education*, Volume 23, Issue 8.
7. Kello, K., & Wagner, W. (2014). Intrinsic and Extrinsic Patriotism in School: Teaching History After Estonia's Critical Juncture. International Journal of Intercultural Relations, Volume 43, Part A.
8. Thomas L. Good & Jere E. Brophy 著，陶志琼译. 透视课堂（第十版）. 北京：中国轻工业出版社，2009.

64 公布成绩排名合适吗？

实战问题

姜老师在澳大利亚一家孔子课堂教学，在考试之后他将全班学生的成绩排名公布给大家。你觉得姜老师这样做合适吗？为什么？

观点碰撞

朱玺

公开成绩不可取，在有的国家这还可能会构成犯罪。

蒋楠

在美国，无论是大考试、还是小作业，均是课前几分钟，老师亲自发到每位学生手里的。学生的成绩是绝对不公开的。

孙迪

对于公布成绩，不同国家存在一定的文化差异，要慎重处理。小测验的卷子我会在课前逐个发给学生，顺便指导一下。如果学生关系好，他们也愿意互相分享，但是老师不能透露。如果有人问，征得同意后我会公布最好的成绩或学生的名字，大家可以借来学习。期中、期末考试的成绩，我做过成绩条，或者让学生来办公室看自己的分数。

刘弘

我觉得大部分学生不喜欢公布成绩，虽然他们自己会在课后互相交流分数。

方杰

这种做法非常不可取。成绩是学生的个人隐私，把试卷分发给学生时都应该注意试卷背面朝上，而且教师要亲自交到学生手上，而不能让学生代发。

王 波

这种做法不可取。考试之后在班上公布一下最高分和平均分即可。

理论广角

焦　虑

Burger（1997）认为："焦虑是一种体验为紧张、担忧、烦乱和恐慌的不良状态。"外语学习焦虑是学习者因外语学习过程的独特性而产生的一种与课堂外语学习相关的自我知觉、信念、情感和行为的情结。公布学习成绩和排名次的做法，可能会增加学生的外在学习压力，使其产生焦虑心理。

焦虑对外语学习的影响非常普遍，其作为语言学习者的内在情感变量之一，被众多语言学习者认为可能是影响语言学习的最大情感障碍。Alport和Haber（1960）把学习焦虑分为促进性焦虑（facilitating anxiety）和妨碍性焦虑（debilitating anxiety）两种，促进性焦虑使学习者产生动力，促使他们勇于挑战，并努力克服自己的焦虑情绪，例如Marcos-Llina和Garau（2009）的研究发现高级学习者的语言焦虑高于中级和初级学习者，其外语成绩却较好。妨碍性焦虑会使学习者逃避学习任务，对学习产生负面影响，例如Horwitz & Cope（1986）发现焦虑会使外语学习者手心出汗，心跳和脉搏加快，声音异常，说话没有语调和节奏，课堂上被叫起来回答问题时呆立不动或保持沉默，还会使学习者产生不安、灰心、自我否定、忧虑和紧张等负面情绪。

教师在减轻学生汉语学习的紧张焦虑方面起着至关重要的作用。教师不仅要在学习上给予学生帮助指导，还要在心理上给予学生人文关怀，了解学生的需要，多与学生交流；教师要让学生感到自己是学生学习的指导者、帮助者、促进者，而不仅仅是权威者、评价者；教师要努力营造一个轻松、友好、和谐、以学生为中心、让学生不感到压力和紧张的课堂气氛；教师的态度要友好，授课时要面带微笑，过于严肃会让学生觉得压抑和紧张；教师的提问要有艺术性，针对不同的学生提出不同的问题，给那些容易产生焦虑的学生更多享受成功喜悦的机会；教师还要注意纠错的方式、方法，倡导合作学习，减少容易产生焦虑的学生之间的竞争；教师应多鼓励学生参加丰富多彩的课堂活动。

延伸阅读

1. 钱旭菁. 外国留学生学习汉语时的焦虑. 语言教学与研究，1999（2）.
2. 施仁娟. 留学生汉语学习焦虑应付方式研究. 现代语文（语言研究版）,2007（2）.
3. 张莉. 留学生汉语学习焦虑感与口语流利性关系初探. 语言文字应用，2001（3）.
4. Horwitz, E K., Horwitz, M. B. & Cope, J. (1986). Foreign Language Classroom Anxiety. *The Modern Language Journal*.
5. Marcos−Llina, M & M. Garau. (2009). Effects of Language Anxiety on Three Proficiency Level Courses of Spanish as A Foreign Language. *Foreign Language Annals*.
6. Bullough Jr. R. V. (2011). Ethical and Moral Matters in Teaching and Teacher Education. *Teaching and Teacher Education*, Volume 27, Issue 1.
7. Aultman, L. P., Williams-Johnson, M.R., & Schutz, P. A. (2009). Boundary Dilemmas in Teacher-student Relationships: Struggling with “the Line”. *Teaching and Teacher Education*, Volume 25, Issue 5.
8. Shortt, D. et al. (2012). Teaching, Morality, and Responsibility: A Structuralist Analysis of A Teachers’ Code of Conduct. *Teaching and Teacher Education*, Volume 28, Issue 1.

65 听前热身

实战问题

有人说："不要在教听力或者会话之前把生词挑出来写在黑板上集中学习，要在课文中学习生词，因为当一个人在街上跟另一个人谈话时，不可能说：'你说的话有几个生词，我先把它们挑出来'。"在语言教学中，你同意这个观点吗？你觉得听力课应该怎么备课？

观点碰撞

方 杰

可以先不讲生词，让学生听一遍，提出问题。然后再讲解生词，让学生再听一遍，最后让学生复述所听到的内容。

张莱宴

曾经做过试验，如果学生没有预习的习惯，还是先学习效果比较好；如果他们自己已经预习过，在理解课文的过程中再把不懂的生词讲一讲、练一练，效果会更好。

蒋 楠

个人认为，首先定位听力课的教学目标——是综合提高听力水平，还是要听懂每一句话（精听还是泛听、听结构还是听内容）。对于生词，我会提前给出关键词及一些背景支持。

刘 弘

不同意，听力教学与自然条件下的交际不同。听力输入是一种可懂、可理解的输入，未知成分的数量必须合理，不构成对理解的太大障碍。一段听力材料，如果学生完全或几乎听不懂，则失去了听的意义，只能说明所选材料不符合学生的听力水平。若听力材料中未知的词汇、语法点较多，听力的要求就要相应降低，比如说，只要求学生听懂教师要求听懂的重点内容即可。

王波

听力课的最终目的是达到听懂自然语流中的每句话，无法提前预习。但是上课和真实语境还是存在一定差距的，许多交际背景是不存在的，因此可以提前准备关键词。

孙岩

这个观点有一定道理，但是语言教学跟真实交流还是不一样，有时候要根据学生的实际水平来选择合适的方法。可以提前学习词汇，再进行听力或会话学习；也可以教学阶段过后进行类似话题的练习，不提前学习词汇。还可以提前对听力或会话背景进行介绍，这些都可以帮助学生理解。

理论广角

图式理论

图式理论（Schema Theory）是认知心理学家解释人的认知心理过程的一种理论。所谓图式，是指人的大脑中围绕一个主题组织起来的知识的储存方式。刘颂浩（2007）指出，根据图式理论，如果新信息所要求的图式与现有图式一致，理解的速度就会加快；如果不一致，理解就有可能误入歧途；如果缺乏相关图式，理解也会受阻甚至完全不可能。以坐公交车为例，基本图式可能具有普遍性，大概要经历上车、买票、下车等几个步骤，但是在不同地区，图式的细节可能会有差异。在中国坐公交车，售票员会自主报站，乘客只需聆听报站信息并选择下车站点即可，但在美国等一些国家，乘客需要拉动车厢内绳子（或其他机关）告知司机所要到达的地点，所以，对于没有接触过其他国家公交乘坐方式的中国人来说，套用中国公交车乘坐图式是不能取得预期效果的。

用图式理论解释听力理解过程中对外界信息的处理有以下三种方式：自下而上模式、自上而下模式、自下而上和自上而下两种模式同时运作的互动模式。自下而上模式认为，大脑对信息的加工从最小的语言单位开始，如音素、词素、词语等，然后逐步过渡到较大的、较复杂的语言单位如短语、句子、段落，最后过渡到对整个语篇的了解。在自上而下模式中，进入听者听觉系统的语音信息、激活了大脑中存储的图式，听者用它们来预测、辨别、分析、推理、修正、整合信息，从而达到理解的目的。也就是说，听者的背景知识在听力理解的过程中起着重要的作用，当听者听到的内容与大脑中的相关知识经验相吻合时，会促进理解过程。互动模式认为，人们处理外界信息时，既是一个“自下而上”的过程，也是一个“自上而下”的过程，实际上，信息是在不同的层面上同时被处理的。

在听力理解过程中，听者既要运用语音、词汇和句法知识，同时还要调动大脑中已有的相关背景知识，对短时记忆中的语料信息、进行加工处理，在背景知识和语料信息的互动过程中获得语义的理解。只有两者形成有机的结合，才能有效地达到听力理解的目的。

延伸阅读

1. 丁艳．对外汉语教学中影响听力理解的因素及对策．云南师范大学学报（对外汉语教学与研究版），2004（1）．
2. 李晓琪主编．对外汉语听力教学研究．北京：商务印书馆，2006．
3. 刘颂浩．第二语言习得导论——对外汉语教学视角．北京：世界图书出版社，2007．
4. 周相利．图式理论在英语听力教学中的应用．外语与外语教学，2002（10）．
5. Chang, C.C., Tseng, K. H., & Tseng, J. S. (2011). Is Single or Dual Channel with Different English Proficiencies Better for English Listening Comprehension, Cognitive Load and Attitude in Ubiquitous Learning Environment? *Computers & Education,* Volume 57, Issue 4.
6. Goh, C. M. (2000). A Cognitive Perspective on Language Learners' Listening Comprehension Problems. *System*, Volume 28, Issue 1.
7. Jafari, K., & Hashim, F. (2012). The Effects of Using Advance Organizers on Improving EFL Learners' Listening Comprehension: A Mixed Method Study. *System*, Volume 40, Issue 2.
8. Schroeders, U., Wilhelm, O., & Bucholtz, N. (2010). Reading, Listening, and Viewing Comprehension in English as A Foreign Language: One or More Constructs? *Intelligence*, Volume 38, Issue 6.
9. Ülper, H. (2009). The Effect of Visual Strategies on Textual Structures in Listening Process to Comprehension Level of the Listeners. Procedia-Social and Behavioral Sciences, Volume 1, Issue 1.

第六章

语言技能教学

66 书面语体的口头报告

实战问题

安老师在国内一所大学教成人短期班的听说课，为了让学生提高听力水平，她每次上课时都用半节课的时间让学生做口头报告，学生的报告大多都是事先写了讲稿，然后背下来，语体比较书面化，并且语速较慢。有一天，有个学生在课上说自己在校外听别的中国人说话还是听不懂，其他学生立刻表示有同感。分析这一情况产生的原因，并试着帮助安老师思考对策。

观点碰撞

口头报告应该怎样做?

蒋楠

在美国，我们在课上安排小口头报告，两人一组，时间为 8 到 10 分钟，其中报告 5 至 6 分钟，同学提问 2 至 3 分钟，最后一分钟老师点评。学生可提前准备并借助多媒体手段，但报告时不能照着稿子读。老师给成绩时除了关注报告，还很看重问答环节。

范红娟

我在高级班给他们布置了专题调研报告，偶尔出现书面化特别重的，一看就是从网上转来的字句，这时我就会说：“你看，不看稿子你都说不出来。你自己都很难理解的句子，其他同学怎么会听得懂呢？”

韩娟

想到几个问题:(1)报告的内容学生是否真正理解，如果脱离文字、在自然交际情景中学生能否运用?(2)念报告的过程中学生出现的语音、语法、词汇等错误，教师如何对待? 纠正不纠正? 怎么纠正? 花多长时间纠正? 如果出现的问题是教师没有预料到也没有准备的，教师如何解决?(3)听报告的学生有没有听后任务? 这个任务能不能训练他们的听说能力? 报告中被动输入的语音、语法错误，谁来帮他们纠正?(4)半节课都是一个学生说，对其他学生是否公平?

刘弘

不能光是报告环节，也要有学生提问环节。在多个学生报告的情况下，我一般要求每个学生问两个问题，把提问、回答和报告三个环节的表现加在一起作为这次的分数。报告时间不要太长，我一般要求是 3—5 分钟。报告时允许学生看自己手写的提示卡，但是不能照着稿子读。学生报告完之后，老师还要简单评论一下。

王波

口头报告可以是听力训练的有益补充，但是要注意报告时间不宜过长，因为学生的报告会存在发音不准、生词过多、报告比较书面化的问题，与实际生活中的听说还有很大差距。教师在听力课上安排口头报告要掌握频度，不用节节都做，并且要训练学生把准备的材料讲出来，而不是背出来。

口头报告能提高听力水平吗?

范红娟

听不懂其他中国人说话归根到底还是真实、地道的语言输入过少。

金雄

这种口头报告能给学生提供一次当着很多人的面说话的机会，可以培养学生的自信心，但是这跟提高听力水平好像没有太大的关系。学生写讲稿的时候为了清楚地说出自己想表达的意思，很可能参考词典加进去一些从来没学过的词语。这样只有老师和报告人能听懂，其他学生可能会觉得这种活动没有意义。

朱 勇

别的学生可以练习听力。老师在学生报告前把一下生词关，促进输入可懂。有的学生跟我说，能够听懂其他同学的口头报告觉得很开心。

金 雄

如果老师把关就不用担心这个问题了。不过我还是认为口头报告练的主要是“说”而不是“听”。至于学生们表示在校外听不懂别的中国人说话，这是急于求成的心理所致。这是短期班，不可能一时半会儿就帮他们突破听力关。不过安老师可以考虑偶尔用一些口语性比较强的听力材料。到了一定水平，学生还得学会听懂发音不很标准的话。字正腔圆的普通话好比电脑上的宋体字。如果平时只看用宋体字写的文章，有一天突然收到一封手写的信，就可能不知所措，感觉中文白学了。

理论广角

书面语与口语

书面语指用于书面交际的语言，是由交际目的、交际内容以及规范的程度、语境庄重的程度等因素决定的语言变体，也是语言的功用变体。书面语广泛运用于政府文件、报刊社论、学术著作、美文随笔、商业协议、公司合同、往来信件以及电台新闻、广告、报告等，凡是正式的场合都需要使用正式的语体。冯胜利（2006）指出，对汉语学习者来说，不但要能说正确地道的口语，而且要会写正式典雅的文章。而高彦德等人（1993）的调研显示，大多数留学生感到掌握汉语书面语非常困难。

恰当运用各种语体的能力，尤其是具备书面语交际能力，是掌握一门语言的重要体现。在听力教学中，不但要让学习者能听懂口语，还要能听懂书面语。口头报告可以说是书面语与口语的有机结合，既有助于提高做报告者的口语表达能力，又有助于提高其他学习者的听力理解能力。

陆俭明（2007）指出，进行书面语教学，主要得抓好书面语词语教学、书面语句式教学和不同文体的格式框架教学三个环节。在进行书面词语教学时，要使学生能够字形对号、语音对号、意义对号、用法对号。例如，一个外国留学生听到“淘汰”一词的发音，能否想到“淘”和“汰”这两个汉字、知道“淘汰”的意思和用法；或者看了“淘”和“汰”这两个汉字，能否想到"淘汰"这个词并读出来、能否知道"淘汰"的意思并想到"淘汰"的用法。另外，还要注意韵律词教学。例如，告诉学生要说"购书"或"购买书本"，但却不能说"* 购买书"或"* 购书本"。在进行书面语句式教学时，除了教会学生一定的口语句式外，一定还得教会他们一定数量的书面语句式，比如，"对于……来说""就……而言""因……而"等句式只能用于书面语，不可用于口语中。最后，还要针对推荐信、通知、布告、请假条、请示报告、总结报告、产品介绍或说明、学术论文等文体各异的格式对学生进行训练。

延伸阅读

1. 冯胜利. 书面语语法及教学的相对独立性. 语言教学与研究，2003（2）.
2. 冯胜利. 论汉语书面正式语体的特征与教学. 世界汉语教学，2006（4）.
3. 陆俭明. 作为第二语言教学的汉语教学必须重视书面语教学. 对外汉语研究，2007.
4. 赵金铭."说的汉语"与"看的汉语". 赵金铭主编. 汉语口语与书面语教学——2002 年国际汉语教学学术研讨会论文集. 北京：北京大学出版社，2004.
5. Bauman, R. (2006). Speech Genres in Cultural Practice. *Encyclopedia of Language & Linguistics* (Second Edition).
6. H, F. Y. (2014). The Effect of Cultural Background and Language Proficiency on the Use of Oral Communication Strategies by Second Language Learners of Chinese. *System*, Volume 45.
7. Moniz, H., Batista, F., Mata, A. I., & Trancoso, I. (2014). Speaking Style Effects in the Production of Disfluencies. *Speech Communication*, Volume 65.

67 口头报告的要求

实战问题

在小组报告中，如果出现分工不均的现象，比如有的学生报告内容过短、过于简单，有的学生报告内容太长、太复杂，教师该怎么处理？在你看来，一个好的口头报告应该具有下面哪些特征？

A. 是好学生的个人秀。
B. 要包含大量的词汇。
C. 要配合漂亮的多媒体展示。
D. 结构清晰，逻辑性强。
E. 语音正确，表述流利。
F. 是让别人理解和印象深刻的发言。

观点碰撞

蒋楠

口头报告我们是明确跟学生说不是整体给分，而是单独给分。给成绩时，我们除了关注语言、内容、结构等，更加注重学生运用所学的新知识（词语、结构等）及段落衔接能力。另外，还有最后两三分钟的 Q&A（生生互动，关注语义协商）。备注：我说的是在中级中文班。

鲍思冶

对于中小学生来说，能够站在前面讲一些中文就足够了。他们在准备的时候，其实进行了复习和学习，所以我也会让他们做一些项目。比如七年级的学生，我会让他们在读完《我的中文小故事》中的一本书以后，在全班做一个口头报告。孩子的创造力是很惊人的。其他学生或多或少也练习了听力。

张京京

教师在报告前、中、后的作用不可忽视。例如，报告前要明确时长和要求，告诉学生罗列一堆没学过的词并不好，要培养学生深入内化后有效利用和输出课堂所学语言知识的意识和策略。现在，PPT 等可以对口头报告进行有效辅助并适当添彩，便于使用图片等激活听众的背景知识，营造与话题和义场关联的气氛。

刘 弘

我常常会列出一些词汇和句型，要求学生在报告时尽量用。如果没有这个要求，学生一般不会主动去用。我认为比较难处理的是打分。有的学生报告内容很有意思，语言错误却很多，而有的人语言错误很少，内容却不太有趣，教师需要在布置任务时就把自己的评分标准告诉学生，做一些引导工作。做报告时，教师要注意控制时间。此外需要注意教室的设备情况，国内电脑一般都是 Windows 系统，而很多外国学生使用苹果电脑，由此会带来文件的兼容问题。此外，有的学生还习惯把文件放在网络硬盘上，但是国内网速不好，常常会打不开，影响了报告进度。教师在布置任务时需要把这些方面的要求都说清楚。

王 波

好的报告应该基本符合 DEF 三点。如果有很漂亮的 PPT 当然好，但不用硬性规定。在报告前一定要提出具体要求；生词量也不是越大越好，要训练学生尽量用学过的词来表达自己的意思；如果个别优秀的学生希望个人秀，我们乐见其成。

孙 岩

教学中采用小组合作学习的方式老师要注意把控，比如学生在分组活动时老师要逐组巡视，及时询问进展情况、分工情况等，及时处理发现的问题。另外，我觉得一个好的口头报告应该像 E 选项所说的，发言让别人理解和印象深刻。这是学生解决问题、完成任务能力的表现。

刘 悦

对于分组，教师必须要调控。学生自己分组很容易内向一组、外向一组。对于每个人口头报告的时间，教师应给出明确的指令：第一个介绍美国独立战争的时间、地点、双方，第二个简单介绍战争原因，第三个介绍战争结果。另外，教师可以适时他说“那 ×× 也来说一下”。如果教师早建立规范，学生就会早养成人人开口的好习惯。

理论广角

教师与小组学习

合作学习的开展主要是在学生小组内部，但是并不能因此而忽视教师在合作学习中的作用。学生的合作离不开教师的指导，离不开教师的引导，离不开有效的监控，也离不开教师的及时激励。合作学习中教师主要扮演以下几种角色：

角色一：指导者。尽管学习者是在和他们的同学进行协作学习，摆脱了对教师的依赖，但他们还是不能完全离开教师的指导。教师可能需要指导学生合作技巧，为学生有效合作搭建桥梁；或者当学生在合作中遇到困难、产生困惑或钻牛角尖时，教师需要及时介入，对其进行指导和点拨，帮助学生排除障碍、保证合作继续进行。

角色二：引导者。教师介入小组合作的现场，观察学生合作的情况，及时发现小组合作中出现的问题并予以引导。尤其对于小组中的弱势群体，教师应给予更多的关注。在大多数情况下，由于成绩较好或是性格外向的学生在小组中扮演着核心人物，使成绩较差或性格内向的学生失去了思考、发言、表现的机会，无形中被剥夺了学习的权利。这样就导致了合作学习中学生参与机会不均等的情况，学生之间并没有真正地合作，不利于全体学生的发展。教师可以运用目光、手势、甚至语言等来调动这些学生的积极性，使这些学生真正参与到合作学习活动中去。

角色三：监控者。由于缺乏合作经验，或者年龄小、自控能力差等原因，学生容易在合作时出现忘记合作目的、做与合作无关的事情等情况。在遇到这种情况时，教师需要及时纠正他们，再次强调合作任务和要求，并对学生需要努力的方向进行适当提醒。

角色四：激励者。学生的合作离不开激励。教师要关注小组内的每一名学生，注意及时赞赏每一位学生的成绩，哪怕是极其微小的进步，教师都应当给予肯定和表扬。

下面举例予以说明。教师为学生设计一个安排座次的讨论活动：中国某大学宴请来访的美国某大学客人，出席宴会的有：中方校长、副校长、外事处处长、经济系主任、校办公室主任、美方校长、校长夫人、外事处主任、中文系主任、翻译。各小组需讨论出一个座次安排方案并说明理由，最后由全班同学共同确定最佳方案。在这样一个小组学习活动中，教师首先是一个指导者，教师需要首先为学生介绍活动中所涉及的职衔、中国的餐桌座次安排文化和讨论中可能涉及的语法点；作为引导者，教师需要在学生进行讨论时密切注意各小组的情况，及时发现各组中发言机会不均等的情况，鼓励发言少的同学积极发言；学生在进行讨论时，可能会偏离安排座次的主题，甚至会用各自的语言开始闲聊，此时，教师必须及时维持讨论秩序，将学生的讨论带回正轨；最后，在各小组汇报完安排座次方案后，教师应对各组的表现进行评价与总结，指出学生语法、词汇错误，并对学生的表现做出积极评价，保持学生的学习积极性。

延伸阅读

1. 吕菊华．合理分组，有效合作．新课程（中），2011（8）.
2. 大卫·W·约翰逊，罗格·T·约翰逊，卡尔·A·史密斯著，刘春红等译．合作性学习的原理与技巧．北京：机械工业出版社，2004.
3. Boonkit, K. (2010). Enhancing the Development of Speaking Skills for Non-native Speakers of English. Procedia–Social and Behavioral Sciences, Volume 2, Issue 2.
4. George M. Jacobs, Michael A. Power著，杨宁，卢杨译. 合作学习的教师指南. 北京：中国轻工业出版社，2005.
5. Khan, N., & Ali, A. (2010). Improving the Speaking Ability in English: The Students' Perspective. Procedia–Social and Behavioral Sciences, Volume 2, Issue 2.
6. Stickler, U., & Shi, L. J. (2013). Supporting Chinese Speaking Skills Online. *System*, Volume 41, Issue 1.
7. Tavil, Z. M. (2010). Integrating Listening and Speaking Skills to Facilitate English Language Learners' Communicative Competence. Procedia–Social and Behavioral Sciences, Volume 9.

68 该不该触碰“雷区”？

实战问题

有的教师认为，国际汉语教学中有三个讨论的“雷区”——政治、宗教和个人隐私，这些问题通常不要在课堂上进行讨论，如果处理不当，会伤害师生之间或者学生之间的感情。你如何看待这一问题？如果你的学生在课堂上谈到中国政治和人权问题，并且就此说了一些比较片面或过激的话，你会怎么处理？

观点碰撞

政治和宗教问题可以探讨，隐私更需尊重

张晓明

我觉得这个要看具体情况。每个人都有自己的观点，如果愿意的话，各自分享未尝不可。只是要注意避免正面冲突。

隋桂滨

如果说对政治和宗教进行简单陈述或者列举一下可能存在的不同观点，未尝不可；个人隐私不太适合在课上谈及。

刘 弘

我个人认为教师不要主动讨论政治问题，除非那个话题是学生很想讨论的。宗教问题是不适合拿来讨论的。我自己教学中遇到一次学生讨论政治，不过不是中国的，而是美国的。当时班上大部分学生支持奥巴马，可是其中有两三个人支持罗姆尼。我忘了是什么原因，结果他们在上课的时候用中文辩论起来。我觉得这个非预设事件也还不错，所以就没有打断他们。跟文化的“雷区”比较起来，新教师可能更容易踩语言的“雷区”。

孙 岩

看学生情况。如果班级和谐，师生能互相理解尊重，这样的情况下偶遇“雷区”，师生可以交流，但不要把自己的观点强加于人，这样更能增进师生信任；如果班级中有爱挑衅的学生，则最好巧妙地转移话题，不进行争论。

宗教问题不可以探讨

鞠 慧

宗教问题无小事，我不认为宗教问题可以拿到课堂上探讨。这主要是因为我们大多数汉语教师对宗教了解不深，不知道“雷区”在哪儿。况且，无论是使用汉语还是使用学生母语谈宗教问题，都会有词不达意的情况。曾经发生过这样的事情，有汉语教师志愿者在课堂上讲嫦娥奔月的故事，将“嫦娥”翻译成“goddess”，结果遭到家长投诉其在课堂上给学生传教。

教师要注意积累，探讨时注意气氛，结合教学

高永安

我觉得有“雷区”。就是自己尽量不要去主动趟“雷”，但是不趟“雷”没得走了，还是得趟。关键是要有准备，就是对相关“雷区”问题平时要有思考，不打无准备之仗。其次是注意避免太过针锋相对，作为老师，可以主宰讨论的气氛。

宛在水中央

说来有趣，我最近教的是一批外交官，所以教学材料好多都是和人权、政治有关的。外交官都是美国人，会讨论到八国联军侵华（他们叫做“远征自救队”）和后来的朝鲜战争，等等。我觉得最重要的一点是你得先建立自己的历史观和政治观，如果本身有积淀更好，没有的话最好读几本入门书。另外，在讨论的时候，事实就是事实，自己的观点就是观点，跟学生说明。最后，我觉得如果学生主动提了，说明这是他的兴趣所在，可以好好利用，这是教学和文化上的双重机会。

理论广角

师生情感互动

课堂内外，师生之间必然有着广泛的联系，情感方面的交流互动也包括在内。师生关系概念有广义和狭义两层意义。陈桂生（1993）认为，广义的师生关系指师生之间由教育（教学）关系、社会（组织）关系及人际（心理）关系等不同层次的关系组成的动态系统。狭义的师生关系是指师生之间以教学为中介，以心理交往为基础的人际关系。情感是建立良好的师生关系的重要纽带，教师积极主动的情感投入是教学成功的先决条件。许多调查研究结果显示，学生对教师的情感直接影响他们对该门课的喜好程度，并最终影响学习的结果。

如何增强师生情感交流对汉语教师来说是一个重要挑战。首先，国际汉语教学中的师生关系需要强调师生交际的跨文化性。师生甚至生生之间有着不同的文化背景，汉语教师在营造师生关系时要注意不同文化间的差别。善于沟通的教师常常从“同”入手，设法引起学生感情上的共鸣。其次，教师应该营造融洽的课堂气氛，不宜过于拘谨、死板或严肃。在教与学之间建立起平等、和谐的关系，在师生之间注入情感的交流，知识的交流在感情的交流中进行，感情的交流又在知识的交流中加深。再次，师生之间坦诚、无拘无束的交往有利于调动学生的积极性。教师应当热情，具有同理心，多采用恰当的鼓励方式，提高学生的学习兴趣和自尊心，在课下多与学生沟通，建立信赖、理解类型的情感人际关系。比如，在指示代词的使用上，教师可多使用“我们”，而不是“你们”，将自己与学生视为共同体；在课上，教师可多结合学生的生活体验，采用“聊天式”学习法，缓解学生焦虑情绪；另外，每位教师都可以尝试成为一名“Smiling teacher”，微笑是没有国界的，一个温暖的微笑有时能在不经意间拉近与学生的距离。1988 年，美国总统教育奖获得者埃斯卡兰就把自己的教育哲学归结为“爱的微笑”，他认为这是自己多年来征服学生的诀窍。正如苏霍姆林斯基所说：“学校里的学习不是毫无热情地把知识从一个头脑装进另一个头脑，师生间都在进行心灵的接触”，相融的师生关系不仅能够使学生在轻松愉快中汲取知识的营养，更能在潜移默化中教给学生一种乐观向上的生活态度。

延伸阅读

1. 陈桂生. 略论师生关系问题. 教育科学，1993（3）.
2. 孙喜亭. 也谈教学中的师生关系. 教育理论与实践，2000（10）.
3. 张红蕴. 对外汉语教学中的师生关系研究. 云南师范大学学报（对外汉语教学与研究版），2008（6）.
4. 苏霍姆林斯基著，杜殿坤译. 给教师的建议. 北京：教育科学出版社，1984.
5. Aultman, L. P., Williams Johnson, M. R., & Schutzz, P. A. (2009). Boundary Dilemmas in Teacher-student Relationships: Struggling with "the Line". *Teaching and Teacher Education*, Volume 25, Issue 5.
6. Luckner, A. E., & Pianta, R.C. (2011). Teacher-student Interactions in Fifth Grade Classrooms: Relations with Children's Peer Behavior. *Journal of Applied Developmental Psychology*, Volume 32, Issue 5.
7. Pennings, H. J. M. et al. (2014). Real-time Teacher-student Interactions: A Dynamic Systems Approach. *Teaching and Teacher Education*, Volume 37.
8. Shortt, D. et al. (2012). Teaching, Morality, and Responsibility: A Structuralist Analysis of A Teachers' Code of Conduct. *Teaching and Teacher Education*, Volume 28, Issue 1.

69 任务型教学法知多少？

实战问题

在学习方位、地点的表达时，可以完成“我常去的地方”的任务，如下表。请从中总结出任务教学的程序和特点，并谈谈设计任务时应该注意什么。

任务前	（1）练习有关的方位词和句式，让学生意识到汉语方位语序的特征。 A（sb./sth.）在B（sb./sth.）的＋方位词 A（sb./sth.）＋方位词＋是B（sb./sth.） 某地（sw.）有sth. （2）让学生快速看一张北京地图（时间不超过三分钟），找出自己最常去四个地方；想一想这些地方的位置该如何表达，如“三里屯在北京的东边”“北海在天安门附近”“北京外国语大学在西三环的里面”等。
任务执行	（1）四个学生一组。 （2）每个学生根据地图上的位置，分别写出四个最常去的位置。 （3）组内学生交换所写内容，讨论自己和别人的记忆是否一致，写得是否清楚、准确。 （4）看看哪些是四个人都常去的，哪些是一个人常去的，准备向全班汇报。
任务后	（1）四个学生轮流向全班汇报。 （2）再次展示地图，看谁的记忆力最好，表达最准确。

选编自温晓虹（2008）

观点碰撞

曹芳

这样的方式非常好，教学目的很明确，特别是新老师，每次课前都应该做这样一张表，做到自己心里有数。听新老师们讲课总感觉一头雾水，不知道老师这课到底要讲什么，要让学生掌握什么。听起来老师不是要教学生，更像是老师在向学生显摆自己的汉语水平有多高。

曾薇

可以加上常用交通工具，增加实用性。

蒋楠

老师要想好是设计一个 rehearsal task 还是一个 activation task。可以看看 David Nunan 的《任务型语言教学》。

刘弘

教师先提供一个格式：

A：你常去哪儿？ B：我常去…… A：……在哪儿？ B：（说明位置）

教师发一张表，如下所示：

	我	同学 1	同学 2	同学 3
常去地方 1 名称 位置说明				
常去地方 2 名称 位置说明				
常去地方 3 名称 位置说明				
常去地方 4 名称 位置说明				

教师要求学生先填好自己的部分，然后利用已经给出的格式，小组内两两对话后，将对方的地点和相关位置说明填入相应的格子中（为便于填写，格子要适当大一点）。组内同学比较哪些地方是大家都常去的，哪些是只有一个人去的。或者全班讨论哪些地方是大家都常去的，排出留学生最常去的十大地点。（注：这个活动说明比较复杂，考虑到学生水平低，可能不明白，此时教师可以找一个水平比较高 / 较聪明的学生，跟他先模拟示范一下这个活动步骤，其他同学看看就明白要做什么了。）

孙岩

有经验的老师往往能提前预料到学生在表达时会出现的问题，因此设计任务时可以将针对性练习放在任务前环节，这样可以最大限度避免学生进行大量的错误练习。比如针对该语言点，学生经常会出现“北京的东边是三里屯”这样的问题，任务前环节就要进行针对性准备。如果有些问题没有提前预见到，那么在任务后环节就要重点指出，甚至进行补充性练习。总之，任务性教学也不能忽视语言准确性。

理论广角

任务型教学法

靳洪刚（2011）将“以任务为语言教学基本单位”列为现代语言教学十大原则之一。我们可以从学者给“任务”的定义中一窥任务型教学法，它是“一项要求学习者用目的语进行理解、处理、生成、互动的课堂作业。在此过程中，学生的注意力主要集中于语言的意义而非形式。此项作业应具有完整性，作为一项独立的交际行为自成一体（Nunan，1989）”。任务型教学法是在第二语言习得研究启示下提出的外语学习途径，是“交际法”的最新发展，它以具体的任务为学习动力和动机，以完成任务的过程为学习过程，以展示任务成果的方式来体现教学的成就。

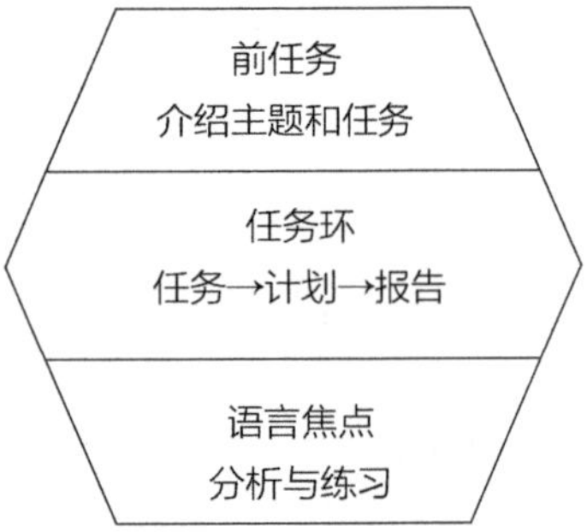

Willis，J（1996）提出了一个任务型教学的实施框架（如右图所示）。在他看来，该框架旨在为语言学习创造一个实质性的环境，以语言运用的流畅性、准确性、提高学习者语言知觉为目的。该框架的操作过程分为三个阶段：前任务、任务环和语言焦点。交际任务是该框架的中心。该任务或要学生语言表达，或者与口头或书面文本相关。一项任务通常要涉及听、说、读、写四项技能。学习者以完整体验语言的运用开始，以审视语言的自然特征结束。

前任务（pre-task）阶段主要介绍主题和任务，激活语言储备和文化知识储备，介绍有用的表达方式，帮助学生进行内容和语言方面的准备。任务环阶段包括：学生按照要求分步骤完成任务，并派代表向全班汇报任务完成的结果，报告前，小组成员应一起就如何报告结果进行准备。其他小组成员和教师可以对结果做简单的比较和评价。语言焦点阶段，包括分析和操练。教师引导学生有意识地关注在完成任务的过程中所接触材料里面的有关语言现象，在观察和探究的基础上，教师加以适当的归纳总结。例如，教师设计一项点菜任务，该任务所需的基本材料是一本菜单，场景是饭店，角色是顾客和服务员；具体操作步骤为：看菜单讨论、点菜、决定喝什么饮料、要什么点心；目标产品是做出一张点菜清单（每组一张）。在前任务阶段，教师可以通过展示图片形式带领学生熟悉菜单上的菜名并练习点菜需用的语言结构；在任务环阶段，学生四人一组按照规定步骤进行点菜练习，并在全班面前表演点菜环节，展示点菜清单；在语言焦点阶段，教师需对学生任务的完成进行评价，对学生的语法错误进行纠正讲解，并进行巩固练习。

延伸阅读

1. 靳洪刚．现代语言教学的十大原则．世界汉语教学，2011（1）.
2. 马箭飞．以"交际任务"为基础的汉语短期教学新模式．世界汉语教学，2000（4）.
3. 吴中伟，郭鹏．对外汉语任务型教学．北京：北京大学出版社，2009.
4. 赵雷．建立任务型对外汉语口语教学系统的思考．语言教学与研究，2008（3）.
5. Barkhuizen, G. (2014). Revisiting Narrative Frames: An Instrument for Investigating Language Teaching and Learning. *System*, Volume 47.
6. Hadley, G. (2013). Task-based Language Teaching from the Teachers' Perspective. *System*, Volume 41, Issue 1.
7. Hismanoglu, M., & Hismanoglu, S. (2011). Task-based Language Teaching: What Every EFL Teacher Should Do. Procedia–Social and Behavioral Sciences, Volume 15.
8. Kim, Y. J., & Tracy-Ventura, N. (2013). The Role of Task Repetition in L2 Performance Development: What Needs to Be Repeated During Task-based Interaction? *System*, Volume 41, Issue 3.
9. Lin, T.J. et al. (2014). Task-based Teaching Approaches of Chinese as a Foreign Language in Second Life Through Teachers' Perspectives. *Procedia Technology*, Volume 13.
10. Shabani, M.B., & Ghasemi, A. (2014). The Effect of Task-based Language Teaching (TBLT) and Content-based Language Teaching (CBLT) on the Iranian Intermediate ESP Learners' Reading Comprehension. Procedia–Social and Behavioral Sciences, Volume 98.
11. Willis, J. (1996). *A Framework for Task-based Learning*. London: Longman.

70 如何提高学生的开口率？

实战问题

如果你的班上有一名学生因为汉语水平较低而不喜欢开口，下面的做法是否恰当、有效？想一想，你还有什么方法？

A. 减少对这个学生提问的次数。
B. 发现他的兴趣点和特长，让他试着说说自己熟悉的内容。
C. 侧重问他擅长回答的问题。
D. 把他和水平高的学生分在一组共同完成交际任务。
E. 把他和善于合作的学生分在一组共同完成交际任务。
F. 让他多做一些朗读、造句、转述等比较容易的练习。
G. 经常对他微笑，注视他，鼓励他。

观点碰撞

王 惠

B、C、F 我看作一类方法，了解学生的兴趣点，也要了解他的实际汉语水平。这样就可以有针对性地让他回答问题，帮助他逐步提高，不要操之过急。外向型学生愿意跟其他成绩好的同学合作，其他同学也愿意接受他，比较适合 D、E。我试过将一个留级两年的学生跟班里最优秀的同学分在一组，并规定了每次报告这个学生的发言时间，他在其他同学的带动下踊跃地参与课堂，最后通过了考试（口语课）。G 是态度，教师可以通过微笑、言语鼓励学生参与课堂、开口说话。

王 璟

应该侧重问他擅长回答的问题，也可以用学过的词结合实际设置问题，让学生把这些问题总结成一小段话。

方杰

多组织两人一组的活动，每次都用不同的方法分组，比如按抽到的颜色、几何图形等来分组，然后每组都在全班面前表演。时间长了，学生就会有信心、有胆量主动发言了。

孙岩

除了 A 方法，我都会试一试，找到适合他的激励办法。我还会抓住恰当机会跟他私下交流一下，充分的了解有助于开展针对性的教学。

理论广角

提问的艺术

在国际汉语课堂中，提问是教师诊断学生学习状况，有效改进教学的主要方式，是师生交往、互动和对话的重要手段，提问的质量和方式非常重要。成功的问答练习可以帮助学生战胜胆怯、勇于开口，可以增进师生之间、学生与学生之间的语言交流、思想交流和情感交流。一般来说，教师需要注意围绕着一个或者几个主题开展提问，并且有意识地注意提问之间的衔接和过渡。叶立军（2013）提出，教师应从以下几个方面提升学生的参与度、提高学生的开口率：

（1）转换提问的角度，激发学生的学习兴趣。教师课堂提问不可机械死板，提问角度应灵活多样。如课堂引入时，教师可运用启发性提问；学生自学时，教师可应用疏导性提问；解答难题时，教师可采取归类性提问。转换提问角度，会使学生有新颖奇特之感，有利于提升学生思维的广度。

（2）适当提高问题的开放程度，提升学生的参与度。问题的开放程度直接关系着学生的课堂参与度。教师要全方位地了解提问对象，明白学生的已有知识、欲知知识，探索到与学生契合的思维衔接点，尽量改变问题的开放程度，弹性运用发散性问题。发散性问题可让学生自由发挥，教师应多给予正面鼓励。如教师在讲解“生病”一词时，给学生一个开放性的问题：“如果生病的话怎么办？”在这一问题的引导下，学生给出了“吃药”“休息”“看医生”等多种答案，接着，教师通过语码转换又提出一个封闭性问题：“go to hospital 怎么说？”从而增加了另一种回答“去医院”。教师的提问开放性和封闭性相结合，恰到好处，在学生已有知识和欲知知识中找到了一个思维衔接点，每个学生都可以回答。

（3）合理设置问题的台阶，降低问题的难度。课堂提问是一门艺术，提问必须适时、适度、恰到好处。课堂提问要由浅入深、层层递进、环环相扣，在教师提问的诱导下，尽可能地使学生达到最近发展区（ZPD），这样学生的知识和能力才能得到良好的拓展。同时，不同类型的提问应针对不同层次的学生，让每个学生都能体验到成功的乐趣，激发所有学生的学习积极性，从而提高开口率。

延伸阅读

1. 叶立军，彭金萍．课堂沉默现象的成因分析及其对策．教育理论与实践，2013（17）.
2. 赵雷．建立任务型对外汉语口语教学系统的思考．语言教学与研究，2008（3）.
3. Course, S. (2014). ELT Students' Use of Teacher Questions in Peer Teaching. Procedia–Social and Behavioral Sciences, Volume 158.
4. Tsui, A. B. M. (1996). *Reticence and Anxiety in Second Language Learning*. In K. M. Bailey and D. Nunan (eds.).
5. White, L. & P. Lightbown. (1984). Asking and Answering in ESL Classes. *Canadian Modern Language Review*.
6. Zhang, J., Anderson, R.C., & Kim, N. J. (2013). Language-rich Discussions for English Language Learners. International Journal of Educational Research, Volume 58.

71 词语讲解与纠错

实战问题

讲完“有的是”这个词语后，教师给学生布置了完成句子的练习，其中有一句是：“茶叶我有的是。”结果一个学生的回答是：“一个人喝了很多茶，茶叶我有的是。”试分析学生出现这个错误的原因，说说你打算怎样给他纠错。

观点碰撞

教师的错

姜梦霞

“有的是”在使用时前后分句有内在的逻辑，而我们母语者往往习而不察，可是说外语者一定要明白。出现这个错误可能是由于教师讲解不当。“有的是”表示“很多”的意思时有语用限制：（1）东西很多。（2）你可以放心地使用。（3）因为它“有的是”（有一种附带说明原因的意味）。而且它一般用于表示客套的场景中。

朱 勇

是的，老师可能只是交代了在表示“很多”意义的情况下可以使用，于是学生造句“一个人喝了很多茶”，但是由于老师未给出限制性条件，学生的句子错了。下面两个例句应该都可以：（1）这包茶叶你拿走吧，茶叶我有的是。（2）想喝什么茶，尽管说，茶叶我有的是。

蒋 楠

很多中高级的语法，难点并非在于词语或结构本身，而在于使用该语法点的前言后语。教师在讲解时更要给学生讲清这些必要的前提或“限制”。就像使用“连……都……，更别说，……”前面一定有前提，环环相扣。

姜梦霞

学生写出这样的句子，有可能是受到练习本身的影响。设计练习时应尽量给出上下文语境。如果练习不当，很可能会事倍功半。

Ywenli

这样的句子并不是简单独立的陈述句，老师们设计练习或例句的时候也许可以丰富一下语境，如果把这个句子看做对话 B，最好把对话 A 也给出来：“A：已经喝了您这么多好茶了，不喝了，不喝了！ B：哎呀，没事儿，您再喝点儿吧，茶叶我有的是！”这样或许可以提示一下使用条件。

教师要多积累

王 波

词语讲解是一个重要的教学环节。但不论教师在课前做了多么充分的准备，都会有没考虑到、解释得不够完备的地方。所以课上要用多种形式给出丰富的例句，随时纠正学生的错误。同时教师也要注意积累，及时把没有注意到的一些限制条件记录下来，积累经验。

发现式学习

孙 岩

我倒觉得学生出错不在于练习形式不当，该练习练的是如何使表达的意思更加完整。后半句给出了表示原因的信息，学生要补充相应的结果。练习成功的关键是学生明确“有的是”使用的条件和情境范围。因此，如果学生出错，老师可以试试给出更多例句，让学生明确使用条件和情境范围。

鞠 慧

在课堂上，我们常常使用的提问和练习方法是给出一定的情景或条件，让学生说出相应的表达。有时候，也可以倒过来，让学生自己去设想一下，在什么情况或条件下会说出该表达。这种做法有利于帮助学生结合自身的生活背景建立情景与表达之间的关联。

理论广角

教学失误

外语学习中造成偏误的原因是多方面的。在学习者方面，有母语干扰、学习者的学习策略、学习者对外语的态度等影响因素。在教材方面，教材的课文应该能够提供使用本课所教语言项目的典型环境、文化和语用信息，这样学习者才能从课文中吸收正确的语言知识，否则就会造成学习者理解上的失误和使用上的偏误。在教师方面，教学上的失误和误导也是诱发学生的偏误的主要原因之一，例如以下两个方面（鲁健骥，1992）：

（1）语言知识的讲解。讲解上的失误是多方面的，对课文的注释，语音、语法、词语的解释（包括外文释义），都可能出现不周全的地方，因而引起学生使用的偏误。常见的是照搬现成资料、缺乏针对性、缺乏特点、简单类比，以至不严密的讲解。新手教师解释词语时一般都只是接触了这个词的表面现象，而没有揭露出实质，例如把“反而”解释为“和所想的相反”或“表示跟上文意思相反或出乎预料和常情之外”，所以外国学生就会做出“他以为我不喜欢他，我反而很喜欢他”“我们都喜欢看电影，他反而不喜欢看电影”之类的句子。

（2）练习的设计。任何会导致学生对语言项目错误理解的练习都应该删掉。比如许多国际汉语教材中有把“被”字句、主动句与“把”字句互相变换的练习。而从“被”字句、主动句变为“把”字句的练习容易引起偏误。因为通过这种练习，学生有可能会认为用不用“把”都一样，又由于外文中没有相当于“把”字句的形式，学生便回避使用“把”字句。

延伸阅读

1. 崔永华，杨继洲．对外汉语课堂教学技巧（第二章“词汇教学技巧”）．北京：北京语言大学出版社，2011.
2. 李晓梦．英语口语错误分析及纠错策略．海外英语，2013（18）.
3. 刘清平．初级阶段口语教学中的纠错策略．暨南大学华文学院学报，2001（3）.
4. 鲁健骥．外国人学习汉语的词语偏误分析．语言教学与研究，1987（4）.
5. 鲁健骥．偏误分析与国际汉语教学．语言文字应用，1992（1）.

6. Ahangari, S., & Amirzadeh, S. (2011). Exploring the Teachers' Use of Spoken Corrective Feedback in Teaching Iranian EFL Learners at Different Levels of Proficiency. Procedia–Social and Behavioral Sciences, Volume 29.

7. Corder S. P. (1967). The Significance of Learners' Errors. *International Review of Applied Linguistics*.

8. Corder, S. P. (1982). *Error Analysis and Interlanguage* (2nd Ed.). Oxford: Oxford University Press.

9. Kamiya, N. (2015). The Effectiveness of Intensive and Extensive Recasts on L2 Acquisition for Implicit and Explicit Knowledge. *Linguistics and Education*, Volume 29.

10. Polio, C. (2012). The Relevance of Second Language Acquisition Theory to the Written Error Correction Debate. *Journal of Second Language* Writing, Volume 21, Issue 4.

11. Roothooft, H. (2014). The Relationship Between Adult EFL Teachers' Oral Feedback Practices and Their Beliefs. *System*, Volume 46.

12. Richards, J.C. (1973). Error Analysis Perspectives on Second Language Acquisition. Longman. Shintani, N., & Ellis, R. (2013). The Comparative Effect of Direct Written Corrective Feedback and Metalinguistic Explanation on Learners' Explicit and Implicit Knowledge of the English Indefinite Article. *Journal of Second Language Writing*, Volume 22, Issue 3.

72 有趣的课堂活动

实战问题

请以初级国际班的学生为教学对象，就“问路、找路”的情景设计一个课堂活动，要求活动能尽可能地激发学生的交际能力，并保证语言训练的效果。

观点碰撞

强调重点，抓住兴趣

蒋楠

“问路”是个比较容易实践的话题。我认为要注意以下几点：第一，可以给出重点词汇、句型；第二，一定要用真实的情景，如问从北京外国语大学到北京理工大学怎么走；第三，强调交际中的语义协商。

苏磊鑫

可以先练习必要的词语、句型，然后先从校园内部他们比较熟悉的场所练起，之后可以介绍学生感兴趣的名胜古迹或者购物、娱乐场所，以学校为起点问路。

朱勇

教师可以给出图片、简易地图等辅助教具，让学生能更好把握。也可以选用学校或附近的实际的地图，使任务更具真实性。

姜梦霞

目的地的选择可以因人而异，可以提供多种地点，比如“吃货”们肯定对询问美食地点感兴趣。

形式新颖，不拘一格

王颖华

教师根据问路这一课所学的地点生词，设计一个简易地图。将学生分成两组，采用竞赛的形式。一个组用所学句型向另一个组问路，被提问的组用接龙的形式回答，最后找对地方，被提问的组加一分，依次交替。最后将准备的剪纸或中国结等奖品奖励给获胜组。

杨翼瑄

在黑板上画出起始点和目的地，请一名同学来黑板前（要背对着黑板）手里拿一支笔画路线，其他同学在下面告诉他方向。这样一来，黑板前的同学练习了听力，下面的同学练习了口语。

loulou1l

设计一幅藏宝图，藏宝图上标注地名。几个组比赛，每个组中都有一个同学知道路线，其他组员来问他怎么走，根据他的描述标注路线，看哪一个组能最先找到藏宝地点。藏宝图上的地点可以有悬崖峡谷（考虑到是初级，教师应该先解释比较难的名词，或者用英文在旁边注释）等危险的地方，找错会有危险，这样玩起来会比较刺激。利用多媒体进行游戏效果会更好。教师可以设置奖品奖励优胜组。

钱 钦

分享两个用过的活动方案。学生用眼罩把眼睛蒙上：（1）走迷宫：打印一张 A3 大小的大迷宫图片，贴在黑板上。两个学生为一组，一人蒙眼，手里拿个橡皮在迷宫上前进；另一人指引，告诉蒙眼人“左拐、右拐、后退、直走”等指令。可以两组学生比赛，看哪一组更快走出迷宫。（2）蒙眼找乒乓球。一人蒙眼听指令，问“乒乓球在哪里？”另一人发令，说“在篮子里面、在篮子左边、在篮子外面”“往前走、往后退”等。因为乒乓球会滚来滚去，老师也可以去捣乱，移动球的位置，所以发令人要不停变换句子，蒙眼人要很认真地听，并不停地摸索。这两个游戏能活跃课堂气氛，学生们都很喜欢。

孙 岩

两人一组进行信息差活动。一人的地图上有五个地点已标出，另一人地图上的五个地点只有名称但未在图上标出，两人的地图正好互补，让他们通过互相提问来找到相应的地点并在地图上标出。

新手教师的误区

鞠 慧

我观摩过一些新手教师就这个主题开展的试讲课，我认为这个教学活动看似简单，但实际上并不容易操作得当。普遍存在的问题是：（1）有些教师利用教室的座位、走道和学生的位置设计问路活动，但学生对教室里的方位很混乱，分不清东西南北，更别说第几个路口了。（2）有些教师精心设计了地图，但地图也存在方位混乱、指示不清的情况，且地图的实际利用效率不高，教师不能想出有效的办法带动学生一起在地图上“行走”。（3）有些教师在这个活动中练习的语言点过多、过杂，学生训练的语言目标不集中，导致活动的形式大于内容。

理论广角

合作学习

课堂活动是课堂教学中的重要组成部分，是在特定的语言游戏或任务式活动中帮助学习者掌握语言的重要方式。合理设计和良好展开的课堂活动中，学习者之间会进行有趣而有效的合作学习。

合作学习是一种主要的课堂活动组织形式，它包括同伴互助合作学习、小组合作学习、全员合作教学三种主要形式。靳洪刚（2011）将“合作学习”列为现代汉语教学的重要原则之一。合作学习是教育学理论早已认可的教学方法，建构主义学习理论、Piaget（1952）认知发展理论及 Vygotsky（1978）认知改变理论都提倡合作学习的教育方法。这种方法利用学习的社会性，强调教师要鼓励学生进行合作，让学生在互动合作中发现、理解复杂的现象及概念，让学习者在小组示范的过程中确定自己的理解程度，联系不同领域的知识，接受同伴的建议及批评。合作学习的研究和第二语言研究的成果都已证实，以学生为中心的合作学习对知识的长期记忆具有正面效果。

合作学习多数是由四人或两人一组共同完成。语言活动往往以任务为基础，以小组为单位在课上或课下完成。合作学习的关键是活动目标要明确，条件能引起互动，程序要清楚，而且要有具体的任务结果。常用的语言活动有四类，分别是角色扮演类（例如：角色扮演、模拟、采访、演剧），信息交换类（例如：脑力激荡、信息断层、信息拼凑、寻找差异），问题讨论类（例如：解决问题与决策、讨论 / 意见交换、看图讨论、分组辩论）以及其他类（例如：语言游戏、课题、探宝、当地探索）。

延伸阅读

1. 海伦娜·柯顿，卡罗尔·安·达尔伯格. 语言与儿童（第四版）（第四章“关注人际沟通：同伴合作与小组活动”）. 北京：外语教学与研究出版社，2011.
2. 靳洪刚. 现代汉语教学的十大原则. 世界汉语教学，2011（1）.
3. 孙德坤. 关于开展课堂教学活动研究的一些设想. 世界汉语教学，1992（2）.
4. 王艳. 对学生和教师关于课堂教学活动看法的调查与分析. 国外外语教学，2004（3）.
5. 杨惠元. 论教学有法而无定法. 语言教学与研究，1996（3）.
6. Abrams, Z. I. (2014). Using Film to Provide A Context for Teaching L2 Pragmatics. *System*, Volume 46.
7. Kagan, S. & M. Kagan. (2009). *Kagan Cooperative Learning*. San Clemente, CA: Kagan publishing.
8. Nunan, D. (1988). *The Learner-Centered Curriculum*. Cambridge: Cambridge University Press.
9. Twiner, A., Littleton, K., Coffin, C., & Whitelock, D. (2014). Meaning Making as An Interactional Accomplishment: A Temporal Analysis of Intentionality and Improvisation in Classroom Dialogue. International Journal of Educational Research.

73 如何处理阅读课上的生词？

实战问题

对于阅读课上生词的讲解，不同的教师有不同的观点和做法。你觉得以下哪些观点和做法可取？哪些不可取？为什么？

A. 讲解生词是精读课的事，在阅读课上遇到生词只需让学生知道意思就可以了。
B. 用造句、复述等方法使学生学会使用所有的生词。
C. 训练学生根据语境猜测词义的能力。
D. 使用评价性练习，让学生在词汇学习中发表自己的看法。
E. 提示学生有选择性地记忆生词。
F. 对每个词平均用力，都精讲细练。
G. 做一些联想练习，比如找同类 / 非同类词、近义词 / 反义词等，以语义场的方式呈现词汇之间的联系。

观点碰撞

平均用力还是“避重就轻”？

朱 勇

阅读课的生词的处理方式，跟精读课应该有所不同。处理生词前有必要划分“积极性词汇”和“消极性词汇”，前者可以多举例子、适当操练（但阅读课不同于精读课，不要花太多时间），后者简单讲明白就行。

蒋 楠

我认为阅读课有两大目的：一是培养阅读技巧，二是扩大词汇量。阅读课处理生词的方法有别于精读课，对于生词要突出重点，但不必面面俱到。可引领学生通过上下文猜测词义，也可针对一个生词，将其与以前学过的词进行串联讲解、记忆。阅读材料要与时俱进，教师还要做出适当调整。

刘潜楠

我最不赞成 F“对每个词平均用力，都精讲细练”，庞杂的词汇量会增加学生学习的难度，产生厌学情绪。词汇讲解在阅读课中必须有所侧重，如果平均用力将分不清楚重难点，学生学习效果也不好。赞成 C、D、G，这些方法可以引起学生的兴趣与思考，记忆效果反而更好。

姜梦霞

根据学英语的经验，阅读遇到生词时学生会有强烈的求知欲，特别是当它影响理解的时候。可是如果老师没有选择性地精讲每个生词，就会增加学生的记忆压力，效果反而不好。

王 波

和汉语综合课、口语课相比，阅读课教学有一定难度，学生容易产生厌倦情绪。中高级阅读词汇量非常大，在复习时教师最好划分出重点词和非重点词，区别对待，这样可以减轻学生的负担。

孙 岩

我觉得E和G两种做法都很可取，提示学生有选择地记忆生词，学生心理上会觉得有重点，不必在所有生词上平均用力，有助于改善记忆效果；联想性的练习可以建立词汇间的联系，也是帮助学生学习词汇的好办法。

猜测词义，跨越障碍

陶 冶

教师可以采取多样化的授词方法，选择语境相对明确的词，引导学生大胆猜测生词的意思，再归纳总结用法，最后回到课文语境中。训练学生利用语境猜测生词是学习生词的好方法，能锻炼学生的理解能力。

朱 勇

猜词有利有弊。水平越高，策略依赖越低，词汇量、背景知识是流畅阅读的利器。

方杰

先不讲生词，让学生在阅读的过程中也不要查字典，根据上下文的语境来猜词，这也是一种技能的培养。等练习做完之后，可以进行简要的生词讲解，并让学生课下查字典，扩大词汇量。

理论广角

阅读与词汇学习

词汇学习是阅读教学的重要目标之一。一般把学习者的词汇分成两种（刘颂浩，1999）：接受性词汇（又称“被动词汇”）和使用性词汇（又称“主动词汇”）。对于接受性词汇，学习者见到时能辨认出来，也知道意思，但是不会使用；使用性词汇则不仅能辨认，而且能自由运用。阅读课上积累的词汇，应是接受性的。词汇教学的要求是使学生在词形与意义之间建立联系。能灵活运用固然好，但“会用”不能作为阅读课词汇学习的标准。阅读课词汇教学与精读、口语等课最重要的区别在于：阅读课上增加词汇量，应该指数量而不是质量。学习者关于这些词汇的知识会随着进一步的学习而增加，但那已是阅读课之外的事了。

阅读课词汇练习的方法有：辨认、联想、搭配、评价、总结练习。下面我们重点介绍“辨认练习”（刘颂浩，1999）。“辨认练习”包括字形辨认、字音辨认和意义辨认，其中最主要的是意义辨认。根据语境猜测词义是意义辨认的一种，比如《汉语阅读技能训练教程》中的一个练习：他的话使我感到十分惶惑，不知怎样做才好。

（1）盛大　（2）心里觉得害怕不安　（3）一种虫　（4）走来走去

当阅读材料的语境信息清晰、明确，线索充分、丰富，词义也较透明时，教师可以鼓励学生利用语境和语素猜测生词的意思。或鼓励学生建立假设，继续阅读，在更大的语境中验证自己的假设，这样有助于养成良好的阅读习惯。通过语境习得词汇是一个缓慢的、渐进的过程，但这种习得是生动而又不容易忘记的，一定程度上有助于学生词汇量的积累和对词义的扩展延伸。学生具备在一定条件下猜词的能力，阅读时就能更好地跳跃障碍，充分调动已有的词汇和语法知识，提高阅读速度和理解能力。但是不能夸大猜测的作用，因为即使是训练有素的猜测，也不能代替精确的解码。猜测词义和使用词典并非互不兼容。可以通过猜测获得一个大概的印象，然后利用词典对猜测结果进行验证。

延伸阅读

1. 江新. 词汇习得研究及其在教学上的意义. 语言教学与研究，1998（3）.
2. 刘颂浩. 阅读课上的词汇训练. 世界汉语教学，1999（4）.
3. Meara, P. (2009). *Connected Words: Word Associations and Second Language Vocabulary Acquisition*. Amsterdan: John Benjamins Publishing Company.
4. Nagy, W. E., Herman, P. A. & Anderson, R. C. (1985). Learning Words from Context. Reading Research Quarterly, 20.
5. Nagy, W. E., Anderson, R. C. & Herman, P. A. (1987). Learning Word Meaning from Context During Normal Reading. *American Educational Research Journal*, 24.
6. Nation, L. S. P. (2001). *Learning Vocabulary in Another Language*.Chapter 5: Vocabulary and Reading. Cambridge: Cambridge University Press.
7. Yang, J. F., McCandliss, B. D., Shu, H., Zevin, J. D. (2009). Simulating Language-Specific and Language-General Effects in A Statistical Learning Model of Chinese Reading. *Journal of Memory and Language*, Volume 61, Issue 2.

74 怎样解释阅读中的难词?

实战问题

在国际汉语教学中，教师在解释词语或者句子意思的时候，往往习惯用学习者的母语进行翻译，认为目的语跟母语对译是最直接的方法。然而，汉语中的很多词汇在其他语言中很难找到十分准确的对译，越难的词汇越是如此。如果在教授母语为英语的学习者时，学生不断要求把一些较难的词汇翻译成英语，你会怎么处理?

A. 查词典，尽量每个词都给出合适的英文翻译。
B. 不给翻译，让学生自己猜每个词的意思。
C. 让学生遇到生词时自己查词典。
D. 把难词标出来，给出生词和拼音，让学生预习时根据文章自己写出他们认为最合适的英文解释。
E. 其他________________________________

观点碰撞

如何运用翻译法?

蒋楠

翻译是最简单快速的办法，能直接翻译的直接翻译即可。关键是要找到不会误导学生的翻译。当然，很多词并不是直接翻译就可以的，因此只能将其作为一种辅助的学习手段。翻译时需要根据语境进行解释，还可以给出大量准确的例句进行补充、强化。

王惠

如果是词或一句话，可以先尝试用简单的汉语进行解释。这需要老师了解学生的已有词汇量，并能用简单汉语解释词语。如果是阅读文章，可以翻译重点词语、句子，也可以让学生小组分工合作完成。

王 波

对英汉翻译的要求大都发生在初级阶段，学习者对汉语表达还不太自信，需要翻译成英语来确认。初级阶段汉语词汇的意思一般比较简单，直接翻译比较快捷有效，教师应该具备用英语准确解释词义的能力。翻译之后还需要用一些例句或者练习强化这个词的用法。

怎么查生词？

朱老师要学习了

A“查词典，尽量每个词都给出合适的英文翻译”会使学生产生依赖性，且不利于对文章的整体把握。B“不给翻译，让学生自己猜每个词的意思”，如果放在课下，虽然会提高学生主动性，但因为没有指导，可能会使学生记住错误的义项；如果放在课上进行，可能会拖延教学进度。所以A、B都不完全正确，应该综合运用。

曹 芳

我有个学生特别喜欢查词典，查了之后还要把所有意思都看一遍。他说自己记忆力不好，查了之后存起来，有时间就看，有助于加深记忆。但我不赞成过度查词典，因为会有依赖性。遇到生词我会尽量用汉语解释，然后给出几个例句，帮助理解。一次课查两、三次词典，让学生确认自己猜得对不对。如果是常用词，学习过程中会反复出现，自然能记住。

朱 勇

查词典对词汇的加工一般比猜词的加工要深、要准确。适度查词典是可以鼓励的行为，但是不能过于频繁。尤其是在阅读中，不是查的次数越多越好，否则会“只见树木，不见森林”。要学会区分关键词和非关键词。查词典次数要适当，查那些“关键词”即可，非关键词可以通过猜测等其他方式解决。

孟嘉君

关于D选项所述的“标难词、写解释”则是对教学进行有效预设，指向性较明确，有利于更好地把握课堂重难点、实施教学计划，也能培养学生的猜词能力。但教师要检查、纠正学生的解释，避免学生找错了义项，加深对错误义项的记忆。

阅读中的伴随性词汇习得及其影响因素

阅读中的伴随性词汇习得是指人们在阅读过程中的一种不经意的间接学习。在此过程中，个体的注意力主要集中在有关信息而不是语言知识上，对词汇的掌握是自然的、渐进的。钱旭菁（2003）在实验的基础上，提出阅读能使学生学会一些本来不知道的词语。伴随学习和学生的语言水平、词汇量有关，语言水平高的学生猜测词义能力较强。词语猜测依靠的主要是语境，周围词的知识对目标词的猜测很重要。朱勇、崔华山（2005）进一步提出语境线索的丰富程度对词语学习的影响。直接语境线索、间接语境线索以及无语境线索对词语猜测的影响并不相同，难度依次递增。例如课文中的句子："如果闪电式地从卧位变坐位，突然下床活动，常常会跌倒。"被调查留学生大都可以直接从文中抽取答案，用"突然/突然活动"解释"闪电式"，用"倒"解释"跌"。同时还发现，语境线索在后面的目标词比语境线索在前面的目标词更容易猜测；但是语境也可能存在一定的消极作用。学生很难完全从文章的上下文中正确地推出词语的确切含义，甚至有可能受语境的误导。比如一个学生在阅读句子"因为这时人的思维处于朦胧状态，不能清楚地思考，而且血液黏稠，脑部急性缺氧缺血，容易跌倒"前，对"朦胧"的解释是"脑子比较糊里糊涂的"，基本上正确；但是阅读后，他认为"朦胧"是"醒来、脑子醒来"的意思，明显是受到语境误导。

边注、查词典等输入调整能帮助留学生在阅读中获得可懂输入，对留学生的伴随性词汇习得起到一定的积极作用。这些输入调整方式各有优缺点：边注的优点是能增强阅读信心，保证输入的正确性，阅读停顿时间短有助于理解全文，灵活（其注释用词的难度可以根据读者的水平或读物的等级来定）；缺点是加工浅。查词典的优点是能促进词汇加工深度，培养学生的自学能力；缺点是费时，停顿过多不易从整体上把握文章等。猜测比边注和查词典的要求高，需要一定的策略。在伴随学习中这些输入调整方式各有其用，要根据自身情况灵活运用（朱勇，2004）。

延伸阅读

1. 干红梅. 上下文语境对汉语阅读中词汇学习的影响——一项基于自然阅读的调查报告. 语言教学与研究，2011（3）.
2. 李珠. 关于初级阶段综合课的词语教学. 世界汉语教学，1998（3）.
3. 钱旭菁. 汉语阅读中的伴随性词汇学习研究. 北京大学学报（哲学社会科学版），2003（4）.
4. 朱勇. 边注和查词典等输入调整对留学生伴随性词汇学习的作用. 世界汉语教学，2004（4）.
5. 朱勇，崔华山. 汉语阅读中的伴随性词汇学习再探. 暨南大学华文学院学报，2005（2）.
6. Fraser. C.A.（1999）. Lexical Processing Strategy Use and Vocabulary Learning Through Reading. *Studies in Second Language Acquisition*.
7. Gass, S.（1999）. Discussion: Incidental Vocabulary Learning. *Studies in Second Language Acquisition*.
8. Ghanbaria, M., & Marzbanb, A. (2014). Effect of Extensive Reading on Incidental Vocabulary Retention. Procedia-Social and Behavioral Sciences, 116.
9. Hiebert, E.H., Kamil, M. L. (2005). Teaching and Learning Vocabulary: Bring Research to Practice. Abingdon: Routledge.
10. Takac, V. P. (2008). *Vocabulary Learning Strategies and Foreign Language Acquisition*. Bristol: Multilingual Matters, Ltd.

75 写作课怎么教？

实战问题

不同教师对写作课教学的观点不同。下面哪些观点是合理的？哪些不合理？说说你的理由。

A. 写作教学的首要任务是培养学生用汉语思考、表达的习惯，教师应该保护学生写作的积极性，在教学中尽量少给学生施加压力。因此作文写完后，教师不需要纠错和评改。

B. 在写作过程中，学生是主体，因此在写作课上教师不应该限定题目，应该让学生根据自己的兴趣自拟题目。

C. 在写作之前不必列出写作提纲。

D. 教师改完作文发给学生就完成任务了。

E. 写作之前不需要学生查找资料或进行小组讨论，教师只要准备一些材料就可以了。

F. 在电脑上写作有利于学生反复修改作文。

G. 学生写得越多，越有利于提高写作能力。

H. 提供范文是对学生写作表达的禁锢，所以在写作中不宜规定某些词汇、固定表达和句法。

I. 教师要不参与或少参与批改，应让学生互相批阅、互相修改。

观点碰撞

不同阶段的不同任务和方法

蒋 楠

不同级别会有不同的写作任务，目标与要求也不尽相同。案例中的几个选项都不完全正确。针对中级水平的学生，写作课上我会列出重点词汇和句型，一开始还会把整个文章的框架搭好。因为写作不但要注重选词用句，而且还要关注语段层面的衔接。

朱玺

写作还是得力求规范。除非学生已经到了“下笔如有神”的程度，在写作前教师有必要先“画个圈”“立个框”。同时还应鼓励学生在给出的词汇、句型之外，使用自己知道的新词语。

苏磊鑫

写作课的练习形式可以多样化。初级班的学生我们先从练习写长句子开始，然后练习简单的应用文，比如电话留言、请假条、房屋求租广告、贺年卡等。这样不仅能使内容生动有趣，还能循序渐进培养学生的写作技能，让学生在实用中获得成就感。

孙岩

学生在写作时常常会想得太复杂，但是汉语水平又达不到思维的水平，词汇、语法、篇章组织等各种难点聚在一起时，学生往往哪一方面都做不好。所以，老师给出写作提纲、给出相关词汇的“立框”做法很有实际效果。随着学生水平的慢慢提高，这些“框框”也就可以慢慢解除了。

他山之石

刘弘

写作题目的设计需要考虑，我看国内教材常常就只给一个题目，然后规定写多少字。少数教材会有一些词汇和句型的要求。其实学生还需要多方面的帮助。美国出版的高级汉语教材《文化纵横观》（*The Routledge Advanced Chinese Multimedia Course: Crossing Cultural Boundaries*）中的写作练习指导很有特色：先对这个题目的背景加以介绍，然后提出一些可供思考的问题（相当于给出写作的思路），然后列出可供使用的词汇和句型。这种写作题目的设计值得国内教材学习。

作文评改及展示

苏磊鑫

批改写作练习之后需要做一次小型讨论，我一般会把学生比较出彩的句子放在 PPT 中展示，不标姓名。一来同学们更踊跃使用新词，二来鼓励了作者。我也会把一些常见错误记录到PPT中，同样也不标名，统一纠正。

王 波

评改作文是一个非常重要的环节，教师要展示优秀作文，并就学生作文中存在的问题进行讨论、更正。比如生词和语法点的错误、文章结构、篇章衔接、标点符号等问题。有时可以让学生互相修改，但不要每次都这样。学生写一篇作文要花比较多的心思，非常希望看到老师对自己的评价，因此教师的评语要具体、诚恳，不要泛泛而谈。

是否提供范文和限制话题？

王 惠

提供范文不一定会禁锢学生的写作表达。例如针对中、高级水平的写作，可以选择一两篇中上水平的范文进行展示，并组织大家一起讨论，推荐一些好句式、好句子让学生记忆并在写作练习中有意识地运用。也可以在学生作文后讲评，使学生知道差距。

刘潜楠

可以分限定题目和给定话题两种。在写作训练的时候应该给出相应的题目和专题来训练学生的专题写作能力，因为如果让学生自己选择，他们可能会不知道写什么。相信上过中文、英文写作课的朋友都深有体会。

打字还是手写？

刘潜楠

写作应在纸上，这样经过反复修改可以看到批改痕迹，见证自己的进步。

佟 叶

我不太赞同在电脑上写作，虽然这在一定程度上有利于修改，但修改后不便于进行前后对比。对于那些用QQ聊天打字都有困难的学生，用电脑进行写作实在是太难了。此外，鼓励学生手写还可以锻炼他们书写汉字的能力。

刘弘

我一般都是让学生打字，写在 word 里，用邮件发给我。我在电脑上改完，再发回给学生。有时候学生看不懂老师手写的字，所以打字就没有这个问题。其实我感觉学生是喜欢打字的，以前我要求学生手写作文，就发现有的学生是先打字然后再照着电脑手抄一遍。

刘悦

廖建玲老师在课堂上和我们讨论过这个话题。她给我们介绍了传统写作之外的网络时代的写作：（1）网络聊天：网络聊天具有即时性的特点，如果回复速度慢，回复内容语法问题多、信息量少，很有可能让网络聊天无法进行，对方失去与之聊天的兴趣。鉴于此，可以设置话题讨论（你怎么看中国的独生子女政策），做决定（周末我们去哪里、吃什么）这样的写作任务。大家可以在同一个聊天群里面，就此话题进行文本讨论。（2）博客：网络博客也具有开放性的特点，每个人都可以来看，可以在评论区域进行修改。（3）微博：简短文本可以使用的平台，转发者可纠正其语法错误，同样具有开放性。（4）发朋友圈，写配图小日记，大家来点赞。

理论广角

过 程 写 作

第二语言写作教学的方法主要有控制法、自由写作法、语段形式法、过程法、任务法等，这些教学理念对汉语写作教学有着重要的借鉴意义。其中，过程法写作教学是近年来研讨的焦点，下面予以简要介绍（杨俐，2004）：

过程写作（Process Writing）是近年来受交际语言教学理论的影响，盛行于西方教育系（从中小学的母语教学到高等院校的第二语言教学）写作课程的一种教学方法。注重过程的引导，让学生对语言运用和文章结构进行一些反复思考、修改，是写作教学的主旨。它关注的不是横向比较后个人成绩的高低，而是每个人写作的进步过程。常见的过程写作教学内容以叙议结合的命题作文、非命题作文（如话题作文、语料作文等）以及应用文为主。其他还包括一些不定期的自由写作、课堂日记、语篇和句式练习等。

在过程写作中，一篇作文的写作大致可分为三个阶段：准备阶段、起草阶段和修改阶段。（1）准备阶段。要选择学生熟悉的话题，提出写作构想，列出思路图或提纲，并收集相关词语及写作资料。（2）起草阶段。教师带领学生揣摩、借鉴范文。落实对作文的反复修改，鼓励在草拟时着眼于文章整体架构和内容的表达，不要专注于语言的准确性，应重视学生之间的点评和互鉴。（3）修改整理阶段，教师对语法、用词进行批改。作文的评语也由建设性的改为评判性的。把写作作为一个过程来指导，充分利用了书面表达可以不断进行修改的优势，使得语言表达更加准确、完美。

下面列举一个国际汉语写作教学实践中运用“过程法”的实例（罗青松，2002）。

作文训练项目：介绍自己喜欢的一本书。

（1）小组活动，提出自己的喜好；鼓励学生在黑板上写书名，以及可以用来描述这本书的词语。

（2）给一定的词汇范围，让学生接触一些语言材料；也可以采取讨论的形式，大家互相提示，说出一些与表达主题相关的词语或句子。

（3）要求写出提纲，至少包括喜欢这本书的三点理由以及作者简介、主要内容等。

（4）教师在课堂上总结一些有利于做语篇衔接的连接成分或典型的句型，例如：我之所以对这部作品感兴趣，是因为……；有以下几点理由：一是……，二是……；总而言之，我对这部作品的评价是……

（5）学生写初稿。班上同学传看，要求书面提出好的语句和有问题的地方，修改意见或看后的感受。教师可以设计、制作一份评价作文的表格，让学生填写。

（6）教师整理大家的意见，反馈给作者本人。学生针对教师的反馈，从行文结构到语法、汉字对文章进行全面的修改。

可以在班级出一期专题作文的墙报，如“读书园地”，发表每个人的文章。

延伸阅读

1. 蔡永强．关于汉语过程写作教学的几点思考．海外华文教育．2009（2）．

2. 陈立平．从阅读与写作的关系看写作教学中的范文教学．外语与外语教学，2001（4）．

3. 刘弘．国内外二语写作研究现状与特点的比较研究．云南师范大学学报（对外汉语教学与研究版），2012（3）.
4. 罗青松．对外汉语写作教学研究．北京：中国社会科学出版社，2002.
5. 罗青松．对外汉语写作教学研究述评．语言教学与研究，2011（3）.
6. 杨俐．过程写作的实践与理论．世界汉语教学，2004（1）.
7. Byrd, D. R. (2010). Framing, Reflecting on and Attending to A Rationale of Teaching of Writing in the Second Language Classroom via Journaling: A Case Study. *System*, Volume 38, Issue 2.
8. de Oliveira, L. C., & Lan, S. W. (2014). Writing Science in An Upper Elementary classroom: A Genre-based Approach to Teaching English Language Learners. *Journal of Second Language Writing*, Volume 25.

76 怎样设计写作任务？

实战问题

在设计写作任务时，下面哪些方法是值得借鉴的？

A. 与其他教师交换意见，确定学生感兴趣的写作题目。
B. 设计一份任务问卷，让学生按照感兴趣的程度排出顺序。
C. 提供阅读材料让学生写读后感。
D. 提供图片让学生写故事。
E. 让学生续写故事。
F. 提供寓言让学生写生活中类似的事。

观点碰撞

选择学生感兴趣的题目

佟叶

确定学生感兴趣的题目很重要，A、B 可以结合，以学生情况为主体并借鉴教师的教学实践经验。

孙岩

如果不是专门的写作课，我觉得写作的内容一定要跟学生正在学习的话题、内容有关系。学生的兴趣很重要，学生能驾驭的内容也要考虑到，而且精读课上的写作也是为了巩固所学的东西，就某一话题练习写作；至于形式则可以参考清单中的例子。

苏磊鑫

不一定每次布置写作题目全班都写一样的，可以多几个话题让学生自选。

朱 勇

清单上的方法都有可取之处，只有 B 排序的做法似无必要，问卷中的排序有时候随意性较大。可以换一种方式，从一颗星到五颗星，让学生选择，教师根据情况来选用。

孟嘉君

有交际价值的写作容易使学生产生兴趣。教师应该重视应用文的写作训练，例如：请假条、留言条、家信、求职信等。它实用性强，能提高学生学习写作的兴趣，反过来，又可以让学生在实际使用中提高汉语写作能力。

佟 叶

至于让学生写什么，我觉得最重要的还是激发学生的兴趣。学生乐于写很重要。其实读书时我很讨厌写读后感，可 C“提供阅读材料让学生写读后感”也能在某种程度上反映出学生对阅读材料的理解程度，是对阅读的升华，可以跟阅读课教学结合。

写作任务以学生为中心

朱 勇

选用这些方法时需要适当考虑学生的水平，因为任务难度有差异，比如E的难度要高于D，C 的难度一般高于 F。

鲍思冶

清单上的方法都可以用。关键是老师要了解自己的学生，做到以学生为中心，然后再根据学生的实际情况从中选取适合学生的写作任务。

蒋 楠

初级我更喜欢让学生完成一些直观的看图写作的任务。中、高级可以进行 E、F 等练习，外国学生的想象力是相当丰富的。写作练习前，教师仍需注意列出重点词汇、句型。

曾 薇

还可以根据学生最近学习的文章类型给出相应的写作练习要求。例如中学二年级学习过新闻报道、说明文等，课后可以让学生们练习写最近一次学校活动报道，或者当地特色建筑、服装、节日的说明。写作之前提示学生必须按照特定文体写作，可以给出范文以便复习写作要点。

刘 弘

一般我都是结合课文的内容来设计写作题目的。

关于缩写法

刘颂浩

缩写在国际汉语教学中还很少使用，但是很有前途。缩写是写作练习的好方法，表现在：（1）缩写原文为学生提供模仿的范本；（2）缩写可锻炼学生抓住重点、简明扼要地进行表达的能力；（3）缩写可锻炼学生的总结概括能力，帮助学生进行文本重建；（4）缩写、读写结合的形式，在语言训练方面有无可取代的优势。

理论广角

写长法与写作教学

写长法是以写的方式促进外语学习的方法。它以设计激发写作冲动的任务为教学重点，在一定的学习阶段，顺应外语学习规律，通过调节作文长度要求，逐步加大写作量，使学生在表达真情实感的过程中，冲破外语学习的极限，由此增强学习成就感，提高自信心，将外语知识加速打造成外语运用能力。

写长法要求教师把教学的重点由精批细改转移到设计好任务上来，在任务设计上下足工夫，提供一个操练外语的平台，让学生愿意写、能够写、写得长，由此拓展外语能力。所以教师在设计写作任务时需注意（王初明，2005）：（1）教师可以集体备课、集思广益，每人事先想出一些写作任务，备课时交换意见、互相启发、甄别筛选，确定学生愿意写且有内容可写的任务。（2）随时了解哪些任务能使学生写长并喜欢写。任务要经常翻新、极力避免枯燥、形式单一。（3）任务可以采用以下一些方式：教师提供话题让学生自己命题，或教师提供读物学生抒发读后感，或教师提供图片学生写出图片中的故事，或提供一篇寓言故事让学生写现实生活中的类似现象，或让学生就某一有争议的问题收集和整理素材后再写，或要求学生参观某地写观后感等。

除了设计好任务之外，合理的教学安排也有助于写长，可采用：（1）课堂上分析性阅读一些经典范文，启发思路，或每周挑选一两篇学生的佳作集体评阅，示范佳句段落，让学生有范例可模仿。（2）教师以肯定习作优点为主，不纠缠错误，以此提高学生的自信心，有动力去写长。（3）布置作文词数只设下限，不设上限，作文长度作为评判分数的重要标准。

延伸阅读

1. 王初明. 外语写长法. 中国外语，2005（1）.
2. 徐承伟. 论对外汉语阅读与写作课程的教学一体化——对外汉语教学模式研究之一. 廊坊师范学院学报（社会科学版），2009（2）.
3. 杨俐. 过程写作的实践与理论. 世界汉语教学，2004（1）.
4. 张念. 多层分项　循环渐进——新型写作教学模式探讨. 海外华文教育，2003（3）.
5. 宗世海，祝晓宏，刘文辉. “写长法”及其在汉语二语写作教学中的应用. 世界汉语教学，2012（2）.
6. Bakshiri, n., & Mohammadi, M. (2014). Proactive/Reactive Focus on Form and Immediate/Delayed Writing Production. Procedia-Social and Behavioral Sciences, Volume 98.
7. Li, X. X., Chu, K. W., & Ki, W. W. (2014). The Effects of A Wiki-based Collaborative Process Writing Pedagogy on Writing Ability and Attitudes Among Upper Primary School Students in Mainland China. *Computers & Education*, Volume 77.

77 如何教授写作知识？

实战问题

在写作教学中，有时需要教给学生一些写作知识，比如标点符号、书写格式、语体、文体、修辞等，这些知识的教授不能占课时太长，也不能一股脑儿地抛给学生，而是每次都应该有侧重点。如果要教给学生标点符号和书写格式的内容，你会用哪些步骤导入这部分知识呢？请为下列步骤排序。

A. 请学生朗读句子。

B. 指出标点符号是句子的“呼吸”，人没有呼吸会死亡，句子没有标点就无法理解。

C. 展示两个没有标点符号的长句子或者因为没有标点符号而产生歧义的句子。

D. 采用图示法列出汉语标点符号的有关知识。

观点碰撞

怎样教授标点符号与书写格式？

朱勇

我认为步骤是 C、A、B、D。先展示句子，让学生朗读，从而发现没有标点符号会有问题（产生歧义等），在此基础上适时指出汉语标点符号的重要性，最后介绍相关知识。

张京京

如果是初次正式进行写作教学的班级，首先会要求他们说出平时对汉语课文、书面媒介中格式的印象和认识。通过激活其已有的感性认识，引导学生自动总结出最基本的格式要求（如开头空两格等），从而上升到理性认识。再对比其母语写作格式进行强化。以上是可以一次完成并且应该在首次写作教学中就强化的。如果接手联合国中级班写作教学，学生水平和以前背景不一致，就先来个摸底，例如：限时写一个寻物启事或介绍“我的家乡”。写前提醒他们注意汉语格式和标点符号，根据其问题统一先来一次大的订正，然后在每次写作中反复巩固，具体展示可以使用方法 D（采用图示法列出汉语标点符号的有关知识）。

孙 岩

非常赞同 C、A、B、D 的教学步骤。另外，关于标点符号和格式的教学我也试过这样的办法：学期初以学生的作文为例进行集体订正并简单总结，然后在以后的作业中继续强调，并不断补充新内容。

邹桂娇

十分赞同 C、A、B、D 的排序。标点符号，尤其是常用的逗号、顿号、冒号、问号、叹号、引号等，一定要在首次课上就让学生意识到它们在汉语中的重要性，特别是对一些母语（如“泰语”）中没有标点符号的学习者来说尤甚。这不仅体现在写作课上，也体现在整个汉语学习过程中，比如，做阅读理解时如果熟悉汉语标点符号的运用，则能帮助学习者有效、快速地理解原文，达到事半功倍的效果。

标点符号需进行语际和语内对比

钱 钦

排序赞同 CABD。外文绝大部分都有标点，学生也都知道没有标点不成句子，我们是否应将重点放在指出中外标点的区别上？比如汉语句号是圈，英文句号是点；汉语问号和感叹号分别是“？”“！”，西班牙语则是倒着的“¿”“¡”。具体操作方法可以结合张京京老师的“摸底测试”。先请一个学生上台，结合自己的“摸底测试作业”介绍本国标点用法（老师最好将作业展示在 PPT 上）。之后老师点评，指出与中文的异同，接着再请一个不同国家的学生来讲。几轮之后，学生就会掌握重点。同时还能激活全班学生的注意力，锻炼上台学生的口语能力。还可以给学生带一本没有标点符号的中国古籍。内容不必详讲，主要是让学生感受标点符号“有与无”的同时沐浴一下古风。

孟嘉君

母语的负迁移是标点符号形体书写产生偏误的原因之一。留学生主要参照自己母语的标点符号系统来书写和使用汉语标点符号。采用中外对比的视角，有助于教师预先了解学习者可能出现的标点符号书写偏误，从一开始就提供正确的示范。

刘 弘

我觉得把最重要的标点符号简单介绍一下就行了。各国的标点符号略有不同。我觉得没有必要让学生去看没有标点的古文。不过很多新老师对标点符号的教学不太重视，或者自身的标点符号意识也不强（比如面对学生以点来表示句号，也不纠正）。如果有讲评作文的时间，倒是可以借机分析一些学生标点符号的错误。

理论广角

留学生标点符号偏误

标点符号是汉语书面语的补充形式，在书面语中的作用是非常重要的，其主要作用有两个方面（吴丽君，2002）：语法作用（表示停顿、语气、词语的性质和作用、词语间的层次关系）和修辞作用（即活用与妙用，如突出重点、启发联想、形象生动等）。

标点符号分为“点号”和“标号”。“点号”表示停顿和语气，包括：

（1）断句性点号：句号（。）问号（？）叹号（！）

（2）换气性点号：逗号（，）顿号（、）

（3）层次性点号：分号（；）冒号（：）

“标号”表示词语的性质和作用，包括：

（1）注释性标号：括号（（ ））破折号（——）

（2）醒目性标号：引号（“”）着重号（.）

（3）功能性标号：省略号（……）连接号（—）间隔号（·）

（4）区别性标号：书名号（《 》）专名号（__）

作为书面交际不可缺少的一部分，标点符号和书写格式的正确、规范使用也是衡量汉语水平的重要标准。目前，学习者在使用汉语标点符号时，仍然存在大量的偏误。主要原因有：（1）母语负迁移的影响。例如，母语为英语的学生由于在他们的语言中句号是实心的圆点，所以当他们在学习汉语句号时会自然不自然地就把汉语中的空心圆点写为实心圆点。（2）不重视教学过程，标点符号始终没有作为一个完整的系统被纳入到教材中，教师在教学过程中也没有把它作为一个很重要的教学目标，使得留学生很难系统地学习标点符号并对此有一个整体的认识。（3）留学生对标点符号书写的草率处理。留学生在书写标点符号时不够认真，粗心大意也是出现偏误的重要原因。吴丽君（2002）对比了汉日标点符号异同，以日本学生为例，分析了6种有典型意义的标点符号运用上的偏误现象（句号、逗号、顿号、冒号、引号、问号）。

标点符号和书写格式的规范使用是衡量汉语水平的重要标准，应引起国际汉语教师及教材编写者的足够重视。一句一读总关情，教师应该增强对标点符号和书写格式的教学意识。

延伸阅读

1. 冯保初，李学珍．汉、英标点符号的语用异同．山东大学学报（哲社版），1998（3）.
2. 胡建刚，周健．留学生标点符号书写偏误分析．语言文字应用，2003（3）.
3. 刘元满．留学生一般性文章格式偏误表现与分析——基于100份入学分班试卷的作文调查．汉语学习，2007（5）.
4. 吴丽君等．日本学生汉语习得偏误研究．北京：中国社会科学出版社，2002（8）.
5. 曾毅平．语体理论在对外汉语教学中的应用．修辞学习，2009（5）.
6. Baron, N. S. (2001). Commas and Canaries: the Role of Punctuation in Speech and Writing. *Language Sciences*, Volume 23, Issue 1.
7. Hawe, E., Dixon, H. R. (2014). Building Students' Evaluative and Productive Expertise in the Writing Classroom. *Assessing Writing*, Volume 19.
8. Hirvela, A., Nussbaum, A., & Pierson, H. (2012). ESL Students' Attitudes Toward Punctuation. *System*, Volume 40, Issue 1.
9. Keith Brown. (2006). *Encyclopedia of Language & Linguistics* (Second Edition). Cambridge: Cambridge University Press.
10. Polio, C., & Shea, M. C. (2014). An Investigation into Current Measures of Linguistic Accuracy in Second Language Writing Research. *Journal of Second Language Writing*, Volume 26.

78 如何评改作文？

实战问题

对于学生的作文布置和评改，不同的教师有不同的意见。哪些意见是合理的？哪些不合理？说说你的理由。

A. 纠错应宽松，只改正学生作文中较为严重的、有典型意义的错误，对那些不影响表达的错误则忽略不计。
B. 纠错应该严格，书面表达要文从字顺，所以对作文中的大小错误要“一网打尽”。
C. 集体讲评是作文教学的必要环节，应当包括字、词、句、篇的集体纠错，较好或较差习作的赏析及讲评。
D. 写作是个体行为，作文中的错误是个性大于共性，因为每个学生受母语影响以及目的语习得情况不同，而且学生的性格、心理也存在较大差异，集体讲评效率不高，效果不佳。因此最好的办法是个体单独讲评。
E. 教师要少讲作文篇章结构，少设框框，让学生随意发挥。
F. 布置作文时一定要规定篇幅，限定结构。

观点碰撞

宽松纠错

姜梦霞

纠错过于严格可能会使学生对习作产生排斥心理，而且会在今后的习作中采取回避策略，避免使用把握不大的语法和词语。学生在作文中会用一些较高级词汇，有时虽使用不当，但我会在旁边写上鼓励的话，并告诉他正确的用法。在学生掌握知识的同时，保护学生的积极性。

王 波

纠错不要太严格，最好在一篇文章里着重找出两三处比较明显的错误，指出错误原因，集中解决。修改的目的是避免重犯，纠错不宜过多，否则学生还是记不住。

孙 岩

纠错宽松能增强学生的学习信心，提高其写作积极性。

纠错要灵活

蒋 楠

学生有好的思路、想法要鼓励，但可能会在表达上出现问题，需要指出来。不同级别写作的关注点不同，从单句到段落再到篇章。我对错别字很重视，有错必究，但扣分比重不会很大。我还会给学生写出详细评语，约学生在 office hour 时找我。

刘仙佑

评改作文要根据学生的写作水平提出不同的要求。针对初级水平的学生，纠错应相对宽松，这有助于提高他们的学习兴趣；针对中、高级水平的学生，纠错应相对严格。

刘 弘

评分规则要事先告诉学生。以前我没有告诉学生，结果就有华裔学生来找我，问为什么他的作文没有什么语法错误，可是我还是扣了他分数，弄得我很尴尬。

集体讲评还是单独讲评？

刘 弘

我尝试过“同伴反馈”法。某个同学作文写完之后，先让其他同学阅读，并且参考那些同学的意见修改作文，然后再发给老师。学生反映还不错，但是太花时间，一个学期只能写三篇作文。国内对写作的研究很少，希望感兴趣的人可以多试验，找到比较有效的写作教学方法。

孙 岩

我一般逐个给学生修改作文，课上用一定时间进行集体讲评，然后留出一定时间给学生就各自的作文问题单独询问。这样既能集体强调共性问题，又能解决学生的个别问题。

修改标识要清晰

刘 悦

一定不能把作文区域弄得全篇红，学生不会再看的。首先教师要规范自己修改作文的符号，比如“错字、好句子、语法问题”等，而且要告诉学生们每种符号代表什么。其次，特别好的作文一定要在评语上有所表扬，问题特别多的则要私下交流。我试过一种修改方式，就是在出问题的地方标数字（1，2，3……），然后在最后空白的地方归类写好具体是什么毛病（意思不明：1、4、5；语法结构使用错误：2、3；……）。

纠错以后

鞠 慧

应让学生妥善保存纠错以后的作文。我在教学时，让学生统一购买了分页夹，用于学生保存各类作业纸。学生能够通过这些资料的管理看到自己阶段性的进步。此外，如果教学进展允许，纠错以后，教师可以让学生提交修改后的作文，以确认错误真的被纠正了。

理论广角

写作课评改模式

学习者的作文是对语言教学最真实的反馈之一。而评改作文是教师对学习者习得状况“反馈”的“重要反馈”，是一个教学互动的过程，也是培养写作能力的一个重要环节。使用恰当的评改方式给学生启发式的指导，有助于提高学生的写作能力，激发其写作兴趣。

写作课评改模式可分为书面评改和讲评两部分，书面评改包括纠错、评语、成绩评定。在不同学习阶段，方法各有侧重（许国萍，王一平，2002）：

在纠错环节，教师批改是最主要的批改方法。根据学生的调查反馈，教师批改只需改正那些影响语义表达的或典型的错误。例如欧美学生习惯上将时间、地点状语后置，出现语序错误，或者误用一些较难的关联词。出现这些错误可能是由于学生某些语言点没掌握好，也可能是由于在早期学习阶段未被纠正而固化下来，它们难以被学生本人发现和改正，只能依靠教师纠正。从初级阶段到高级阶段，随着学生汉语表达水平的提高，教师批改的重点要逐步从字、词、句过渡到语篇、写作技巧（结构安排、内容取舍）上来。教师批改的比重也可以逐渐下调。到高级阶段，除了一些较难的书面语用法，学生自己难以正确使用和改正以外，多数字、词、句方面的问题，教师只要画出，学生在思考后都可以改正过来。因此，在高级阶段写作课的课堂讲评开始前，一般都应安排时间让学生自己纠错。纠错时，教师要注意合理控制纠错的范围，减轻学生写作时“怕出错”的焦虑和担忧，使学生可以较大胆地尝试使用汉语自由表达思想。

讲评作文时，教师可以根据实际情况调整集体讲评与个体讲评的比重，将两者相结合。一般在初级阶段，共性问题多，集体讲评比重大。到了高级阶段，学生已开始形成自己的语言风格，共性问题趋少，就应该以个体讲评为主。个体单独讲评是一种个性化的、针对性强的评改方法，有利于教师更好地“因材施教”。可以对程度不同的学生提出不同的要求，尽量让每个学生在自己起始水平的基础上有所提高。

另外，教师要关注学生写作训练中的点滴进步，在评语中及时给予鼓励或表扬，尽力保护并调动起所有学生的学习积极性，既不让程度低者因觉得太难或受冷落而丧失信心，又可以使程度较高者更加努力，营造一个轻松、愉快的教学环境，保障写作教学的顺利进行。

延伸阅读

1. 陈海．大学英语写作练习的评改．外语界，1994（3）.

2. 王颖．二语写作中的反馈研究述评．山东大学学报（哲学社会科学版），2007（5）

3. 辛平. 基于语言能力构想的作文评分标准及其可操作性. 暨南大学华文学院学报，2007（3）.
4. 许国萍，王一平. 对外汉语写作教学中的重要一环——谈作文评改的现状和对策. 暨南大学华文学院学报，2002（2）.
5. Burner, T. (2014). The Potential Formative Benefits of Portfolio Assessment in Second and Foreign Language Writing Contexts: A Review of the Literature. *Studies in Educational Evaluation*, Volume 43.
6. Chaudron, C. (1984). The Effects of Feedback on Students' Composition Revisions. RELC Journal 15.
7. DiPardo, A. & Freedman W. (2011). Peer Response Groups in the Writing Classroom: Theoretic Foundations and New Directions. *Review of Educational Research*, 58 (2).
8. Helstad, K., & Lund, A. (2012). Teachers' Talk on Students' Writing: Negotiating Students' Texts in Interdisciplinary Teacher Teams. *Teaching and Teacher Education*, Volume 28, Issue 4.
9. Neumann, H. (2014). Teacher Assessment of Grammatical Ability in Second Language Academic Writing: A Case Study. *Journal of Second Language Writing*, Volume 24.

第七章

少儿汉语教学

79 少儿汉语的第一节课

实战问题

国家汉办印发的《汉语教师志愿者手册》建议第一堂课的内容包括：教师自我介绍；学生自我介绍；中国概况介绍；汉语及汉语课程介绍；学习方法介绍；课堂要求（出勤、作业、发言、活动参与、实践等）；学分评价（出勤、作业、笔试、口试各占的比例）；教会几个简单的问候语（如“你好”“谢谢”“再见”等，让学生在第一节课的时候品尝到成功的滋味）。请据此以海外英语为母语的一年级小学生为教学对象，设计你的第一堂课。

观点碰撞

给学生起中文名字

张京京

首先，我会给学生起汉语名字。其次，如果是海外教学，一定要先向本土教师请教并沟通好，避免第一次课在课堂管理、考核等问题的细则制订、展示和实际操作中被“小魔怪们”抓住漏洞。

方杰

第一堂课，我会给学生起中文名字，讲解名字的意思，然后再教一两句问候语，如“你好，谢谢，再见”等。至于课堂要求和课程介绍等可以放在第二堂课。第一堂课教师的“亮相”非常重要，不能让学生觉得学汉语很难，要让学生觉得学汉语很特别，让他们有成就感和自豪感，让他们带着问候语回到家里去教家人和朋友。

少儿教学第一堂课的要素

许雅琳

如果是我教一年级的小朋友，我重点考虑的因素按优先级排序为：教师的魅力、中国的魅力、汉语的魅力、给学生自信。具体步骤：(1) 自我介绍。第一堂课要努力让孩子们欣赏、喜欢我。内容要丰富多彩、生动有趣，展现教师的魅力。学生自我介绍时，我会和学生适当互动，以便快速地彼此了解。(2) 课程导入。可以向孩子提问，例如：中国的什么最吸引你？你为什么要学汉语？并展示介绍中国的短片或者 ppt，活跃课堂气氛。(3) 提出要求、宣布纪律。让学生对本学期的学习内容有一个大致的把握，并初步设定目标，提出要求。在设定课堂要求时，我会引导大家对“好的课堂”达成一定的共识，一起设定课堂要求。(4) 教授简单实用的问候语，让孩子们在第一节课中找到自信和成就感。

刘潜楠

第一堂课的重点是激发学生学习汉语的兴趣。可以唱着一首儿歌进入课堂，向同学们问候，儿歌最好是学生熟悉的旋律，歌词是汉语的，如《两只老虎》。然后我和学生分别进行自我介绍，初步了解学生的个人信息。简单介绍几个大家都感兴趣的中国元素，调动大家学习汉语的兴趣。之后与大家一起商讨课堂要求，并且给出我的评价标准。

孙 岩

第一堂课以“你好，中国”为主题，用图文动画的形式让孩子了解一下中国，然后导入中文的问候方式“你好”，最后通过给国旗涂色的手工活动来突出“你好，中国”主题。这样设计的目的是让学生以多种方式触碰一个未知的世界，激发他们进一步了解汉语和中国的兴趣。

理论广角

少儿汉语教师的素质

一个成功的儿童汉语教师应该有敬业精神，有良好的师德，有童心，热爱儿童，有广博的知识，有现代的教育理念，懂得儿童心理学和儿童语言教学法，掌握了先进的语言教学技能和汉语教学基本功，富于创造精神，勤于充电，不断提升自己（张宁志，2012）。这样的教师素质具体体现在：

（1）首先要喜欢孩子，热爱儿童汉语教学事业，有良好的心理品质和深受儿童喜欢的性格——比较外向、热情活泼、幽默风趣，同时又冷静沉着。

（2）有较丰富的专业知识和较强的组织教学能力。老师应该熟悉儿童心理学、儿童教育学、儿童语言教学法等有关方面的理论知识。懂得怎样尊重、教育孩子，怎样跟孩子、家长打交道，迅速得到儿童的喜爱和尊敬，能把课堂教学组织得井然有序、生动活泼。

（3）掌握灵活多样的语言教学技能。老师要善于学习，勤于钻研，不断提高自己的教学技能和艺术。教学技能包括：设计技能、授课技能、评价技能和组织技能。

（4）善于为儿童创造轻松愉快的学习环境。老师要尽力营造一个让儿童乐于学习的“硬”环境——为学习汉语的儿童创造一个颜色鲜艳、宽敞明亮、轻松活泼、安全舒适并充满中国味道的汉语学习环境；还要善于营造一个让儿童安于学习的“软”环境——老师平易近人、态度和蔼、表情亲切、善于鼓励、对待学生平等信任。

延伸阅读

1. 曹梦芸．谈对外汉语教学中零起点儿童班的短期汉语教学——以菲律宾“中华文化大乐园”碧瑶园为例．文教资料，2011（21）.
2. 曾真．儿童对外汉语教学形式初探．现代语文（语言研究版），2009（2）.
3. 张宁志．国际汉语教师手册——新教师必备 81 问．北京：商务印书馆，2012.
4. 邹德姝．浅谈少儿对外汉语教学．语文学刊，2013（2）.
5. Nair, S. M., Yusof, N. M., & Hong, S. C. (2014). Comparing the Effects of the Story Telling Method and the Conventional Method on the Interest, Motivation and Achievement of Chinese Primary School Pupils. Procedia–Social and Behavioral Sciences, Volume 116.
6. Rambli, D. R. A., Matcha, W., & Sulaiman, S. (2013). Fun Learning with AR Alphabet Book for Preschool Children. Procedia Computer Science, Volume 25.

80 怎样对待“问题学生”？

实战问题

小秦在美国一所公立学校给五到七年级的学生教汉语，五年级班里有一名叫 Alex 的“问题学生”，上课过程中不能集中注意力，经常在课堂上说话、走动，打断小秦正常的教学，影响其他学生。你觉得小秦应该对这个学生采取什么措施？说说你的理由。

A. 课下找该学生谈话。
B. 联系学校负责人，请求协助管理该学生。
C. 跟其他任课教师沟通一下，了解该学生在其他课上的情况。
D. 跟学生家长联系，请家长协助管理学生。
E. 其他______________________________

观点碰撞

制定规则

钱钦

我认为五年级的孩子已经有了规则意识。老师在前几节课时，要与学生共同制订好“classroom rules ”以及奖惩措施。注意是请学生共同制订，而不是老师单方面颁布，这样学生会更加遵守规则。组织课堂活动时，可以把全班学生分组，组员不守规则，整组荣誉分受损。目的是发挥团队力量，让组员共同监督个别调皮孩子的行为。课后使用 BDE（数据库引擎，Borland Database Engine），了解更多背景情况，以便课上对症下药。

有效沟通

鲍思冶

很有意思的题目，孩子们不是“小魔怪”，即使是最调皮的孩子也有闪光点。Alex 这样调皮，估计其他课上也会有同样的问题，所以跟其他老师沟通，共同寻求解决办法非常有必要。

向 敏

要调查学生不能集中注意力的原因。首先与其他任课教师沟通，如果情况较普遍考虑是不是有 ADHD（注意力缺陷多动障碍，Attention-deficit hyperactivity disorder）之类的问题，要不要特殊教育（special education）介入；同时课下找该学生谈话，询问是不是课堂内容太简单、进度慢，或者授课方式不喜欢。

Cynthia-Li-MY

A 找该生谈话是短期有效的方法，询问并关心学生的心理和日常生活有利于拉近师生距离。C 与其他教师沟通也很有必要。如果学生有 SEN（特殊教育需求，Special Education Needs）或者疑似情况，应该及时联络学校，采取 B 方案寻求行政上的帮助。建议在 A、C 不起作用时再考虑 D 与家长联系。

正强化

曾 薇

五年级的孩子出现这种情况是很正常的。有的学生无法静坐听课，可以尝试给这样的孩子一些担任小组和团队领导或者单独发言的机会，了解他的优势，然后有针对性地教学。

Cynthia-Li-MY

这样的学生每个班都会有，教师可以适当调整学习任务的完成方式。例如安排课堂活动、设置有趣的课堂游戏等，更好地吸引学生参与课堂学习。针对这样的“问题学生”，还可以从一些细节着手帮助改变其行为，例如让他辅助教师做一些工作，多问他问题，做得好要及时表扬。

朱 玺

可以给课堂上活跃的孩子安排特别的任务或职务，让他来协助管理课堂秩序，组织活动。要关注孩子的点滴进步，及时给予鼓励和表扬，强化闪光点。

张京京

想起一个有意思的说法：驯孩子，驯老公，驯动物，最佳的方式永远是正强化。表现不好，不批评；一旦表现好，一定及时表扬和奖励。

孙岩

清单中的方式都可以试一试。如果老师对学生还不是特别了解，那么需要在尝试中找到有效的方式。可以先尝试自行解决，如果不行再求助学校和家长。我记得我们校长这样说过：Referral is a sign of strength, not of weakness（可理解为将难管理的学生转送至学校或其他班级是一种力量，并不代表软弱）。的确有时自己管理不好的学生也许到了另一个老师那里就不一样了。

换座位

方杰

我在美国教学时，遇到这样的情况时就给上课爱说话的学生换座位，这是对学生最好的惩罚，这也是美国同事教我的方法。小学生注意力的时间很短，所以要经常组织学生做动起来的游戏，做到动静结合，比如采取小组竞赛的方法，或者到讲台前做活动等。

理论广角

少儿课堂问题行为管理

少儿国际汉语课堂中，Alex这样的情况不是个别现象，这在一定程度上是由少儿的生理、心理特点决定的。作为教师不能给他们贴上"问题学生"的标签，这会引发"标签效应"。学生的很多"问题行为"会由于教师的态度而强化或消除。教师要用足够的爱心和耐心来平等、公正地对待每一个孩子，建立良好的师生关系；并要注重少儿的心理发展阶段特点，科学地制定课堂规范并管理矫正。

教育学家赫尔巴特说："如果不坚持而温和地抓住管理的缰绳，任何功课的教学都是不可能的。"尽管制订了明确、具体的课堂规则，在教学过程中难免有个别学生"明知故犯"。可采取的方法有（周小兵，2009）：

（1）冷处理。有的学生总喜欢用各种行为来引起教师和全班同学的注意。教师很难一下子就解决好，因此最好不予理睬。课后了解情况后再做心理辅导。如果遇到心理有严重问题的学生，及时联系家长。

（2）行为替换。教师提供一种合乎教学需要的行为来替换学生的不良行为，并使学生的新行为得到肯定和鼓励。例如，有学生交头接耳影响了他人，教师可点名叫该生扮演角色朗读课文或与其他学生共同表演，使其专心学习，并对其他表现好的地方给予表扬和鼓励。

（3）灵活运用奖惩手段。对造成较大影响的不良行为，可以给予适当批评、惩罚。但惩罚是教育手段而不是目的。在惩罚之前，教师要晓之以理、动之以情，让学生心甘情愿接受惩罚，积极改正不良行为。

在矫正学生的问题行为时，尽可能做到并保持矫正的“低控制”性。教师可以采用简单的非语言暗示，来传达清晰（非口语）的信息、暗示或指导。还可以进行附带的指导，将描述事实与行为指导相结合。比如 Bill Rogers（2013）提到，可以对某些互相吹口哨的学生说“现在是安静的阅读时间（附带的解释性话语）请你们在大脑中安静地阅读。谢谢。”（行为上的指导：教师轻叩自己的脑袋。）“低控制”方式能使课堂生活保持一种愉快、积极的氛围，也有助于在必要时表现较强的控制性。

延伸阅读

1. 丁丽红，焦瑶光. 从英语国家少儿对外汉语教学现状看新体系的研究方向. 中外教育研究，2009（10）.
2. 杜红玉. 试论对外汉语课堂教学的艺术性. 广西大学学报（哲学社会科学版），2009（S1）.
3. 周小兵主编. 对外汉语教学入门（第二版）（第二章“教学法与课堂教学——课堂组织与管理”）. 广州：中山大学出版社，2009.
4. Bill Rogers. 蔡艳芳等，译. 课堂行为的有效管理策略（第三章“行为管理的语言”）. 北京：中国轻工业出版社，2011.
5. Blaze, J. T. et al. (2014). Loud versus Quiet Praise: A Direct Behavioral Comparison in Secondary Classrooms. *Journal of School Psychology*, Volume 52, Issue 4.
6. Huang, M. K. (2011). Motivating Lessons: A Classroom-oriented Investigation of the Effects of Content-based Instruction on EFL Young Learners' Motivated Behaviours and Classroom Verbal Interaction. *System*, Volume 39, Issue 2.
7. Tulis, M. (2013). Error Management Behavior in Classrooms: Teachers' Responses to Student Mistakes. *Teaching and Teacher Education*, Volume 33.

81 怎样管理小朋友？

实战问题

小于是一名新手教师，在澳大利亚做志愿者教师。刚一走上教学岗位，小于就很苦恼，由于她的学生是幼儿园的小朋友，课堂管理上不能对这些孩子太严厉，太严厉的话，孩子会哭闹；也不能对他们太温和，太温和的话，对学生缺乏约束力，课堂上就彻底没了规矩。对于如何对待幼儿园的孩子进行课堂管理，你有哪些好建议？

观点碰撞

曾 薇

要清楚孩子的注意力集中的时间很短，所以应该多采用颜色、声音、道具等多种方式吸引孩子的注意。

鲍思治

幼儿园的孩子上课，不能像中学生那样可以坐很长时间，所以关键还是让自己的中文课动起来，让孩子们没有时间去闹。让课堂动起来就需要组织孩子们喜欢的教学游戏和活动，充分利用孩子的特点，一抓一个准。因为他们专注的时间很短，所以即使是好玩的游戏，也不要进行太长时间。

钱 钦

幼儿园孩子的特点是：注意力极度活跃（hyperactive），很容易从一物转移到另一物，要经常被“唤回”。所以可以使用一个特别的动作、声音作为“唤回 trigger（触发器、开关）”。老师事先要向小朋友宣布：要随时关注老师，一看到老师做“抱头”动作，就要马上跟着做，并大喊“hands on my head! ”Trigger 有不同的版本，除了抱头，还可以是敬礼，大喊“attention! ”，还有双臂空中舞动，喊“sway! ”。对先做到的孩子予以奖励，可以奖给个人，也可以奖给团队。

分数、星星、贴贴纸，对宝贝们都很有吸引力！总之幼儿园孩子是讲不通道理的，要充分利用其特点来控制。

方杰

上课时小朋友的座位摆放很重要，最好能围坐成一个圈，老师站在中间，带着孩子们多做动作，多使用肢体语言，多用实物教学，如做游戏、认读卡片、填图等。动手做练习的时间尽量减少。

孙岩

国际汉语老师大多未受过专门的儿童汉语教学的培训，很多时候都要在做中学。刚到海外，不了解当地儿童的特点，最有效、快捷的方式就是跟当地同事学习，交流、听课等都行，经典的管理行为值得借鉴。

理论广角

如何吸引孩子的注意力？

少儿学习第二语言的目的比较模糊，学习动机有时需要靠外部刺激来激发。注意力不集中、缺乏自主能力和控制能力，都是少儿汉语课堂教学的主要难点之一。教师在教学中，应遵循少儿生理与心理的发展规律，注重其年龄特征对学习的制约和影响，了解其在成长过程各阶段中可以预测的典型特点和行为，以科学地保证教学质量和效率。

少儿汉语教师可采用多种固定方式来维持班级的注意力，要在少儿注意力涣散的时候重新使学生集中注意力。这种程序对于年幼的学生来说尤为必要。学生年龄越小，精力越容易分散。

使少儿集中注意力的固定方式有很多（海伦娜·柯顿，2011）：比如做手势、有节奏地拍手、唱歌等。让课堂安静下来，使学生集中注意力的一种常用信号叫做“无噪音信号”。教师举起自己的手，学生一看到教师举手，必须也立刻举起自己的手，停下当时的活动，停止说话，向教师展示自己的手；有的教师在警示班级可能违反了规则时，会用倒数数或者正数数的方法，通常是举起一只手，用目的语从一数到五或从五数到一，数到最后一个数时，学生必须准备好继续刚才中断的活动，或者开始一项新的活动；也有教师通过喊出一个做好准备的学生的名字开始一项活动，提醒其他学生，他们也要做好准备。学生要经过学习，才能对这些信号做出反应，直至形成习惯。采取这种方式要保持前后一致，一次不要引入过多的方式和信号。

延伸阅读

1. 海伦娜·柯顿，卡罗尔·安·达尔伯格. 语言与儿童（第四版）（第八章“成功管理早期语言课堂”）. 北京：外语教学与研究出版社，2011.
2. 孟国. 趣味性原则在对外汉语教学中的作用和地位. 语言教学与研究，2005（6）.
3. 赵婉黎，刘云艳. 儿童心理理论对教育的启示. 研究与探索，2006（1）.
4. 张晓燕. 试谈少儿汉语教学在整个对外汉语教学中的定位. 海外华文教育，2010（1）.
5. Chan, Y.C., Lam, L. T., & Shae, W. C. (2011). Children's Views on Child Abuse and Neglect: Findings from an Exploratory Study with Chinese Children in Hong Kong. *Child Abuse & Neglect*, Volume 35, Issue 3.
6. Fay, Jim, and David Funk. (1995). *Teaching with Love & Logic: Talking Control of the Classroom*. Golden, CO: The Love and Logic Press.
7. Stakanova, E., & Tolstikhina, E. (2014). Different Approaches to Teaching English as a Foreign Language to Young Learners. Procedia–Social and Behavioral Sciences, Volume 146.

82 发音错误引发的事件

实战问题

在意大利任教的徐老师上课说到“peanut”（花生）这个词时，发音不够饱满，不小心发成了“pene”（意大利语是“阴茎”的意思），引得全班学生大笑不止。从那以后，徐老师就成了学生们的笑柄，经常有学生故意在他面前小声说“pene”，弄得他十分尴尬，但他又不好发作批评学生。你有什么能帮助徐老师摆脱尴尬的好建议？

观点碰撞

承认失误，勇于自嘲

张京京

对于这种情况，老师第一时间应该表现出“这是一个错误，老师要改正”，而不是“这太尴尬了，满脸通红不知怎么办”。

施仁娟

大胆承认并改正就行了。我也有过比较尴尬的经历。我有个学生叫 Keith，我经常叫他 Kis。有一天他对我说，这个 th 应该咬住舌头发音，包括 mouth，也别读成 mouse。我说其实我知道该怎么读，不过这个发音对我来说有点儿难，我又偷懒，所以发得不标准。他马上表示理解。后来我再叫他名字时，特意咬准音，他就会会心一笑。

微汉语 _David

面对这种情况，首先要笑一笑，向同学们真诚地道歉，然后把发音的重要性告诉大家，同时让大家知道学习汉语的时候，如果搞错发音也会出现同样搞笑的事情。教师要有承认错误的勇气，更要有自嘲的勇气。

张家莉

可尝试用开玩笑的方式为自己解围。可以跟学生开玩笑说自己又记住了一个新单词，在读音方面也有进步，大家要彼此学习。同时列举老外说汉语时音调不准闹出的笑话，警醒学生注意声调。关键是放低姿态，老师也会犯错，重要的是跟学生一起探讨我们能从错误中学到什么。

Helen Zhang

老师要有自嘲的精神，学生其实很愿意教你不会的东西，不如顺水推舟地请教学生，让他们教你正确的发音，也顺便告诉学生，老师学语言也会犯错，但是没有关系，所以你们学中文也要开口说，不要怕别人笑你。老师要做一个好的榜样。

回避策略，以退为进

张京京

万一当时没处理好，后来有学生（例如中学生）以此捉弄老师，最佳的反应就是没反应，熊孩子们看这不好玩儿又没效果，很快会放弃和忘记；反之无论老师发怒还是尴尬，都会刺激其继续玩笑。

邹桂娇

确实！前不久刚刚遭遇泰国学生的“坦率回答”。口语课上问到想去哪个国家去旅行，每个人都说了自己的想法，轮到一个男生时，他答道自己想去日本，并表示想去的原因是要去看AV，这时一些学生开始起哄，引起了小范围骚动。当时我没有表态，也没有批评他，接着提问了其他的同学，课堂也很快恢复了平静。

朱 勇

有时候回避也是一种策略，否则正中调皮学生下怀，被他们牵着鼻子走。

灵活应对，摆脱尴尬

鲍思冶

其实如果是高年级的学生，我会立刻教他们中文中“黄色电影”的表达。其实这也是语言的一部分，我们中文老师不用做道德卫道士，并提醒欧美学生不叫“蓝色电影”。偶尔也需要有选择地假装听不到。

邹桂娇

面对这种突如其来的“窘境”，教师确实需要一个好心态，并能够巧妙地化解这种尴尬：或一笑置之，或适当过滤，又或是就此讨论一番，坦言自己的立场，也可因势进行相关教学。总之都应与学生、课堂的实际情况相结合。当然，教师个人魅力的施展及教学经验也尤其重要。

孙 岩

徐老师应该是在意大利遭遇的课堂尴尬，据经验推断这些学生应该是中学生。如果学生一再地笑话老师（即使不是恶意的），老师不妨严肃地回应学生一次，笑话到此为止，再这样就过分了，意大利学生一般挺知趣的，而且班上一般肯定有出来附和老师、帮老师说话的学生。

理论广角

教 学 机 智

教学机智是教师在教学过程中机敏而灵活地教育学生，随机应变地解决课堂教学过程中出现的各类偶发事件，以保证课堂教学顺利进行的一种能力。它是教师必备的基本素质之一，是课堂管理艺术中一个重要环节。国际汉语教学学科的特殊性对教师机智也提出了较高的要求。

文化的差异会造成留学生对汉语知识和中国文化理解上的障碍或偏差，以及言语交际中的误会和误用。教师在处理这些问题时，除了客观地分析外，有时还不得不用到教学机智来“化干戈为玉帛”。阮咏梅（2002）在教学中有一个实例：在一个中级班的综合课快结束的时候，教师请同学们提一些关于教学的意见。有个男生突然冒出一句：“老师不漂亮！”话音刚落，全班哄堂大笑，而且他们还带着戏谑的目光看着教师。这时教师丝毫没有生气，而是几乎同时地跟着他们一起笑，然后说：“这也是一条建议，不过这应该跟我妈提，因为我妈生我就这样了，我无能为力。但是其他同学的意见，我会好好考虑并努力改正。”那个男生连连说：“开玩笑，开玩笑。”

发挥教学机智还需要教师有敏锐的观察力和灵敏的思维，随时捕捉到课堂教学过程中学生的反馈信息，采取合适的教学措施。同样是阮咏梅（2002）的教学实例：在上阅读课时，碰到一篇关于老年痴呆症的阅读材料。一番解释仍然不能消除学生的困惑。教师蓦然想到了一个人，就问：“你们知道美国前总统里根吗？”学生都点了点头。教师趁机点题：“他退休后不久就是得的这种病——老年痴呆症。”学生恍然大悟。讲关联词语“与其……不如……”时，可以抓住时机进行“教书育人”：“有些同学身体不好（他们找的借口）却坚持来听课，值得表扬。但是迟到会影响老师讲课，课堂上睡觉既学不到东西又不利于身体健康。所以说，与其上课睡觉，不如回房间休息。”教师可以运用教学机智把这些现象化为练习听力、会话或学习语言点的生动材料。

延伸阅读

1. 宋德如，李宗胜．直面课堂尴尬——教育机智的表现及其培养．教育探索，2001（12）.
2. 阮咏梅．对外汉语教师的教学机智和课堂教学．宁波大学学报（教育科学版），2002（1）.
3. 赵智超．教学效果较好的外语教师所应具备的主要条件．第一届国际汉语教学讨论会论文选．北京：北京语言学院出版社，1986（5）.
4. Gregory, E. et al. (2013). Building Creative Thinking in the Classroom: From Research to Practice. *International Journal of Educational Research*, Volume 62.
5. Lobman, C. L. (2006). Improvisation: An Analytic Tool for Examining Teacher-child Interactions in the Early Childhood Classroom. *Early Childhood Research Quarterly*, Volume 21, Issue 4.
6. Maroni, B. (2011). Pauses, Gaps and Wait Time in Classroom Interaction in Primary Schools. *Journal of Pragmatics*, Volume 43, Issue 7.
7. Twiner, A., Littleton, K., Coffin, C., & Whitelock, D. (2014). Meaning Making as an Interactional Accomplishment: A Temporal Analysis of Intentionality and Improvisation in Classroom Dialogue. *International Journal of Educational Research*, Volume 63.
8. Yin, H. B. et al. (2013). Exploring the Relationship Among Teachers' Emotional Intelligence, Emotional Labor Strategies and Teaching Satisfaction. *Teaching and Teacher Education*, Volume 35.

83 如何应对课堂非预设事件？

实战问题

宋老师在给小学生上汉语课时，班里突然飞进来一只蜜蜂，一个女生惊叫“bee”，知道“蜜蜂”这个词的学生也跟着大声说：“老师，蜜蜂！”这只蜜蜂一下子吸引了所有学生的注意力，如果你是宋老师，在这种情况下，你会怎么做？

观点碰撞

出现意外，因势利导

微汉语_David

我会直接问大家“Bee 用汉语怎么说？”告诉他们叫“蜜蜂”，并通过造句来复习所学知识，例如“教室里有一只蜜蜂”（存现句），“蜜蜂飞进教室”（趋向补语），“我想把蜜蜂赶走”（把字句）等。最好结合当时那节课所学的知识点，然后继续教学。

张家莉

宋老师可以调整课堂内容，针对这个蜜蜂来教授相关知识，比如颜色、昆虫等词汇。

淡定应对

Helen Zhang

以上做法太理想主义了。有蜜蜂进来的时候，小学生是不可能还有心思跟你学“蜜蜂”用中文怎么说的。我的教室进过好几次马蜂，十年级的学生一般不理会，八年级的会大呼小叫。遇到这种情况必须及时处理，蛰到孩子们很麻烦。

孙 岩

同意上面老师的说法，遇到突发状况，学生一般都会不淡定，赶紧找相关人员解决问题是关键。突发状况消除了，再增加一点针对性的情境教学则容易拉回学生的注意力。

刘 弘

首先是要想办法赶走蜜蜂！利用这个情景来教学是赶走蜜蜂之后的事情。

方 杰

遇到这种情况，老师千万不能慌张，要先安抚学生，告诉学生不要招惹蜜蜂，它在没受到威胁的时候是不会伤害人的。然后想办法把蜜蜂轰出教室，一定不能当着学生的面把蜜蜂打死。如果班上有不害怕的学生，也可以让学生来帮忙。有必要的话，可以求助办公室的老师来帮助。处理完之后，可以教学生“蜜蜂”用汉语怎么说。

理论广角

课堂非预设事件

课堂非预设事件，是指教学进程中出现的一系列不在教师预先准备范畴内或预设内的课堂事件，具有一定的突发性和意外性。吴勇毅、石旭登对其进行了探索性的研究。国际汉语课堂非预设事件主要由内部因素（教师、学生）或外部因素（设备、环境等）引发，可能会对课堂重心造成不必要的迁移。每个教师在自己的教学过程中，多多少少都会遇到一些课堂突发事件，这些问题会影响课堂教学的连贯性，有时也会令教师尴尬。面对课堂非预设事件，教师应该坦诚大方、泰然自若，选择合适的应对策略，切不可自乱阵脚。机智、灵活的处理方式能减少课堂非预设事件的不利影响，甚至能将其转化为有价值的教学资源。

教师最常用的方法就是放低姿态地控制课堂，在不破坏课堂正常进行的情况下处理突发事件。面对尴尬和突发事件，教师需记住：（1）养成良好的生活和工作习惯，很多尴尬可以避免；（2）一旦遇到尴尬的情况，随机应变很重要。可以采用忽视法、遮掩法、将计就计法、幽默法、道歉等方式解决。

同时，非预设事件也是一种可以利用的课堂教学资源。与当下教学无关的随机非预设事件，例如天气变化、电器故障、课堂造访、学生非学习行为（迟到、早退、打瞌睡、拍蚊子、讲闲话）等，一旦与语言学习发生关联，并用于教学，就可以成为教学资源，显现其价值。这些事件的真实发生，是可理解输入出现（同时也是表达输出）的机会，尤其对汉语水平较低的学生来说更是如此，因为这些事件本身的解释力强，有助于学习者理解相关的语言知识和语言表达。例如，某位老师在教副词“才”时，恰好有一名学生姗姗来迟，于是这位老师就发问，“你怎么才来呀？别的同学早就来了。”依赖即时场景，学生很容易体会到“才”所表达的事情发生得晚的意思。这类非预设事件要转化为教学资源，被教师所利用，还需基于教师对学生汉语水平的了解和对事件的敏感性。（吴勇毅、石旭登，2011）

延伸阅读

1. 田艳. 国际汉语课堂教学研究——课堂组织与设计（第三章“探讨国际汉语教学的班级建设与课堂管理——课堂上偶发事件的处理”）. 北京：中央民族大学出版社，2010.
2. 吴勇毅，石旭登. CSL 课堂教学中的非预设事件及其教学资源价值探讨. 世界汉语教学，2011（2）.
3. 周建秋. 捕捉非预设性生成资源，激发科学课堂生命活力. 基础教育研究，2005（5）.
4. Finch, A. (2010). Critical Incidents and Language Learning: Sensitivity to Initial Conditions. *System*, Volume 38, Issue 3.
5. Lishchinsky, O.S. (2011). Teachers' Critical Incidents: Ethical Dilemmas in Teaching Practice. *Teaching and Teacher Education*, Volume 27, Issue 3.

84 学生信息知多少？

实战问题 1

教师对学生的了解有助于教学的合理安排，那么如何才能在不侵犯学生隐私的情况下掌握学生的相关信息呢？

观点碰撞

苏磊鑫

在新生入学前翻阅学生的申请资料，掌握他们的基本信息（年龄、学历、婚姻、民族、宗教、母语、工作经历）等，之后根据学生情况做好大致的分班工作。学生入学之后会有师生见面会、新生欢迎会、新生游览等一系列活动，有助于师生相互了解，到正式上课的时候师生已熟悉。

蒋 楠

了解学生背景是教师备课中不可缺少的重要环节。我很重视课前对学生背景信息的掌握，尤其是小班课或一对一教学的时候。尽可能多地了解学生背景信息，有助于课堂教学中的练习设计，让练习变得更有针对性。一般来说，大班我会采用调查问卷的形式，小班或一对一我会用面谈的方式。

潘 燕

可以通过观察学生和与学生交流来了解信息。从学校拿到的学生资料未必能使老师了解学生的性格、家庭背景、课余生活、成长轨迹等信息，所以可以通过观察了解性格，不善言语的学生和外向活泼的学生就可以用不同的鼓励方式。通过交流了解学生的课余生活、成长轨迹等，从而寻找学生关注的话题，可供今后教学用。

孙岩

开学前对学生有个大致了解，然后在教学过程中随着各个话题的推进，学生自己就把个人信息说出来了。

实战问题 2

陶老师在越南一所小学教汉语，下个星期她打算给一年级的班讲“颜色”这个话题，可是她听说一年级 A 班里有个色盲的学生，无法分辨红色和绿色。陶老师为这一话题准备了很多教具和教学活动，可是一想到这个孩子她就有点儿犯难。她担心在这个话题下进行教学活动会让那个孩子感到不愉快，但似乎又不能在该班放弃这个话题。如果你是陶老师，你会怎么做？

观点碰撞

郎媛

针对这种情况，可以把红绿这两个颜色做成文字卡片，让学生们念读和指认。其他的可以弄成颜色卡片，随意出示让他们快速抢答或者排队做游戏。

阎卫

这个问题在美国好像不是什么大问题，红绿色盲的学生并不感到受歧视，就像其他残疾人一样没有自卑感。因此讲颜色涉及红绿色时，老师不必刻意去特别“照顾”色盲的同学，因为那样的特殊照顾可能会真正伤到那个同学的自尊心。不过，老师可以多讲其他颜色，毕竟颜色不只有红绿两色，还有橙黄青蓝紫等。涉及隐私问题，老师确实要了解当地的人文习惯，对于不同的文化背景的人，隐私的概念也许不一样。中国人忌讳的问题也许正是别人的热门话题；相反，别人的忌讳在中国人的概念中可能就是小事一桩。对于新到异国的老师来说需要时间去了解和理解。

孟嘉君

在处理这类问题时，教师需要针对不同国家的文化以及学生的性格采用不同的方式。在一些国家，学生并不会因为色盲而自卑，针对这种情况，教师没有必要过于关注他们，正常开展教学活动即可。如果问题涉及学生的隐私，甚至有可能伤害到学生，教师应该善意地避开话题，改变教学活动。

理论广角

因 材 施 教

学习者不仅是知识和技能的接受者，更是一个个独立、复杂的人。多方面掌握学生信息，了解其学习基础、家庭背景、性格特点、习得风格等方面，不仅能使教学更有针对性，因材施教，还能保证师生的良好互动和交流，并能有效避免因教师疏于了解、关注而对其造成不必要的“情感伤害”。

教师可以从以下五方面了解学习者（张宁志，2012）：

（1）教学对象属于哪个国家或地区、性别、年龄、宗教信仰、文化背景等。在文化背景方面需要注意各国学生的文化差异。如教授马来西亚、印尼等一些信仰伊斯兰教国家的学生时，就要注意他们宗教信仰中的一些忌讳问题。

（2）教学对象学习目的语的时间、目的及要求，针对不同的情况采用不同的教学方法。

（3）教学对象的母语或媒介语是什么，掌握几种外语。

（4）了解教学对象已有文化水平和所学专业，有助于教师了解学生的学习能力、学习习惯、学习态度以及汉语基础。

（5）了解教学对象的学习方法、学习能力、生活习惯、性格爱好及传统习俗等。如教授美国学生，教师就要给学生一个很明确的教学计划，明确告知学生每一节课的安排与学习任务，因为美国学生比较依赖老师给的计划，习惯按照老师的计划按部就班地学习。

延伸阅读

1. 高立平．对外汉语教学中的文化意识．南京社会科学，2002（2）．
2. 胡文仲．跨文化交际学概论．北京：外语教学与研究出版社，1999.
3. 张宁志. 国际汉语教师手册——新教师必备81问（第八章“海外教学篇”）. 北京：商务印书馆，2012.
4. Fowler, J., & Şaraplı, O. (2010). Classroom Management: What ELT Students Expect. Procedia–Social and Behavioral Sciences, Volume 3.
5. Goetz, T. et al. (2013). Characteristics of Teaching and Students' Emotions in the Classroom: Investigating Differences Across Domains. *Contemporary Educational Psychology*, Volume 38, Issue 4.
6. Rosales, J et al. (2012). Teacher-student Interaction in Joint Word Problem Solving. The Role of Situational and Mathematical Knowledge in Mainstream Classrooms. *Teaching and Teacher Education*, Volume 28, Issue 8.
7. Shepherd, M.A. (2014). The Discursive Construction of Knowledge and Equity in Classroom Interactions. *Linguistics and Education*, Volume 28.

85 母亲节课堂活动设计

实战问题

请结合学生的年龄特点，考虑不同学生的情况，以汉语学习为目的，为4-6岁的孩子设计几个和母亲节相关的活动。

观点碰撞

邱洁

母亲节这个话题推荐参考经典儿童绘本《我妈妈》。

薛白

（1）设计活动，主题为“妈妈的一天”，让孩子们画图说话；（2）提问：“我帮妈妈做什么？”让孩子们想一想能为妈妈做什么，并回家主动为妈妈做，第二天在班里汇报；（3）可以让三四个孩子一组在一张大纸上画出各自的妈妈，并看图说话介绍自己的妈妈。（4）还可以准备几张不同样子妈妈的图片讲解短语，如开心的妈妈、爱做饭的妈妈、妈妈很漂亮等。

潘燕

（1）通过播放一段公益广告（广告内容是小男孩端洗脚水给妈妈，并说“妈妈，洗脚。我也给你讲小鸭子的故事”。）教词语“洗脚”。（2）老师引导学生通过简单的手工制作一朵花送给妈妈，并教“花”“送花”等。借此告诉学生可以通过以上方式表达爱意。但是设计前应该了解学生的基本情况，班里是否有学生没有妈妈。如果有，可以建议他们把花送给像妈妈一样爱他们的人。

赵敏

（1）可以播放一两个关于母亲的动画（如孟母三迁）或影视片段，引导同学们描述影片中的妈妈是怎样的，妈妈和孩子做什么。在这个过程中教一些简单的描述妈妈的词语，然后让孩子们说说自己的妈妈是怎样的。(2)准备一些工具(彩纸、彩笔、小剪刀、彩绳等),老师教孩子们一起制作漂亮的贺卡或折纸,同时教一些关于妈妈的简笔画,制作完成后作为礼物送给他们的妈妈。(3)教同学们唱关于妈妈的儿歌《我的好妈妈》,视频、音频一起播放,曲调和歌词都比较容易,适合这个年龄段的小孩。可以让他们学会了回去唱给妈妈听。

孟嘉君

国际汉语教学中主题活动的设计,要立足与学生的知识水平和生活实际。可以选择与每个学生密切相关的家人、朋友,也可选择与中国传统文化相关的风俗、节日,或是大家都关注的饮食、交通等主题展开课堂活动。这类活动能使学生在学习情境中进行自主的探讨和学习,也有利于在活动中了解中国的国情与传统文化。但在活动主题的选择与活动细节的设计上,教师应全面考察、谨慎选择,避免触及学生的隐私或引起不必要的文化冲突。

理论广角

儿童的特点与二语教学

Halliwell.S.(1992)认为儿童有以下特征:(1)主动理解语言含义;(2)贪玩好学、玩中学习、精力旺盛;(3)无意识地间接学习;(4)擅长发挥想象能力;(5)创造性地运用有限的语言资源;(6)自己找出兴趣的能力;(7)能集中精力的时间比较短;(8)具体的事情优先。总的来说,与成人相比,儿童的特点使他们先天地具有习得第二语言的条件。

儿童的第二语言教学,要根据儿童的年龄特点和交际特点来展开。首先,儿童的第二语言教学应更多地运用动作和感觉,不能仅仅依靠语言的输入,教师应充分利用周边环境,围绕儿童喜闻乐见的图片和实物展开教学活动;其次,引进游戏教学法,通过动作、游戏、活动等方法为儿童创造自然习得语言的课堂环境。但儿童集中精力的时间比较短,教师必须使用多样的活动控制进度,维持学生的兴趣,因此需要分析每个学生的特点,安排合理的教学方法与环境。如老师带领学生通过简单的手工制作一朵花或者设计一个卡片送给妈妈,并围绕这一活动在做中教会学生关于“送礼物”“说祝福语”等话题的语言点,效果会很好。

儿童汉语教学应遵循以下几个原则(张宁志,2012):要特别注意激发和保持学生对汉语的兴趣;尽可能地在游戏中学习,制订以游戏活动为主的教学模式；教学方法尽可能接近真实自然的交际；适当地容忍错误。儿童学习语言更需要安全感，老师不应该苛求学生的表达，不必见错就纠。

延伸阅读

1. 张红蕴. 对外汉语教学活动课程简论. 现代语文（语言研究版），2009（6）.
2. 海伦娜·柯顿，卡罗尔·安·达尔伯格. 语言与儿童（第四版）（第十三章“让语言生动起来”）. 北京：外语教学与研究出版社，2011.
3. 张宁志. 国际汉语教师手册——新教师必备 81 问（第九章“少儿教学篇”）. 北京：商务印书馆，2012.
4. 郑俊模. 多元智能理论在韩国儿童汉语课堂教学中的应用研究. 山东大学硕士论文，2013.
5. Gest,S.D., & Rodkin, P.C. (2011). Teaching Practices and Elementary Classroom Peer Ecologies. *Journal of Applied Developmental Psychology*, Volume 32, Issue 5.
6. Opdenakker,M.C., & Damme J.V. (2006). Teacher Characteristics and Teaching Styles as Effectiveness Enhancing Factors of Classroom Practice. *Teaching and Teacher Education*, Volume 22, Issue 1.
7. Reupert, A., & Woodcock, S. (2010). Success and Near Misses: Pre-service Teachers' Use, Confidence and Success in Various Classroom Management Strategies. *Teaching and Teacher Education*, Volume 26, Issue 6.

86 儿歌的妙用

实战问题

唱儿歌是少儿汉语教学中较常使用的一种课堂活动形式，教师常会用其他歌曲的旋律填上汉语语句，下面这首颜色歌用的就是“两只老虎”的旋律。就这首儿歌，想一想教师该如何利用它进行替换操练？配合着儿歌，教师可以设计什么课堂活动或游戏？

这是蓝色，这是蓝色，蓝蓝蓝，蓝蓝蓝。我喜欢蓝色，我喜欢蓝色，蓝蓝蓝，蓝蓝蓝。

这是红色，这是红色，红红红，红红红。我喜欢红色，我喜欢红色，红红红，红红红。

这是绿色，这是绿色，绿绿绿，绿绿绿。我喜欢绿色，我喜欢绿色，绿绿绿，绿绿绿。

这是黄色，这是黄色，黄黄黄，黄黄黄。我喜欢黄色，我喜欢黄色，黄黄黄，黄黄黄。

……

观点碰撞

替换、改编和操练

鞠 慧

教师可以给每个学生发一张颜色卡片，教师随机说一种颜色（如“红色”）或展示一个红色的物品，拿红色卡片的学生站起来唱相关唱段。当然也可以给每个学生都发一套颜色小卡片，大家齐唱，唱到哪个颜色，就把相应的色卡举起来。

薛 白

这首儿歌可以改编成以学生为中心的歌词，比如：我是丽丽，我是丽丽，爱学习，爱学习。我爱学习唱歌，我爱学习舞蹈，真开心，真开心。

潘燕

按薛白老师的思路，我想到了这样的替换操练法，歌词可改编成：两只眼睛，两只眼睛，真明亮，真明亮。这是我的眼睛，这是我的眼睛，真明亮，真明亮。一个背包，一个背包，咖啡色，咖啡色。这是她的背包，这是她的背包，真漂亮，真漂亮……老师先唱，学生根据唱的内容来指。比如唱到“这是我的眼睛”，学生指自己的眼睛，唱“这是她的书包”，学生指班里某位同学的包。老师还可以把“这是她的书包”改为“这是谁的书包”，要求学生回答。之后再教学生唱儿歌。

钱钦

还有一首儿歌很好用“Head shoulders knees and toes”，曾被我改编成：“头，肚子，手臂，腿，手臂，腿；头，肚子，手臂，腿，手臂，腿。眼睛，耳朵，鼻子，嘴；头，肚子，手臂，腿，手臂，腿。”熟悉旋律的朋友，自动唱起来！

歌曲教学的原则

孙岩

通过歌曲教汉语要注意歌曲的旋律一定要简单，如果是学生熟悉的最好。另外，还要注意歌词要简单、有复现。

成人课堂歌曲应用

刘志刚

有两个用处：（1）用歌曲进行听说练习，以《一封家书》为例，要求学生边听歌曲，边填空完成歌词。在检查过答案之后，学生再次听歌曲并回答老师的问题。最后让学生改编歌词内容，达到替换操练的目的。（2）借用歌曲让学生感受中国文化。以歌曲《在北京》为例，首先组织“头脑风暴”练习，让学生联想与北京有关的词汇。之后让学生听歌曲，通过填空补全歌词。接着与学生共同欣赏歌词，解释歌词中呈现的北京人文、历史、地理等文化因素。最后组织拓展练习，让学生为班级其他同学介绍自己最喜欢的一处北京的名胜古迹。

理论广角

如何让儿童语言课生动起来?

增强儿童汉语作为第二语言课堂的生动性，可以借鉴海伦娜·柯顿（2011）中展示的美国中小学外语课堂教学的方法，从课堂使用工具、游戏活动和现代科技等方面提升课堂质量。儿童早期语言课堂要使用来自目的语文化的各式各样的教具和教材，这种对大量教具和多元化教材的需求是中小学教育与更高教育之间最明显的区别。早期语言教师在教材和资源上投入时间和精力，有助于活跃课堂气氛、满足学生发展需求。例如可以有效利用日常用品或实物教具：图表纸、白板、活动挂图可以用在讲故事学语言的课堂上辅助演示与讲解，白板是展示小组讨论和头脑风暴结果的最佳工具；彩色粉笔可以给黑板上进行的活动增加多样性；还有教师用彩色贴纸奖励课堂表现出色或者作业做得好的学生，这类奖品在出其不意地奖励学生的时候效果最好。还可以利用一般资源：书籍和音像制品这类材料适合大声朗读；目的语文化中的歌曲集能够帮助教师选取合适的教材，强化特定的主题或课程中学过的单词。手指游戏就是一些童谣配上相应的动作，在学前和小学教育中很常见。另外，巧妙合理利用图片视觉资料，如图片档案、挂图、闪卡等，和教室设备如黑板、画架、地球仪等也能使课堂生动化，提升语言课堂的质量。

游戏和活动是非常重要的课堂学习手段，早期语言教学的沟通目标可以通过这些手段来实现。游戏和活动能让儿童参与到有意义的、有激励作用的情境中，并且在这种情境中交换真实的信息。事实上，无论学习者年龄有多大，游戏和活动都是学习语言的一种强有力的工具，能让语言生动起来。

科技作为一种特别的资源也能让语言生动起来。教师可以将科技应用于课堂教学，如有效使用因特网，将学生的作品有目的地收集起来建立电子学习档案；在课堂中使用录像或电视讲课；建立一个可供家长访问的网页（其中包括你对班级的期望、对家长的建议——如何帮助孩子在家里练习目的语言等）。有时候儿童语言教师所使用的科技是一根魔术棒，可以给教学和课程带来翻天覆地的变化。

延伸阅读

1. 丁迪蒙. 对外汉语的课堂教学技巧(第九章“辅助的教学手法”). 上海:学林出版社,2006.
2. 海伦娜·柯顿,卡罗尔·安·达尔伯格. 语言与儿童(第四版)(第六部分“资源”). 北京:外语教学与研究出版社,2011.
3. 龙叶,雷英杰. 浅谈中文歌曲在对外汉语听力教学中的应用. 云南师范大学学报(对外汉语教学研究版),2007(4).
4. 田艳. 国际汉语课堂教学研究——课堂组织与设计(第十三章“挑战沉闷与刻板:国际汉语课堂教学上的轻松时刻”). 北京:中央民族大学出版社,2010.
5. 赵守辉,罗青松. 汉语课堂,引进歌唱. 汉语学习,1994(4).
6. Aldeguer, S. P. (2014). The Influence of Students' Cultural Music and Classroom Music Activities on Their Attitudes Towards Their Multiethnic Peers. Procedia–Social and Behavioral Sciences, Volume 116.
7. Cameron, Lynn. (2001). *Teaching Language to Young Learners*. Cambridge: Cambridge Language Teaching Library, Cambridge University Press.
8. Mashayekh, M., & Hashemi, M. (2011). The Impacts of Music on Language Learners' Performance. Procedia–Social and Behavioral Sciences, Volume 30.
9. Seddon, F., & Biasutti, M. (2009). Evaluating a Music E-learning Resource: The Participants' Perspective. *Computers & Education*, Volume 53, Issue 3.

87 宾果游戏的设计和运用

实战问题 1

你知道什么是宾果（Bingo）游戏吗？请了解该游戏的规则，并试着将游戏与量词教学结合，进行具体的教学活动设计。

实战问题 2

课后我跟杨老师一起讨论了Bingo游戏失败的原因，她认为我的设计给学生制造了麻烦。但是我又不能像她那样用图片来代替词语，因为我现在教的词组很难再用图片展示了，而且我也确实想让我的学生学习认字。仔细想想，我觉得这个游戏用来进行词汇练习其实是没有问题的。而且分组进行这个活动也能让我更好地控制游戏过程。但是，我怎么能让他们不写汉字又能做词汇游戏？又怎么能让小组成员都能参与进来呢？

观点碰撞

宾果（Bingo）游戏的特点

方杰

国外的学生都比较熟悉Bingo游戏，在学习数字的时候可以用，老师读数字，学生们找。只要老师设计得好，也可以用在认读汉字环节。

林琳

老师可以给出九宫格，格子里写上量词。老师读句子，让学生选择正确的量词完成句子，最快选择正确量词的学生，喊“Bingo”。通过组织完整的句子，帮助学生练习量词短语。

薛白

Bingo的一个特点是，报数字的人先报十位数字，再报个位数字，然后才形成一个数字的词。按照这个思路，可以演绎成两种：一种是单元格内是一个音节，老师先报声母，再念韵母，看看学生能不能很快找到对应音节；还有一种是单元格内是一个词，老师一个一个地念汉字，看看学生能不能很快找到相应的词语。

孙岩

可以填入九宫格已学名词，老师念量词学生找到搭配的名词。

巧用Bingo学汉字

刘志刚

巧用“宾果游戏”能帮助学生学习汉字。活动分为三个步骤：（1）在游戏前，进行必要的准备工作。老师让学生各自在规定时间内写下十个不同的汉字，两两之间进行协商之后，每四人一个小组进行交流，对彼此重复的汉字进行改换，确认每组拥有四十个不同的汉字；（2）以两组为单位，进行游戏。A组一位同学先说出自己纸条上的一个汉字，如对方B组的四位同学中有相同的汉字，则喊“Bingo”，两人同时划掉汉字，喊“Bingo”的同学继续读自己的汉字，游戏依次进行。手中纸条的十个汉字先划掉的同学则成功“逃脱”，第一个逃脱的学生得八分，第二个得七分，依次类推，最后四人得分累计最多的小组获胜；（3）打乱原有分组顺序。如第一组四个同学分别为A、B、C、D，第二组也是，要求两个组的A、B、C、D分别坐到一起，即每一组的四个学生旁边现在是一位对方组里的“对手”，彼此听写自己手中纸条上的汉字。写完之后，所有纸条上交教师，教师再修改评定。“小组合作学习模式”给学生带来很多便利，尤其适合学习完一定数量汉字的学生。通过集中的复习，学生完整地经历了自我回忆、合作交流、互相检查等重要的学习环节。

课堂活动和游戏原则

蒋楠

课堂活动或游戏是为了练习所学知识。因此，在活动设计上，教师要注意可操作性。活动指令要清楚，不要让复杂的环节影响活动的初衷。总之，活动只是手段，不可喧宾夺主。

张京京

分组活动需要注意规则的制订，不以个人而以小组论“输赢”，不要做“一锤定音”的活动，而要让学生“步步惊心”。例如：老师读一个词，学生进行识别匹配后，需有一名学生重复该词或说出意思，正确则记一分；下一轮要求另一组一个学生重复上一词和新词；再下一轮则需重复三个词。错误则同组下一人有机会改正一次，改对则不扣分。以此保证所有人的注意力和参与度。学生一旦对这种形式熟悉了，每次活动前还可安排几分钟让各小组一起复习巩固，效果一般都不错，学生大都会努力把活动“材料”尽快牢牢装进头脑里。

孟嘉君

以游戏为手段的教学活动，不仅要求教师熟悉每个环节，做好课堂管理，还需要运用灵活变通的手段，保证教学活动的有效进行。尤其应该注意的是，别让课堂活动流于表面，欢笑过后，让学生带着知识回家，真正做到“寓教于乐”。教师要精心设计、选择课堂游戏，还要在课后及时反思、总结：回忆游戏的实际操练情况，分析它与预期效果的差异，结合管理课堂的个人体悟，提出并尝试解决问题。

理论广角

儿童汉语课堂游戏

在儿童汉语教学中采用游戏教学法是根据儿童的特点决定的。他们好动，注意力难以集中。课堂游戏正是投孩子们所好，是提高老师的教学效率、增强学生学习能力的良方。采用游戏教学法能让孩子减轻语言学习的枯燥感。在游戏中淡化语言的学习概念而变成语言的自然习得。

教师可以根据教学任务的需要，结合学生的汉语水平，编选出不同层次的语言游戏材料应用于教学过程的各个阶段。鲍思冶老师的《中文游戏大本营》中提供了丰富有趣的游戏创意，为新手教师打开一扇奇异之门，帮助他们更好地组织操练，提升课堂的趣味性。书中提出了游戏设计的五大原则：（1）目的性。教师要根据教学的内容和目标进行合理的设计，不能随意安排游戏，游戏要为教学服务；（2）创造性。教师要灵活地处理教材内容与游戏的关系，创造性地设计游戏活动；（3）游戏要有一定难度，最大限度地激发学生的参与热情，使课堂充满悬念与挑战，使学生乐于尝试，有机会在活动中体验成功。（4）可操作性。游戏活动应当形式简单、易于操作。（5）多样性。这需要教师平时注意积累多种游戏方法，不断设计新的游戏，以满足学生强烈的好奇心，持续激发他们的兴趣。

此外，在儿童班要注意有序地进行课堂游戏，即教师要具备对课堂的控制力。教师要向学生介绍清楚游戏规则，可先与水平较高的学生进行示范。在一些需要团队合作的游戏，如“传话”“你比我猜”中，需要帮助学生进行游戏分工，以免造成课堂混乱。教师在课堂游戏中还可以制订一系列的奖励制度，如采用分组竞赛制，适度激发学生的竞争意识。

延伸阅读

1. 曹梦芸. 谈对外汉语教学中零起点儿童班的短期汉语教学——以菲律宾“中华文化大乐园”碧瑶园为例. 文教资料，2011（21）.
2. 姚洋. 浅谈对外汉语的课堂游戏教学. 改革与开放，2011（2）.
3. 刘辉. 试论使用游戏手段提升对外汉语课堂教学的趣味性. 中国校外教育，2013（9）.
4. 闻亭，常爱军，原绍锋. 国际汉语课堂管理（第五章“活动与管理”）. 北京：高等教育出版社，2013.
5. Victor Siye Bao, Sihuan Bao, John Tian（新西兰）. 中文游戏大本营——课堂游戏100 例. 北京：北京大学出版社，2010.
6. Ekin, M. T. Y. & Damar, E. A. (2013). Voices from the Young Learner Classrooms: If I Were .... Procedia – Social and Behavioral Sciences, Volume 93.
7. LeBlanc,G.& Bearison, D. J. (2004). Teaching and Learning as a Bi-directional Activity: Investigating Dyadic Interactions Between Child Teachers and Child Learners. *Cognitive Development*, Volume 19, Issue 4.
8. Stakanova, E.,& Tolstikhina, E. (2014). Different Approaches to Teaching English as a Foreign Language to Young Learners. Procedia – Social and Behavioral Sciences, Volume 146.

88 儿童课堂乐趣多

实战问题

有一天，几个在海外教小学生的志愿者在 QQ 群里展开了教学讨论，大家都认为“水果、动物、颜色”等话题比较容易设计活动，但教“日期”这个话题的时候，学生好像不太容易掌握“…年…月…日，星期…”的表达；教师也不太容易设计出有趣的课堂活动。你觉得给海外小学生教这个结构可以使用什么方法，设计什么教学活动？

观点碰撞

薛白

让学生讲述今天要做什么，或者昨天做了什么。讲述之前让学生先说明，今天是哪年哪月哪日星期几，日积月累学生就掌握了。

钱钦

汉语里的几月几日星期几的表达方式，仅使用数字，比英语或其他语言简单得多。只要讲清楚，较容易掌握。可与生日的句型一起教。Q：你的生日是什么时候？ A：我的生日是7月1日。可以让学生走动起来互相问，看谁收集到的信息最多。可将日历作为教具，结合“昨天、今天、明天、上周一、去年”等来教学。如果学生大一些，就可以讨论星座、生肖。“我 5 月生日，金牛座，你呢？”等。如果老师带平板电脑上课，就把万年历打开，先随意说个未来的日期，让学生猜是星期几。“请问，2050 年 7 月 1 日是星期几？”看哪个同学率先猜中。或者分几队，看哪个队先猜中。如果是青少年或成人班，还可以介绍中国的农历知识、节气知识，可以拓展的知识有很多。

刘志刚

可以个人或小组为单位进行竞赛，以“包含零到九的数字多”为标准判断，每一次所说的日期符合标准的胜出得分，比如，“2014 年 7 月 2 号（星期三）”包含 6 个数字，得分多者胜。

方 杰

介绍自己及家人的生日，介绍所在国的节日和重要活动的时间可以练习日期的表达用法。

孙 岩

我做过一个游戏效果还不错，日历拍苍蝇。在屏幕上投出日历，老师说月日学生找出来。这个活动可以分几轮进行：周内、月内、年内、年际。

理论广角

儿童汉语课堂活动

在面向儿童的汉语课堂中，抓住他们的注意力、激发他们的兴趣是第一位的，活动正好起到了这个作用。因此在面向儿童的汉语教学中，活动是教学的主要形式，一堂课的内容经常就是若干个活动。实施活动分为活动前、活动中、活动后三个阶段。“活动前”指教师的备课阶段，在这一阶段，教师要认真地思考活动目的、具体流程、可能出现的问题等；“活动中”指教师开展活动的阶段，教师要调动学生的热情，让他们积极地参与到活动中来，随时解决出现的问题，做好过程控制；“活动后”指活动结束教师下课后，教师要对活动进行反思，积累经验。

“活动中”是教师真正开展活动的阶段，教师在活动中需要注意以下几点（闻亭等，2013）：

（1）环节的紧凑性。活动整个流程包括六个环节：说明规则、规则演示、学生分组、分组准备、成果汇报、教师点评。每个环节都要抓紧时间，在有限的活动时间内让学生多练习，提高课堂效率。

（2）学生的能动性。“以学生为中心”在课堂活动中体现为教师让学生自己去设计活动的具体内容。比如在设计“买东西”的小组活动中，教师让学生发挥想象，去买水果、买文具、买手机等。给予学生的发挥余地越大，越能调动学生的积极性。

（3）个别纠错。分组准备的时间是教师个别纠错的好机会。分组准备时，教师要照顾到每一个组，发现问题可以随时打断并进行纠正。

（4）鼓励与点拨。在学生分组准备和成果汇报时，教师要随时记录学生的问题，可以在教师点评阶段统一指出普遍存在的问题，个别学生的问题单独处理。

延伸阅读

1. 罗军毅，黄林郁．英语课堂游戏的探索与实践．魅力中国，2010（2）．
2. 汪婷．小议课堂游戏在第二语言口语教学中的实践应用．北京电力高等专科学校学报（社会科学版），2011（4）．
3. 闻亭，常爱军，原绍锋．国际汉语课堂管理（第五章“活动与管理”）．北京：高等教育出版社，2013．
4. 周健．汉语课堂教学技巧与游戏．北京：北京语言大学出版社，1998．
5. Georgopoulou, A. A., & Griva, E. (2012). Story-based Learning: Implementation of a Pilot Project for Early Foreign Language Learning. Procedia–Social and Behavioral Sciences, Volume 31.
6. Gunning, P., & Oxford, R. L. (2014). Children's Learning Strategy Use and the Effects of Strategy Instruction on Success in Learning ESL in Canada. *System*, 43.
7. Sühendan Er. (2013). Using Total Physical Response Method in Early Childhood Foreign Language Teaching Environments. Procedia–Social and Behavioral Sciences, Volume 93.

89 有效管理课堂的“成长树”

实战问题

孙老师在国内一家国际学校教小学，她让每位学生动手制作一棵属于自己的“成长树”，贴在教室四周的墙上。教师根据学生的纪律情况、参与活动的积极性、作业、课上发言等方面的表现，发给他们小红花，学生得到十个小红花，就可以兑换一个“快乐果”，挂在自己的成长树上。在每个“快乐果”上，孩子们还可以记录自己的快乐，如“我能画熊猫了！”“我遵守纪律，老师表扬了我！”“我的汉语发音越来越好了！”学生为了多得“快乐果”，积极要求上进，班级管理得井井有条。请谈一谈这位教师的做法对你的启发，想一想你会采用怎样的方式来有效管理课堂。

观点碰撞

“成长树”的问题

鲍思冶

这个老师的方法不错，但是一般让孩子记在本子上就好了。那么大张旗鼓地在教室里展示，其实并不是真正的国际学校的做法！不管她是班主任，还是中文老师，教室的布置绝对不会以这些东西为主的。这种布置更像国内的小学，我们迫切需要改变一些传统的观念才可以真正做好国际学校老师或者国际汉语老师。

方杰

我不会像这位孙老师这样，让学生把自己的“成长树”贴在教室的墙上，因为这也是学生的隐私，这样做会伤害到学生。我会在开学的第一堂或第二堂课就把奖惩制度告诉给学生，从各个方面对学生进行表扬，每表扬一次送给学生一朵小纸花或小贴画，如果学生违反了纪律，我会再把所奖励的纸花或贴画再拿回来一个，让学生们把得到的纸花或贴画都攒着，到期中或期末的时候兑换奖品。让每个学生都能得到小奖品，只是数量多少或奖品大小有区别而已，绝对不能让有的学生没有得到奖品，这样会很大地伤害他们的自尊心。给奖品是鼓励学生而不是惩罚学生，更不能伤害学生。

孟嘉君

孙老师的做法在国内的小学比较常见，属于正强化，会给孩子带来一种竞争意识，激发表现欲，一定程度上有利于孩子积极进取。但是这种激励模式存在弊端，尤其是对于国际学校，做法并不可取。其一，孩子的课堂表现与学习成绩有时会涉及个人隐私，记录在教室的公开场合并不合适；其二，这种做法难免会给红花较少、自尊心较强的孩子带来焦虑感甚至自卑感。

鼓励学生的妙招

张潇雪

我每周五会在班里颁发一到两个证书，主要是表扬或肯定学生的进步。但这些进步不仅仅是学习上的，学生问了一个好问题，帮助了其他同学，或者是和上周相比进步很大等都会得到表扬。我设计的证书很个性化，因为是 PYP（Primary Year Program）学校，所以会用 PYP 语言，证书上会用几句话解释为什么颁发这个证书，再加上老师的签名，塑封。有时间的话，会把学生这周课上拍的照片附在证书上。所以每周五，一到五年级的学生都非常期待。通过这个证书，也能起到和家长沟通的作用，让家长知道最近孩子的表现。证书不能大批量地发，否则太容易得到，显得太廉价。

曾 薇

对于高年级的学生我们采用类似银行账户的管理方法，规定哪些行为可以加分，即“增加存款额”，哪些情况是减分的，即“减少存款额”。可以安排一到两个学生记录、监督每个学生的分数，同时设立小组长组织和促进每位学生参与项目。最后的账户“余额”可以兑换成与成绩相关的加分或减分。

孙 岩

我的一位同事采用“学习护照”的办法，学期初老师给每个学生准备一个护照大小的小本子，学生有良好的表现会在护照上盖一个章，最后统计印章数量来获得期末成绩中的表现分部分。这个办法跟曾薇老师的“银行存款法”异曲同工。

表扬的艺术

在课堂教学中表扬学生，可以激发学生的学习兴趣，构建和谐的师生关系。但并不是所有表扬都受欢迎。如果教师总是很随意、轻率地表扬学生，或者表扬失实、失准、失度，学生并不会高兴，反而可能产生骄傲情绪或者其他消极情绪。因此，课堂中表扬学生也要掌握火候和分寸，应注意以下三个方面：

（1）表扬要具体、真心。当学生顺利完成了教师预期完成的任务后，教师要及时给予语言上的鼓励和表扬。表扬要针对学生的具体行为，让学生感觉到自己的努力和表现得到了教师的关注和赏识。表扬所用的语言也要具体，发自教师内心，而不是笼统的、千篇一律的“对”“好”。

（2）表扬要公正。公正是表扬的最基本要求。不公正的表扬不但起不到积极的作用，反而会削弱学生的学习动机，甚至引起逆反心理，影响师生关系。表扬还应根据学生的个性特点和心理素质，因人而异。尤其是对语言能力差的学生，教师要善于发现他们每一个小进步，使表扬起到鼓励先进、带动后进的作用（周小兵，2009）。

（3）表扬不可过度。心理学上的“超限效应”是指刺激过多、过强或作用时间过久，从而引起心理极不耐烦或逆反的心理现象。刘儒德（2013）举过这么一个例子，一个学生上课总是调皮捣蛋，自己不认真听讲，还影响他人，因此各科老师上课总是批评他。时间长了，批评根本不管用，于是班主任想出一个新方法，让各科教师将对他的批评改为表扬，发现他有任何的进步或者“闪光点”，都立刻大加赞扬。开始他很受感动，表现也大有改进，可是突然有一天，当教师以同样的方式对他进行表扬时，他却大为恼火，说：“我已经进步了，还不够吗？”原因是听惯了批评的他，最初听到表扬时，觉得老师是真的看到了他的优点。后来老师们不断重复地对他进行表扬了一段时间后，他觉得老师的表扬缺乏诚意，而且其中许多是有意拔高的。由此他便认为，这些教师只不过是在哄自己，名义上表扬，实际上是让他注意这些方面，有明褒暗贬之意。所以教师对学生的表扬与批评都应注意“度”。如果“过度”就会产生“超限效应”，如果“不及”又达不到既定目的。教师要把握好“分寸”与“尺度”，避免“物极必反”的超限效应。

延伸阅读

1. 海伦娜・柯顿，卡罗尔・安・达尔伯格. 语言与儿童（第四版）（第7章“7.6档案夹”）. 北京：外语教学与研究出版社，2011.
2. 刘儒德主编. 教育中的心理效应（第二版）（“给学生留点‘空白’——超限效应”）. 上海：华东师范大学出版社，2013.
3. 周小兵主编. 国际汉语教学入门（第二版）（第二章“教学法与课堂教学——表扬与批评技能”）. 广州：中山大学出版社，2009.
4. 曾琳. 关注课堂评价的质量：美国的研究与实践. 外国中小学教育，2014（6）.
5. Chappuis, S. & Stiggins，R.J.（2002）. Classroom Assessment for Learning. *Educational Leadership*.
6. Ene,E., & Upton, T. A. (2014). Learner Uptake of Teacher Electronic Feedback in ESL Composition. *System*, Volume 46.
7. Felemban,F. H. (2012). Building up Learners' Communicative Competence: the Politeness Principle. Procedia – Social and Behavioral Sciences, Volume 46.
8. Hemmeter, M. L. et al. (2011). Impact of Performance Feedback Delivered via Electronic Mail on Preschool Teachers' Use of Descriptive Praise. *Early Childhood Research Quarterly*, Volume 26, Issue 1.
9. Voerman, L., Korthagen, F. A.J.m Meijer, P.C., & Simons, R. J. (2014). Feedback Revisited: Adding Perspectives Based on Positive Psychology. Implications for Theory and Classroom Practice. *Teaching and Teacher Education*, Volume 43.

90 课堂规则巧制定

实战问题

一位汉语教师为零起点的幼儿园孩子制订了“课堂红绿灯”规则。通过将白色吸铁石放到不同的区域来控制学生说话的音量。如果把白色吸铁石放在红色区域中，学生要完全安静下来；放在黄色区域中，学生可以小声说话；放在绿色区域中，学生可以自由讨论。你觉得她的做法如何？说说你的理由。

观点碰撞

设想很好

薛 白

与 Krashen 的情感过滤假说（affective filter hypothesis）相关，这位老师将死板的纪律变成了孩子们的游戏规则。孩子们容易在一个调动各种感官情绪的学习环境中学习语言，所以有趣的游戏可以让小孩子们更积极参与，投入到语言学习当中，做到寓教于乐。

张晓明

针对零起点的孩子，这位汉语教师利用“课堂红绿灯”充分调动了他们对色彩的认知，建立起课堂与现实世界的联系，这样既有效地开展了课堂管理，又让孩子们保持了学习的积极性，值得借鉴。

孙 岩

我觉得这位老师的设计很好，将孩子的认知和课堂管理联系起来了。当然很多管理方法在实际操作起来可能都需要调整或者效果达不到百分之百，这也很正常，不能因为有学生不理会就否定方法。

有些理想化

方杰

设想很好，但有些理想化，担心操作起来会失效。如果孩子们不理会老师的做法，这个方法等于白做。管理小孩子要看现场的情况，老师不能太死板、教条。

赵敏

这个方法很不错，让游戏和课堂纪律管理相结合，展现了教师的智慧，值得借鉴。但几次幼儿园教学的经历告诉我，幼儿的课堂是相当混乱的，总有那么几个孩子根本就不关心老师制订的规则，随意走动或者一动不动，把老师的话当耳旁风，他们并没有遵守规则的意识，甚至一些奖惩措施也不起作用。或许这个好方法放在小学课堂会更好一些，正如方老师说的，具体情况具体分析吧。

理论广角

美国小学课堂管理文化

McCaslin 等认为，课堂管理“远远不是诱导学生的服从，它能够或应当促进学生的自我理解、自我评价和内化为自我控制。”杨静林（2012）指出，美国小学课堂管理原则所折射出的管理文化，一定程度上能为少儿汉语课堂管理提供借鉴：

（1）“以人为本”的管理原则。美国小学“以人为本”的课堂管理原则主要体现在平等、规范与尊重三个方面。首先是平等，美国素有“移民之国”的称号，要在多元文化背景下实施课堂的有效管理，平等是首要前提，在有的美国小学里，校长总是每天早上第一个到学校负责组织管理提前到的学生。在各班的班主任到校后，校长还会协助班主任组织学生，完成学生点名。在办公室里帮助和教育被各班班主任送到校长办公室的违纪学生也是校长每天主要的工作内容之一。其次是管理的规范，每个班级的学生与教师可以通过讨论形成具有班级特色的个性化管理方案，这些方案必须要规范化，即课堂规则要与校规一致、与授课目标一致、与教学规律一致。第三是管理过程中体现尊重。一方面，教师在课堂实施管理时要本着解决问题的原则，使用幽默、亲切、鼓励和引导的方式维护课堂教学秩序，不能用讽刺、挖苦、威胁的惩罚方式。另一方面，教师应尊重学生隐私。

（2）细节决定成败的管理理念。美国小学课堂管理并非是教师随心所欲的行为，或是在几条抽象、空洞的规定指导下的自由发挥。它将课堂管理的每一个环节都考虑到位，并且对课堂管理者给出了具体的要求和明确的责任规范。以某小课堂纪律管理办法中的奖惩制度为例，《教师手册》要求教师实施换卡制度，不同颜色的卡片代表不同程度的处罚，这种注重细节的课堂管理让教师有章可循，操作和实践性强，利于教师预防或消解学生的问题行为。

（3）“家校合作”的管理模式。家庭的参与是儿童成功的关键因素。一方面，让家长熟悉学校课堂管理规则，能帮助执行和实施规则；另一方面，家长参与课堂管理，会使课堂管理变得相对容易。

延伸阅读

1. 陈时见. 论当代课堂管理的变革 . 广西师范大学学报（哲学社会科学版），2002（1）.
2. 顾援. 课堂管理刍议. 教育理论与实践，2000（12）.
3. 石炜. 抓住管理的缰绳——谈课堂管理艺术. 教育艺术，2001（2）.
4. 杨静林. 管窥美国小学课堂管理文化. 海外英语，2012（1）.
5. Bill Rogers. 蔡艳芳等，译. 课堂行为的有效管理策略（第二章“新班级、新学年：行为管理的建立阶段——噪音指示器”）. 北京：中国轻工业出版社，2011.
6. Curran M.（2003）. Linguistic Diversity and Classroom Management. *Theory into Practice*, Volume 42.
7. Kang, D. M. (2013). EFL Teachers' Language Use for Classroom Discipline: A Look at Complex Interplay of Variables. *System*, Volume 41, Issue 1.
8. Zhang, H. S. (2013). Managing Stacy: A Case Study of Turn-taking in the Language Classroom. *System*, Volume 41, Issue 3.

91 怎样上好第一堂课？

实战问题

以下是一位汉语教师在第一堂课上的做法，请予以评析。

伴随着中国传统音乐，教师对学生说你们要把自己想象成目的语文化里的学习者，要选一个名字，以后在这个课堂就用这个名字称呼。学生们闭上眼睛，听教师充满感情地念出一系列名字，然后教师再用生气的语气念一遍，这样学生就会知道上课期间如果教师生气了，念出的学生名字会是什么样。最后学生睁开眼睛，听教师第三次念出这个名字，如果听到自己想要使用的名字，就把手举起来。如果两个或更多的学生选择同一个名字，教师就继续念，直到最后每一个名字都只有一个学生选。要是有的名字特别受欢迎，好几个学生都想要，那么教师要么给多个学生都起这个名字，要么干脆放弃这个名字，让学生另选别的名字。

观点碰撞

孙 岩

感觉这个方法可能不太适合中小学生，一是过程太长，学生可能没有耐性一直参与，二是调皮的学生会借机起哄。

张晓明

老师起名字的做法很好，但是学生选择名字的过程有点长，而且教师应该也要把这些名字的意义告知学生，否则无法让学生产生发自内心的认同感。

曹丽媛

思考题中的引入方式特别好。中国传统音乐带学生们身临其境，氛围非常轻松，学生容易接受老师、接受汉语。但是也有疑问：内容是否单薄？先抢到名字的学生会不会犯困？建议时间要分配、控制一下。另外授课内容要增加自我介绍环节。把目标语“你好，我叫……”加进来，并在课上互动操练。总之，一堂课下来，一定要让学生开口说话。学生有成就感才会期待下一堂课。老师在下课前也可以“预告”下节课有趣、有悬念的重点内容，吊一下大家的胃口。

鞠慧

教师在第一堂课上应选用简单、易行的教学活动。这里的“简单、易行”不仅是对学生而言的，对教师而言也是一样。问题里提出的做法，对有些教师可能是适用的，放在我身上，可能就不适用，因为我对如何阐释这个规则、如何操控这个活动没有把握。正因为第一堂课很重要，教师要尽量选择自己有把握的教学活动。

理论广角

第一节课的课堂活动

关于第一节课的重要性和基本原则，在教育界的不同领域已有多种角度的阐述。根据杨惠元（2007）的研究：（1）第一节课应该满腔热情、满怀信心地走上讲台，教态亲切自然，声音清晰响亮，给学生一种很自信的感觉；（2）设计精彩的开场白，使学生觉得你是个热情的人。高级班的学生可以用汉语讲，初级班的学生可以用英语讲；（3）第一节课就记住学生的名字，给学生机敏的印象。能够叫出学生的名字，学生会感到被尊重，感到老师很亲切。上课前熟悉同学的名字，做练习时点名强化记忆，记住每个人的特点等方法能帮助老师记忆。十五人以下的班，点名时分成三段记，充分调动短时记忆的能力争取点名后就能说出每个人的名字；超过二十人的大班，课前做好写上名字的纸牌放在每个人面前，一边授课一边记学生的名字；（4）精心安排好教学内容，努力、认真地上好第一节课。这是赢得学生信任的关键。学生一旦觉得你是有学问、有权威、可信赖的老师，他们就会形成良好的心境，从而激发他们积极主动的学习热情。有了这样成功的第一节课，学生就会期待着第二次见面和上课。

学期之初，上好第一节课至关重要，开展有趣且有效的课堂活动，可以化解第一节课学生与老师之间以及学生与学生之间的尴尬，帮助学生感受汉语的乐趣，树立老师良好的形象，尽快拉近老师与学生的距离。教师应设计丰富多样的课堂活动，避免形式单调保守；课堂活动的设计除了要具备丰富性，还要注意灵活性；课堂活动的设计要以操作合理、可行作为原则，这样才能保证课堂活动的有效性。同时，在活动中，教师要明确自己的角色，说明活动规则，指导活动进行，控制好课堂，营造宽松、自然、和谐的课堂环境。

延伸阅读

1. 黄均凤，程乐乐．论零起点班第一堂汉语课教师的语言形式．云南师范大学学报（国际汉语教学研究），2004（3）．
2. 田艳．国际汉语课堂教学研究——课堂组织与设计（第三章“探讨国际汉语教学的班级建设与课堂管理——精心设计第一堂课”）．北京：中央民族大学出版社，2010．
3. 杨惠元．课堂教学理论与实践（第四章“教师的课堂教学意识”）．北京：北京语言大学出版社，2007．
4. 张航．关于第一堂汉语课的语言模式创建．语言教学与研究，2003（5）．
5. Atoofi, S. (2013). Classroom Has a Heart: Teachers and Students Affective Alignment in a Persian Heritage Language Classroom. *Linguistics and Education*, Volume 24, Issue 2.
6. Kayi–Aydar, H. (2015). Teacher Agency, Positioning, and English Language Learners: Voices of Pre-service Classroom Teachers. *Teaching and Teacher Education*, Volume 45.

92 如何提高学生的学习兴致？

实战问题

1. 学生学习兴致不高时，你可以采用哪些占用时间少，且与汉语学习、文化学习相关的调节性活动？请举例说明。

2. 小舒在加拿大一所孔子课堂教小学生，她在课堂上有时会将全班学生分成两组进行比赛，比赛时，小舒负责计分。最近两周，小舒在教学中发现了一个问题，在比赛过程中，如果两个组的比分相差悬殊，比分低的那组就越比兴致越低。对于这种情况，你有什么好建议？

观点碰撞

调节性活动

刘颂浩

记得刚入门时，读过一些前辈的经验介绍，其中一条是记住一些小故事、小幽默，需要的时候可以临时拿来用。学生兴致不高时，就是这样的时候吧？不过，不太赞成“下面我给大家讲个笑话”这样的直接方式，最好是结合当时情景，巧妙地和所学语言文化内容结合起来。

夏唯岚

留学生对古风歌曲很感兴趣，可以用古风类歌曲作热身。缺点是歌曲的文化意义不是很典型，而且古风歌词不是基础的汉语，起不到循序渐进学习汉语的作用。

方 杰

学生学习兴致不高，也许是因为学生累了，也可能是所学内容难了，要具体问题具体分析。这时无论如何都不能再继续讲下去了，要带着学生做一些相关的游戏，或者唱唱歌、做做操什么的。第二种情况，请把学生再重新分组，让学生的程度、水平高低错开，使每组的实力相当。

孙岩

学生兴致不高时，我常常让学生在黑板上写汉字或者用电脑打字。对我的学生来说，他们换个地方写字就成了放松的方式，写字、打字玩得不亦乐乎。

竞争机制的合理运用

刘志刚

问题2中学生的反应不可避免，解决办法就是“不让这种情况出现”，教师可通过游戏评分规则的缜密设计或者“现场操控”做到这一点。

刘潜楠

如果比分悬殊，教师应该反思自己是否考虑到了学生水平的差异，有没有合理分配各组成员。比赛时尽量将分差控制在合理程度。

理论广角

学习激励的途径

动机是驱使人们活动的一种动因和力量，动机的激发可使潜在的动机转化为学习行动。明确学习目标、培养学习兴趣、利用反馈、合理的奖惩以及竞争，能激发学习者自我提高的动机，促进学习的积极性。

徐子亮（2008）认为，明确学习目标是使学习者保持学习热情、克服困难的强大动力，教师可以经常强调学习目标以及离目标还存在的距离以鼓励学习者。学习内容的生动新颖，教学方法的灵活多样，可以激发学生的学习兴趣，具体表现在：准备学生感兴趣的语言材料或话题，通过情景设置或提问的积极引导，运用多媒体等教学手段丰富教学内容，提高语料的表现力等。

适当地给予学生奖励也可以提高其学习兴致。心理学上的“普雷马克原理”是指利用频率较高的活动来强化频率较低的活动，从而促进低频活动的发生，又称“祖母原则”。这一原理能够帮助教师选择最有效的强化物，即选用学生的最爱作奖励。具体过程是：观察学生或者和学生商量，对他们的喜好进行排序并及时调整强化物。在制订行为计划时，预先确定在情景中哪个强化物可能最有效（刘儒德，2013）。

竞争也是一种激励机制，通过竞争互相激励，可以增强学习的动力。班级集体学习和个别授课是国际汉语教学最常用的两种学习形式。个别授课有时会因为没有集体学习的环境、缺乏竞争而使学习者的学习动力不足，或因没有参照者而盲目自满。但要合理竞争并倡导合作学习，避免过度焦虑给学习者带来负面影响。

延伸阅读

1. 龚智敏. 教师课堂反馈形式与学生学习焦虑探究. 江苏技术师范学院学报，2004（1）.
2. 刘儒德主编. 教育中的心理效应（第二版）（"要想吃肉，先得吃青菜——普雷马克原理"）. 上海：华东师范大学出版社，2013.
3. 徐子亮. 对外汉语教学心理学（第九章"汉语作为外语学习的学习者心理"）. 上海：华东师范大学出版社，2008.
4. 尤陈静. 高中英语教师的动机策略研究. 解放军外国语学院学报，2010（3）.
5. Amjah, D. Y. P. H. (2014). A Study of Teachers' Strategies so Develop Students' Interest Towards Learning English as a Second Language. Procedia-Social and Behavioral Sciences, Volume 134.
6. Bonney, C.R. et al. (2008). Understanding Strategies in Foreign Language Learning: Are Integrative and Intrinsic Motives Distinct Predictors? *Learning and Individual Differences*, Volume 18, Issue 1.
7. Busse, V. (2014). International Perspectives on Motivation: Language Learning and Professional Challenges (International Perspectives on English Language Teaching). *System*, Volume 45.
8. Carreira, J. M. (2011). Relationship Between Motivation for Learning EFL and Intrinsic Motivation for Learning in General Among Japanese Elementary School Students. *System*, Volume 39, Issue 1.
9. Dörnyei, Z & Kubanyiova, M, (2014). *Motivating Learners, Motivating Teachers: Building Vision in Language Education.* Cambridge: Cambridge University Press.

93 给孩子布置交互式家庭作业

实战问题

有一位高中汉语教师，如果学生没有交作业或者作业的质量不高，他就会给家长发 E-mail 说明情况。你认为用这样的方式督促学生完成作业好不好？你觉得儿童的课外作业与成人的课外作业应该有所不同么？

观点碰撞

儿童与成人作业的区别

郑丽杰

儿童与成人二者心理不同，学习能力也不可相提并论，所以在教学各环节中都应区别对待，作业的形式及目的也要有区别。儿童的作业目的更偏重于监督复习，所以要紧扣教学内容，如布置写汉字具体要写多少，读课文、做练习等最好能返回课堂可以跟同伴对比。当然也可以设置开放式作业，如给父母表演并录像。成人的作业最好采取碎片时间管理的方法，把作业化整为零，如布置听的作业、写的作业、读的作业等，不给学生造成负担，作业目的偏重于重复课堂教学内容，以便调整成人学生的“记忆力障碍”。

Giraffe 爱汉语

中小班儿童其实不应该留家庭作业，但是由于家长担心自己的孩子将来竞争不过其他孩子，就会要求幼儿园留家庭作业，所以在布置作业时教师只能酌情给量。大班孩子因为即将步入小学，为了他们能很快适应小学生活，所以要根据小学情况来留作业（这是我在印尼教幼儿园孩子得出的结论）。

刘潜楠

根据儿童二语习得规律，作业应该有所侧重。儿童应以直观具体为主，鼓励他们开口。成人应以思考为主，加强应用能力。

鲍思冶

此问题太大，需要细分。幼儿园，小学三年级以前，四、五、六年级，七、八、九年级，十、十一年级以及高中生每个年级、年龄段的作业情况都不一样！

家长督促完成作业合适吗？

朱 勇

家长对学生学习的重视至关重要。要引起家长的重视，可以布置一些具有互动性的家庭作业，让家长签字后带回学校。但是，并不是所有的学生都有较高的配合度。为了提高学生配合度，可以采取奖励的办法。

郑丽杰

我个人不赞成老师的做法，老师很用心反馈孩子的学习情况，但其实从家长的角度也未必觉得老师尽职尽责，暂且不说家长懂不懂怎样指导孩子学习汉语，单说家长也有自己的工作，在客观上看也可以说是老师将自己应履行的职责转嫁给家长了。

刘潜楠

我认为老师的做法不可取。因为第一，高中阶段孩子有较强的独立意识和自我意识，不希望自己的父母过多地干涉自己的学习；第二，不能保证每位家长都能与子女进行良好的沟通，本是好意，可能会被学生认为是告密，更加被学生排斥。所以作业能在课堂完成坚决不在课外，要以鼓励为主。

孙 岩

我倒觉得这位老师的做法在某些情况下是合适的。有的学生很没有自觉性，时时刻刻需要外界力量的督促，而且有的时候是家长主动请求老师这样做。但是我觉得这位老师也可以这样试试，学生不完成作业时先跟学生交谈一下，给他一个改正的机会，如果学生食言则按照不得已的办法来。

方 杰

把学生在学校的学习以及课堂表现随时与家长联系和沟通是非常必要的。在美国的公立学校，学生都有自己的专管教师，任课老师可以随时与他们交流学生的表现，他们也会与学生及家长沟通。美国的公立高中对学生的考勤是非常重视的，如果学生没来上课，下课后教师一定要给家长打电话。如果学生经常不来，一定要向负责的老师汇报。

理论广角

交互式家庭作业

儿童拥有与成人不同的认知体系，他们在不同成长阶段表现出不同的学习特点和发展规律。针对儿童注意力难以持久、活泼好动等特点，教师在为他们布置作业时应该适当增加作业的趣味性和互动性。

学校和家庭是学生学习的两种不容忽视的力量，交互式家庭作业是将学生的课堂学习与家庭有效连接的工具之一。交互式家庭作业简称为 TIPS，由美国霍普金斯大学的家庭问题研究中心提出，旨在让学生和家庭体验到更有积极意义的家庭作业。它的实施过程如下（张巧利，2006）：首先，教师明确告知学生和家长此次作业的题目、目标和所要培养的技能；其次，列出作业所需要的大概步骤，并分析所习得的技能；第三，邀请家长参与和讨论，提出需要修改的问题，邀请家长和学生签名；第四，根据反馈的信息不断完善下次的作业任务。

在对儿童进行汉语教学时，国际汉语教师可以通过布置交互式家庭作业，如让学生给家长表演课堂学习到的歌曲、朗读汉语故事、与家长一起完成手工任务、给家里的物品贴上汉语标签等（Helena Curtain & Carol Ann Nahlberg, 2011：180）。让家长参与学生的作业，并对其作业签字，会使家长更加了解汉语课堂的进展情况，重视学生的汉语学习，并为他们的汉语学习提供有力支持；同时，让学生在日常生活中使用汉语，会增强他们的学习成就感，提高他们的汉语学习兴趣。

值得注意的是，教师可以邀请家长参与学生的作业，但是注意不要利用家长的权威性去督促学生完成作业，这可能会让学生产生逆反心理，不利于学生的汉语学习，也与教师的良好初衷背道而驰。

延伸阅读

1. 张巧利．交互式家庭作业：流行美国的家庭作业新概念．外国中小学教育，2006（12）．
2. Helena Curtain & Carol Ann Nahlberg. 语言与儿童（第六章第四节“差异化教学”）．北京：外语教学与研究出版社，2011（6）：180.
3. Hollifield, John H.（1995）. Tips to Involve Middle-school Parents. *Education Digest*, Vol(61).
4. Lora Battle Bailey.（2006）. Interactive Homework: A Tool for Fostering Parent-child Interactions and Improving Learning Outcomes for At-risk Young Children. *Early Childhood Education Journal*.
5. Wingard, L., & Forsberg, L. (2009). Parent Involvement in Children's Homework in American and Swedish Dual-earner Families. *Journal of Pragmatics*, Volume 41, Issue 8.

94 家长不配合怎么办?

实战问题

在白老师的汉语课上，一位六年级学生Mike迟到了，他没有礼貌地走进教室，声响很大，打扰了白老师和其他学生正常上课。白老师让他走出教室，再重新走进来并跟大家礼貌地道歉“I'm sorry, I'm late”。第二天Mike又迟到了，他和他的妈妈一起来到学校。他的妈妈对白老师说“你上次的做法令我的孩子很伤心，迟到并不是他的错，是我有事情耽误了他按时上课，请你向我的孩子道歉”。你是否赞同这位白老师处理学生迟到的做法?面对这位家长的要求，你会给白老师怎样的建议?

观点碰撞

教学秩序维护原则

薛白

老师应该给学生解释的机会，但还是需要和大家道歉，比如对不起打扰大家上课。面对这个孩子的家长需要用换位思考的方式让家长明白，不管什么原因，中途进教室影响到课堂教学都是需要道歉的。但是老师可以向学生承认自己应该给他解释的机会。

双面 candice

在开学伊始，大家进入中文课堂就可以一起讨论课堂规则，然后谁破坏了相应的规程，就应该承担相应的后果。大多数孩子还是能够遵守的；当然也会碰到诸如文中的特例，我觉得老师需要做到语气上很和气，态度上应该坚持原则。当然事后可以跟进一些反馈。

向上级汇报，寻求支持

李青蔚

家长要求老师向自己孩子道歉的事情时有发生，一般的做法是老师不再和家长直接交涉，直接告知系主任或者校长。他们会处理好。

刘潜楠

我也觉得老师有时候不能太软弱，应当向家长说明情况，如果家长不理解的话，应当交给上级处理。原则问题不能妥协。

Helen Zhang

对于你担忧的学生，保持跟家长的沟通，大部分家长会很开心，觉得你关心他的孩子，出现问题的时候也更愿意与老师合作。每次家长会都要精心准备，因为这是与家长建立良好关系的契机。真出现了案例里这样的情况也不用慌张，不卑不亢地与家长沟通，实在碰上难以沟通的家长，寻求领导支持。

鲍思治

不卑不亢是关键词！很多中文老师害怕，其实大多数校长都是站在老师这一边的。

捍卫底线，树立权威

姜梦霞

要是我是白老师，面对这位家长，我可能会这么说："既然是您的原因导致了孩子迟到，那我认为您向孩子道歉比较合适。"不然，我会觉得作为教师似乎受到了挑战。

鲍思治

其实姜梦霞老师的做法在国际学校里是老师应该采取的！家长会得寸进尺，本来对迟到学校是有规定的，学生违反了规定，不管什么原因都是不该的，还搬来家长施加压力，如果老师退一步，今后的日子会很难过的！当然作为老师，在处理迟到学生上需要根据具体情况酌情处理。另外，家长一般不敢对其他科目老师提出这样的要求。所以在我的新书《为师有道》(北京大学出版社，2014)里有专门一章关于处理跟家长关系，同时提出中文老师一定要让学生觉得你是老师而不是中文老师！

张潇雪

我同意，中文老师和别的老师没什么不同。中文老师首先就不要把自己同其他老师区分开来。当然学生更倾向听从自己的 HR 老师或是外国老师，但是中文老师也要建立自己的权威。该严厉时决不手软，该表扬时不能吝啬。重要的是互相尊重，对事不对人。还有从一开始就建立与家长定期沟通交流也非常重要。让家长知道老师所做的事都是以教育学生为出发点、为中心。以后遇到问题，也会更容易解决。

李青蔚

同意。必须坚持最初的立场，一切按照学校规定为准。之前有个学生反感我让她回答问题，说了两次"for God's sake"（看在上帝的份上），我就发信给家长让她放学留校一小时。她母亲打电话来说不同意我的做法，还说我误会了。我说我向你保证我没听错，也坚持要给她留校。

态度温和，坚守底线

赵晗

很多家长保护过度，老师正常的纠错教育行为会被认为是老师在羞辱孩子。这种时候老师千万要在保持态度温和良好的同时坚守自己的底线。可以说："如果您的孩子有这种感觉，我感到非常抱歉。但是……"可以以探讨的方式问家长："您觉得您孩子犯的这个错误该如何纠正呢？"要让家长明白他们和老师是合作关系。

刘潜楠

我认为，首先 Mike 确实有错在先，因为迟到，很没有礼貌地走进教室，弄出很大的声响影响别的同学上课，应该自己主动道歉，并解释迟到原因。如果没有认识到自己的错误，白老师的做法是正确的！因为汉语教学不仅仅是教授需要知识，同时德育也应该涉及。面对家长要求道歉的要求，我觉得姜梦霞同学的做法过于偏激，倒是可以采取赵晗老师的做法，既能化解尴尬，又能保持教师的底线，同时也给家长和学生一个台阶下。

方杰

美国的公立高中，凡是迟到的学生，都会被带到一个行政办公室，由专门的老师进行登记、处理，然后学生带着一张路条进教室，交给任课教师。当然，迟到的学生都是敲门、得到允许后才能走进教室的。

理论广角

家 校 合 作

教师和家长在教育孩子的过程中都起着至关重要的作用，如果家长能和教师形成合作关系，会对学生的学习和成长产生积极的影响。家校合作，就是指对学生最具影响力的两个社会机构——家庭和学校形成合力对学生进行教育，使学校在教育学生时能得到更多的来自家庭方面的支持，而家长也能得到更多的来自学校方面的指导（周俊，2010：169）。

在国际汉语教学中，国际汉语教师要充分认识到家长在学生教育中的重要作用，不能忽视家长对汉语教学的影响，要保持与家长的良好往来。但教师与家长由于文化和语言的差异，可能在教育理念、教学要求、教学方法、教学管理方面存在分歧，从而引起互动障碍或误会。因此国际汉语教师与家长在合作的过程中要特别注意互相尊重，及时有效沟通，互相交换意见，为共同提高学生的汉语水平作出各自的努力。就国际汉语教师而言，教师可以在拿到学生名单但课程还未开始之前就与学生家长通过邮件等方式联系，告知家长本课程的教学计划和内容等，欢迎家长参与学生的汉语学习。通过此举，相信家长会对学生的汉语学习充满期待和信心。

以下是关于国际汉语教师和家长联系、沟通方面的一些建议（李满兰，2008）：

（1）早点儿跟家长联系，不要出现问题后才通知家长。

（2）经常通过电话或者信件跟家长联系，多汇报孩子的进步和长处。

（3）让家长知道，你真正关心孩子的成长与进步。

（4）传达给家长和孩子一个重要的信息，就是你热爱教育。

（5）愿意把你的联系方式给家长。

（6）让家长知道，他们的孩子在课堂上学到了什么。

（7）鼓励家长参与你们的一些教学活动。

延伸阅读

1. 李满兰．论对中小学生的对外汉语教学课堂管理．华商，2008（18）．
2. 吴华钿．论教师与家长的互动．内蒙古师范大学学报（教育科学版），2004（2）．
3. 周俊．现代学校制度建设的理论与实践（第八章第二节“家校合作的理论依据”）．杭州：浙江大学出版社，2010．

4. Brannon, D., & Dauksas, L. (2012). Increasing the Expressive Vocabulary of Young Children Learning English as a Second Language Through Parent Involvement. Procedia–Social and Behavioral Sciences, Volume 69.
5. Garry Hornby. (2011). Engaging "Hard to Reach" Parents: Teacher-parent Collaboration to Promote Children's Learning. *Educational Review*. Vol. 63 (3).
6. Hoover–Dempsey, K. V. et al. (2002). Teachers Involving Parents (TIP): Results of an In-service Teacher Education Program for Enhancing Parental Involvement. *Teaching and Teacher Education*, Volume 18, Issue 7.
7. Kwon, K. Y. et al. (2010). The Note of Discord: Examining Educational Perspectives Between Teachers and Korean Parents in the U.S. *Teaching and Teacher Education*, Volume 26, Issue 3.
8. Mary Lou Fuller, Glenn Olsen. 谭军华等，译. 家庭与学校的联系—如何成功地与家长合作（第六章"父母——教师的交流：谁在讲话"）. 北京：中国轻工业出版社，2003.

95 如何开展主题活动?

实战问题

想一想，针对幼儿园的学生，汉语教师该如何与其他学科教师一起开展以 caring（关心他人）为主题的跨学科主题活动。

观点碰撞

朱玺

可以用角色扮演，就跟小时候玩的过家家一样。设定好自己的职业、教育背景、家庭成员身份，让小朋友们体验一下当大人的感觉。“老师布置很多作业怎么办”“弟弟生病了”“孩子不好好吃饭”。跟话剧一样演出来，小孩子们可能会喜欢。既运用了语言，还让他们感觉到当大人的不易，学会关心别人。不过游戏要有一定的可控性，适合稍大一点的孩子进行。

曾薇

在雅加达，有一所幼儿园是以擅长和大量导入小舞台剧而知名的，我们可以通过表演童话故事或者自创故事的方式来教学，让幼儿参与，课后让他们关心一次家人，并询问孩子具体的事情和感受。

姜梦霞

可以借鉴时下“爸爸去哪儿”这些电视节目，比如一起办时装秀，小朋友要为彼此设计着装，要考虑个人喜好，或者一起制作完成一份食物。

赵敏

我想手工制作一定是这个年龄段的孩子非常喜欢且易操作的课堂活动形式，在手工课上老师可以教孩子们画画，画一个你最好的朋友送给他 / 她，教简易剪纸（如熊猫），制作卡片或折纸，制作完成后写一句话，然后送给最想送的人。

鞠慧

跨学科的主题活动，最重要的一点，是需要和其他学科教师进行有效沟通和配合。比如“关心他人”这个主题，也许自然科学教师、艺术教师会有自己的主意。作为汉语教师，要尽可能地让主题活动中融入汉语的元素，利用汉语和汉字的特点，让学生进行表达、书写和展示。

理论广角

主题教学

主题教学法是现代教学的一大创新。它指的是在建构主义学习理论和多元智能理论的指导下，通过跨学科领域的主题探究与活动来发挥学生的主体建构性和主观能动性，从而实现学生全面发展的教学活动方式（李祖祥，2012）。

在国际汉语教学中，主题式汉语教学模式的建构应遵循“双适应、双发展”原则，也就是以学生为中心，以教师为主导，师生相互适应、共同发展；以主题为中心，结合知识，主题与知识相互适应，相辅相成；以交际为中心，完善认知，交际能力与认知能力共同发展，相互促进（王彬，2013）。

主题活动设计是主题教学的一种教学手段，它以新颖性、趣味性、启发性受到了国际汉语教师的青睐，被广泛应用于国际汉语教学中，尤其是少儿的汉语教学。少儿汉语教学的主题活动设计可以围绕一类事物，如“球类”“水果”“动物”等；也可以围绕一类事件，如“照顾娃娃”“当小老师”“招待客人”等。

设计一个成功的主题活动，教师需要分析学生的情况，能根据课程的要求选择合适的主题，针对语言点和文化点设计具体可行的教学活动。另外教师也需要对活动制订出具体的评判标准，并在活动结束后及时总结，给予学生反馈。针对少儿，能有效激发学生兴趣、促进学生汉语学习的活动都可以为之所用，如游戏、音乐舞蹈学习、手工制作、讲故事、角色扮演等。

延伸阅读

1. 李祖祥. 主题教学：内涵、策略与实践反思. 中国教育学刊，2012（09）.
2. 王彬. 主题式汉语教学模式初探. 海外华文教育，2013（2）.
3. 王彦润. 论对外汉语教学中的主题式教学. 中央民族大学专业硕士学位论文，2013（5）.
4. Cem Alptekin, Gulcan Ercetin, Yasemin Bayyurt. (2007). The Effectiveness of a Theme-based Syllabus for Young L2 Learners. *Journal of Multilingual and Multicultural Development*.
5. Jorstad, H. L. (1979). Chapter Three–Objectives for New Programs: A Thematic Approach in Second Language Learning. *Foreign Language Learning, Today and Tomorrow*.
6. Rahimi, H. (2014). The Effect of Method of Vocabulary Presentation (Code-mixing, Thematic Clustering, and Contextualization) on L2 Vocabulary Recognition and Production. Procedia–Social and Behavioral Sciences, Volume 98.
7. Schweisfurth, M. (2014). Learner-centred pedagogy: Towards a Post-2015 Agenda for Teaching and Learning. International Journal of Educational Development. In Press, Corrected Proof, Available online 25 November 2014.
8. Teo, P. (2013). "Stretch Your Answers": Opening the Dialogic Space in Teaching and Learning. *Learning, Culture and Social Interaction*, Volume 2, Issue 2.

第八章

商务汉语教学

96 商务汉语教学定位

实战问题

你认为该如何给商务汉语教学定位？说说你的理由。

A. 商务汉语教学是语言教学。

B. 商务汉语教学是语言教学附加商务知识。

C. 商务汉语教学是商务与语言兼备。

D. 商务汉语教学是商务、语言、文化三位一体的。

E. 商务汉语教学要在普通汉语教学的基础上进行。

F. 其他

观点碰撞

阎卫

选B。这是根据学生的情况而论的。学习商务汉语的人往往是先有商务需要，后想学习汉语。一定要学以致用、因材施教。

曹芳

选D。商务汉语的教学内容因人而异，每个商务人士的兴趣点都不一样。有人喜欢文化，有人喜欢历史，有人喜欢经济，有人喜欢政治……或者他们想要学与自己工作相关的内容，每个行业、每个公司、每个部门的侧重点都不一样。

王 惠

按照过去的经验我选 E。我教泰国汉语专业大三学生的商务汉语，这是他们最后一年的课，大四直接实习。教材我自己编，针对有人会去旅游公司、中泰合资公司（签合同、谈价格、参加产品展览会，等等）、机场等处工作，选用题材贴近真实情景，避免一些过时的词汇。大三已经是高级水平了，对于文化部分我会加重比例，多了解一些背景。

朱 玺

选 E。可借鉴大学教外语的经验，头两年先打基础（基本语言和文化教学，商业背景介绍可穿插其中），之后再增加商务方面的专业讲解（其实就是扩充词汇、句型，练习公文写作）。

王 波

我认为定位要分阶段。在初级阶段，大多属于 B 这种情况，学生还没有具备很好的语言功底，日常汉语的词汇量也非常有限。教师只能提供一些商务场景，教授基本的商务词汇和表达方式；到了中高级阶段，随着学生汉语运用能力的提高，D 才可能得以实现。

彭宗平

选 ABCDE，但更偏重 E。因为阶段不同，重点不同，但商务汉语肯定不能与一般汉语课程完全混同。我是在初级阶段就加进一些适合当地情况的商务词汇和商务交际需要的表达。

蒋 楠

随着很多外国人来中国投资，商务汉语这个名字应运而生。但很多开设该课程的学校或机构对商务汉语的定位不太清楚，只是为了吸引学生而盲目开设。首先，是教经理还是教秘书？其次，商务汉语是否应该对零起点的学生开设？诸多问题需要考虑清楚。

刘苗苗

首先，商务汉语的商务范畴是否有明确界定。其次，定位问题。如何处理基础汉语教学与商务汉语教学的关系，也就是哪个阶段学习最科学；如何处理商务语言知识教学与商务文化知识教学的关系。第三，听说读写四种技能的使用情况，是否有针对地侧重于听说。第四，因学习者而异，私人订制。

薛 白

商务汉语可定义为国际经贸方面的汉语教学，我认为应该是国际汉语教学的一个分支，属于有具体教学目的的国际汉语教学。其特点应为具备：针对性、实用性、有效性。

朱玺

学科定位：重实践轻理论，不要把它上成经济学课，商务汉语归根到底还是汉语教学。

孙岩

选 E。商务汉语是普通汉语学习的专业化表现，如果没有一定的语言基础，专业化的实现不太可能。

理论广角

商务专业用语教学

商务专业用语主要指的是商务专业词汇及短语，如实盘、报盘、还盘、离岸价、到岸价、理舱费、托收、补偿贸易，等等。国际汉语教师多为非商务专业出身，对有关商务专业用语并不完全熟悉，需要把握好商务汉语的特点，提高商务汉语的教学水平。

针对商务专业用语，教师可以从以下几方面着手（朱黎航，2003）：（1）加强教师自身经贸知识的学习。要上好商务汉语课，只具备教普通汉语课的理论、经验和方法是不够的，教师必须进行充电，系统掌握经贸方面的基本知识。（2）根据商务专业用语的特点，及时对语言知识进行归纳总结及复习。我们可以归纳出这些词语的常用句式，让学生记忆并套用，通过句型的操练掌握这些用语。另外，我们还应根据商务话题及时总结相关用语。商务专业用语在交际场合中的出现具有明显的规律性，它们的使用与交际场合密切相关，在特定话题的交际场合中出现的总是某一类词语。比如，在以“议价”为话题的商务交际对话中出现的专业用语基本上是这样一些：离岸价、到岸价、折扣、佣金、参考价、成交价、零售价、批发价、询价、报价、还价等。（3）把握课程性质，避免就词论词，将语言技能培训课变成经贸知识传授课。讲授经贸知识要为理解语言、运用语言服务。不要在对这些专业词汇的意思解释上花费太多时间，而应把大部分的时间用在对这些词汇的用法介绍及操练上。

对于商务专业用语，需要教师平时多多积累，仅仅依靠已有教材是完全不够的。或通过网络查询，或请教他人，或阅读相关书籍，努力使自己变得更加专业。

此外，这个问题需要区分不同的群体。如果学生有商务经验，这些词可能只要给出对应的英语就行了，好像在实际外贸活动中，这些概念都是用英语，诸如 CIF、FOB 等表达，很少用汉语。如果学生没有商业经验，则需要简单解释一下，有些较为复杂的词汇的意义可以鼓励学生自己阅读相关书籍寻求答案。

延伸阅读

1. 沈庶英. 来华留学生商务汉语实践教学探索. 语言教学与研究，2014（1）.
2. 沈庶英. 商务汉语教学理论研究与方法创新（第一章“关于商务汉语”）. 北京：北京语言大学出版社，2013.
3. 张黎. 交际策略教学法研究——以“商务汉语口语交际”课为例. 语言教学与研究，2011（2）.
4. 朱黎航. 商务汉语的特点及其教学. 暨南大学华文学院学报，2003（3）.
5. Basturkmen, H., & Shackleford, N.（2015）. How Content Lecturers Help Students with Language: An Observational Study of Language-related Episodes in Interaction in First Year Accounting Classrooms. *English for Specific Purposes*, Volume 37.
6. Haidan Wang. (2014). Toward Deepening Cultural and Language Understanding: The Design and Practice of a Hybrid Business Chinese Course. *Journal of Teaching in International Business*, Vol. 25.
7. Weninger, C., & Kan, H. Y. (2013). (Critical) Language Awareness in Business Communication. *English for Specific Purposes*, Volume 32, Issue 2.

97 如何才能胜任商务汉语教师?

实战问题

小李在比利时一家孔子学院任教，他认为"专门用途汉语教学应该由专业教师来教，汉语教师隔行如隔山，难以胜任这样的教学岗位"。所以，学期初领导安排他教商务汉语课时他十分紧张，觉得自己肯定会搞砸。你认为小李该怎么做?

A. 树立正确、积极的态度，商务汉语教师并不需要是商务知识专家。

B. 联系以前教授商务汉语的教师，请教经验。

C. 尽快拿到教材，了解教材涉及的商务话题，通过书籍或网络学习一下。

D. 找一些商务汉语教学的相关论文，把握基本的教学方向。

E. 边教学边总结经验教训，根据实际情况不断调整教学。

观点碰撞

商务汉语的界定

彭宗平

承认"汉语商用"就等于认可汉语在商务领域里的调整与变化。

刘颂浩

汉语有时间变体（中古汉语、近代汉语等），有地域变体（即不同方言），当然也有语域变体（商务汉语、旅游汉语等）。

张京京

扩展、深化和细分是应用学科发展的三种必然趋势和表现。国际汉语教学发展至今，像英语教学的发展过程一样，CGP（通用汉语教学，Chinese for General Purpose）已无法满足多样的教学需求，需要多种的 CSP（专门用途汉语教学，Chinese for Special Purpose）补充。商务汉语教学中，既要注意坚持汉语教学不是专业知识教学，又要承认这是特殊的汉语教学。

商务汉语的特殊性

朱 勇

ABCDE 都应作为选项。商务汉语教学跟普通汉语教学确实有差别，但基本的东西跟汉语教学的规律是一样的。商务汉语教学是一种专门用途汉语教学，一些活动（任务）具有独特性，比如商务谈判等。

彭宗平

专项汉语教学（医药汉语、旅游汉语等）仍属于汉语教学，教师的教学对象仍是在学汉语。特殊领域的词汇可以求助工具书，可以逐步扩展，但汉语基础则需要教师来教。

刘 弘

从教学而言，需要考虑学生背景。有的学生没有商务经验和知识，这种情况对教师知识面的要求会高一些（最好对政治、经济都有所了解）。而如果学生本身有商务工作经验，此时教师的教学重点还是语言教学，因为在专业内容方面，他们可能还不如学生。教师很多知识都是在工作中逐步积累的，学生也理解你是语言老师，不是商务专业教师。

张京京

该题的几个选项都是教师应该注意和采纳的。同时，对于选项 A，既要注意坚持汉语教学不是专业知识教学，又要承认这是特殊的汉语教学，以积极的态度面对和落实其特殊性。教师自己要先充电，至少在该门课上成为“复合型人才”。此外还有分级问题。如果是中高级专门用途汉语教学，如商务或经贸汉语，须先通读教材，把教师自己不够了解的术语名词弄懂，例如“装船价格”“贴现利息”等。

弥补专业知识不足

鲍思冶

如果你是商业出身，一定占优，但是态度决定一切，商业上不明白的东西，只要肯钻研，很容易搞懂的！我觉得可以淡化商业汉语中的“商业”，学生中文程度高了，很多商业的东西可以自学。

杨翼瑄

前几年我上过一些商务汉语课，其实没有想象中的难。但是课下要下大量的工夫，有时候也要和学经济的朋友学习学习，同时也要更关心经济话题。几个月下来，真的觉得自己长见识了。同意鲍老师的见解，很多时候学生会成为你商务方面的导师并以此为荣，但前提是你也要胸有成竹。

张 思

教师还是应该先去查阅相关论文，了解教学思路和方法。具体到每课涉及的商务知识，可以在备课时查阅相关资料。很多学习商务汉语的学生（尤其是有相关工作经验的学生）都有了一定的汉语基础甚至专业知识，我认为商务汉语课上语言技能的训练还是首要任务，他们更需要学习的是如何运用汉语表达。

理论广角

合格的商务汉语教师

从一般性来讲，一个合格的商务汉语教师必须具有一定的自我教学效能感。所谓自我教学效能感，指的是教师通常对自身教学能力，能否成功影响学生、完成教学任务的总体感受。教师自我教学效能感越高，学生的成绩越好。徐彩华（2009）研究发现，语言点的讲解非常重要，对教学的控制能力和反省能力也影响着教师对自身教学能力的判断；教学的情感体验也是影响教学效能感的重要因素。其他如对文化比较和工作意义的关注、对工作的感受、外语能力、才艺、黑板字、对教学效果的期望和胜任感、对汉字的关注也有一定作用。

从特殊性考虑，作为专门用途汉语教学，商务汉语教学确实对教师的知识结构提出了更高的要求。商务汉语教师必须“一专多知”，除需要具备一般国际汉语教师应具备的专业知识外，还应具备商务知识。目前，就承担商务汉语的教师队伍来看，教师的专业构成较为复杂，教师普遍缺乏商科知识也给教学带来了一些麻烦。《2011 国际商务汉语年度报告》中认为，目前的商务汉语教材在专业知识的处理上较差，急需专业的商科背景的教师参与编写。而同时，掌握一定的商科知识对教学也有帮助。其调查发现，52.7% 的教师以自修或进修的形式学习过商务知识，27 人（占总样本的 49.1%，除去缺省值，占答题样本的 84.38%）认为学习商务知识对教学是很有帮助的。

教师在商务汉语教学中可能遇到多种情况。如：不能理解专业知识；缺乏对商务领域的了解；专业词汇有限，等等。即便如此，没有进修或专门系统自修过商务知识的教师，在教学过程中仍然可以弥补商务专业知识的不足。《2011 国际商务汉语年度报告》统计发现，最佳备课途径为利用网络查找资料（45 人次），其次是阅读相关书籍（40 人次），和同事同行讨论再次之（32 人次），其后是向商业界人士讨教（15 人次），最后为参加商务类课程的学习（9 人次）。上述数据说明，商务汉语教师还没有打破学科的界限，而商务汉语教学又是一个多学科的专门语言教学，教师应该具备跨学科的视野。我们要对教学内容、教学方法、教学态度、教学手段等做出进一步的调整，使自己胜任商务汉语教学岗位。

延伸阅读

1. 对外经济贸易大学国际商务汉语教学与资源开发基地（北京）. 2011 国际商务汉语年度报告. 北京：高等教育出版社，2012.
2. 王惠玲. 语言学理论与商务汉语教学研究. 上海：学林出版社，2009
3. 徐彩华. 对外汉语教师教学效能感的特点. 语言教学与研究，2009（3）.
4. Eckerth, J.（2009）. Negotiated Interaction in the L2 Classroom. *Language Teaching*, 42（01）.
5. Masoud A., & Masoud, H.（2011）. Humour: A Pedagogical Tool for Language Learners. Procedia–Social and Behavioral Sciences, Volume 30.
6. Peng, W. J. et al.（2014）. Emerging Perceptions of Teacher Quality and Teacher Development in China. *International Journal of Educational Development*, Volume 34.

98 商务汉语教学中的学生参与

实战问题 1

学生的商务知识可能比汉语教师还要丰富，那么教师可以通过哪些渠道了解学生的背景情况并充分运用于课堂教学呢？

实战问题 2

在商务汉语教学中，为了解决专业知识教学之难，教师可以让学生尽可能参与到教学准备和课堂教学的过程中来。想一想，学生可以在哪些环节、用哪些方式参与进来呢？

课前准备	课堂教学
对商务术语、商务活动做学习性研究。	课后作业汇报。
搜集相关商务案例。	相关材料展示，如视频、文本等。
搜集相关视频、文本资料。	师生问答。
向身边商务人士咨询信息。	小组讨论。
准备讲解性发言。	情景模拟练习。

观点碰撞

曹芳

其实，学生们也知道老师不是专家，他们只是想知道一些专业的词用汉语怎么说，还有自己的语法对不对，要是能再学一些成语、俗语，显得自己很高端就更好了。我对学生行业的了解是通过纠正句子的语法、演讲稿纠音、准备学生自己的讲话等日积月累得来的。当然平时也会关注这方面的新闻。

蒋楠

非常同意曹老师所说的。无论是一对一授课、商务汉语课，还是 VIP 课，备学生尤为重要！第一节课与学生聊天，摸清学生汉语水平，了解学生背景。课后教师还应该查阅相关资料，在课堂练习中与学生背景结合，引起学生共鸣，引导学生开口。

阎卫

无疑，商务汉语对普通的国际汉语老师来说是一个挑战。讲这样的课之前老师最好先学习一些商务知识，了解一下学生的背景。另外，老师平时多看一些 MBA 的教科书，掌握一些基本的商务知识，如：财会、库存管理、贸易、进出口、生产计划、组织等，这些对于教学是有帮助的。

朱勇

多翻几本商务汉语教材是捷径。备课时在上网多搜一搜，上课时可让学生中的商务人士积极参与，弥补教师的不足。

鲍思冶

提前让学生把需要或者想学的东西告诉老师也是个好办法，另外一个办法是让学生随时把自己在商业活动中遇到的问题记下来，上课跟老师讨论。此外，这些学生的自学能力强、时间紧，老师也可以把下一次上课的东西提前给他们。

王波

商务汉语课程中备学生非常重要。教师对商务专业的背景知识了解相对有限，需要课前做大量的准备工作，比如表格中列出的都可以借鉴。教师要认真了解学生的需求，特别是中高级阶段的商务汉语课，有时确实需要在相关领域“恶补”一番。

孙岩

在海外，学习商务汉语的学生大多是大学生，或者刚刚参加工作的人，学生的商务知识背景非常欠缺，教商务汉语的中国老师往往又不精通学生的母语，在这样的情况下应该让学生课前多做准备，对商务术语、商务活动做学习性研究，这样上课的时候师生就可以更多地关注语言问题了。

理论广角

商务汉语学习需求分析

汉语学习者的学习需求往往是十分复杂的，这便要求我们对其学习需求进行必要的分析。在实际教学中，教师应该充分分析学生的学习需求，从而有针对性地开展教学。了解学生发展需求通常有两种方法：第一，向学生调查。当调查对象学习过有关课程并且达到相应水平时，其意见对目标决策有较高的价值。第二，向有关专家和熟悉学生情况的教师进行调查（崔永华，2008：40）。

学习者对商务汉语的学习需求同样是多种多样的。张黎（2006）认为学习需求大致可分为以下几种类型：（1）从教育的目标级别来看，可以分为学历教育与非学历教育。（2）从学习的时间安排上看，可以分为全日制与非全日制学习。参加全日制学习的主要是无工作经历的学生，在职商务人员更多地希望参加非全日制学习。（3）从学习者自身的汉语水平上看，可以分为入门学习与提高学习。在职的商务人员更多需要入门级的学习，他们的期望也不高，这类学习者目前比较多。（4）从语言学习内容的范围上看，可以分为单项语言技能学习与综合语言技能学习。在商务汉语语言技能的学习需求中，单项技能需求大于综合技能的需求，特别是口语技能的学习需求最大。

商务汉语教学应该针对这些不同层次和类型的需求，分门别类地进行研究和开发。在具体实践中若想达到应有的教学效果，应该进行针对具体情况的需求分析，还应该参照专门用途语言教学的一些基本技术方法对需求进行细致的分析。

延伸阅读

1. 陈莉萍．专门用途英语研究．上海：复旦大学出版社，2000.

2. 崔永华．对外汉语教学设计导论．北京：北京语言大学出版社，2008.

3. 沈庶英．商务汉语教学理论研究与方法创新．北京：北京语言大学出版社，2013.

4. 张黎．商务汉语教学需求分析．语言教学与研究，2006（3）.

5. Kic−Drgas, Joanna. (2014). Effective Business English Teaching and Learning. *Global Management Journal*, Vol.6, No.1.

6. Kyndt, E. et al. (2013). A Meta-analysis of the Effects of Face-to-face Cooperative Learning. Do Recent Studies Falsify or Verify Earlier Findings? *Educational Research Review*, Volume 10.

7. Pennington, M. C., & Hoekje, B. J. (2014). Framing English Language Teaching. *System*, Volume 46.

8. Ruth Trinder & Martin Herles. (2013). Students' and Teachers' Ideals of Effective Business English Teaching. *ELT Journal*, Vol.67, No.2.

9. Weninger, C., & Kan, H. Y. (2013). (Critical) Language Awareness in Business Communication. *English for Specific Purposes*, Volume 32, Issue 2.

99 求职面试的社会大课堂

实战问题

针对“求职面试”这一话题，本案例中的教师提到了很多教学环节，请给这些环节排排序，并说说你排序的理由（如果需要，也可以加上你认为必要的教学环节）。

A. 教课文　B. 教生词　C. 观看面试视频
D. 分组讨论　E. 角色模拟　F. 跟有面试经验的人交流
排序结果：

观点碰撞

张京京

涉及这一场景和交际任务的应为中高级学习者。可先头脑风暴，让学生互相学习面试相关词汇，当然老师要监控和引导，使之围绕本课内容；其次，分组讨论面试环节和各环节的常用句子，鼓励学生用自己的语言表达出来，一同与课文或视频对比后再强化输出；第三，讨论面试中的文化差异，这个必须有！

刘志刚

如果是常见的3P模式，那顺序是B、A、E、D、F。C项的视频关键要看是否跟课文有关，有关则放在B前作为语言输入，如果与课文无关可放到E或D后面，再根据视频设计问题或者活动，作为拓展环节。

王 波

常规动作是B、A、C、D、F、E。教师常常会选择一段与课文相关的面试视频，如果内容比较容易，可以作为生词之前的热身；如果比课文内容要难，可以放在后边作为拓展练习。

一般来说，小组内会有人有真正的面试经验，不论是应聘者还是招聘者，因此 F 和 D 可以结合起来做。角色模拟无疑是整堂课的高潮，在经过前面的铺垫后，学生就比较容易发挥了。

理论广角

情境式教学法

情境，又称情景、语境。刘颂浩（2005：223）将语境分为上下文语境和非上下文语境，它们的区别在于前者由语言因素构成，后者由非语言因素构成。上下文语境分高层上下文和低层上下文，前者主要指语体和风格，后者指一般意义上的上下文。非上下文语境又分为情境语境和文化语境两类。情境语境跟交际时的具体情景有关。文化语境则隐藏在上下文语境和情境语境的背后。

情境式教学法，是指教师根据学生特点，结合教学内容，师生在其中扮演一定角色，创设一定的交际场景或氛围，帮助学生理解教学内容，快速提高教学效率的一种教学法。这种教学法的理论基础是建构主义理论，该理论强调学习的主动性、社会性和情境性。

刘颂浩，汪燕（2003）专门分析了“把”字句练习设计中的语境问题。研究发现，教材中为“把”设计的不少语境并非自然语境。对此，他们对“把”字句的练习设计提出了一些建议。

从语境来看，首先需要考虑“把”字句练习的着眼点问题。比如，刘一之（2000）认为“把”字句中“把”的作用是使语义重心转移，将视点放在“把”后的宾语上。根据这一观点，可以设计出如下的选择练习：

______，不用给我准备吃的了。（A. 我“把”饭吃了　B. 我吃了饭了）

就练习形式而言：

（1）对语境的描述要更明确直接。有的练习设计太过简单或者显得啰唆，建议在题目后面给予一定的提示：

房间里又脏又乱，怎样让它变得又干净又整齐？（收拾，扔）

（2）语境的设计要符合语篇规律的要求。由于典型的“把”字句表达的是一种处置义，因此在设计对话练习时，用来引导“把”的前句就不能包含处置方式。如“谁拿走了我的书”，这句的预设是“有人拿走了我的书”，处置方式（拿走）既然成了背景，“把”的使用就显得多余。要想在这里用上“把”，需要直接问“我的书呢？”。

（3）设计语境时，应尽量避免可能出现的过分使用现象。如：

你就"把"你的卡放进去，然后你"把"你的密码输入……

这个语境中，"输密码"是比"把你的密码输入（或者输进去）"更好的选择。对一些比较大、步骤又比较清楚的语境，要进行分解，同时给出提示。比如：

请详细说明 ATM 的用法。

提示：插卡（"把"）→密码（输或输入）→金额（输或输入）→钱（取）→取卡（"把"）。

在注重课堂情境的同时，我们也应该鼓励学生充分利用课外的情境。刘颂浩（2005：229）指出，把对课外语言环境的利用纳入到国际汉语教学总体设计中，有助于全面提高学习者的交际能力和学习效率。

延伸阅读

1. 刘颂浩．对外汉语教学研究．北京：教育科学出版社，2005.
2. 刘颂浩，汪燕．"把"字句练习设计中的语境问题．汉语学习，2003（4）.
3. 王艳．情境式教学法在泰国大学汉语课堂教学中的应用——以泰国华侨崇圣大学为例．山东大学硕士论文，2011.
4. 王毅敏．从建构主义学习理论看英语情境教学．外语教学，2003（2）.
5. Catelly, Y. M. (2011). The Foreign Language Teacher's Roles in Response to the Knowledge Society Requirements. Procedia–Social and Behavioral Sciences, Volume 11.
6. Helmer, K. A. (2013). Critical English for Academic Purposes: Building on Learner, Teacher, and Program Strengths. *Journal of English for Academic Purposes*, Volume 12, Issue 4.
7. Liu, Y.C. (2013). The Social Organisation of Talk-in-interaction at Work in a Language Teacher Professional Community. *Learning, Culture and Social Interaction*,Volume 2, Issue 3.
8. Yimin, W. (2003). The Constructive Learning Theory and English Situated-teaching. *Foreign Language Education*.

实战问题

想一想下面几位教师为什么这样做？试着归纳一下商务汉语教学中文化教学的原则。

A. 酒文化是中国用餐文化中很重要的一部分，因此张老师打算讲“商务宴请”这个话题时，介绍一下酒文化的内容。但是他在日韩学生多的班里，只是一带而过，在西方学生多的班级才进行了详细介绍。

B. 餐桌上行酒令是个很有意思的中国文化点，但是王老师思考再三，最后还是决定不在商务汉语教学中讲。

C. 李老师在讲“商务谈判”这个话题时，特意提到贸易双方见面时，中国人一般不会直奔谈判主题，往往会先寒暄几句，比如会问问对方对当地的饮食起居习惯与否等。

观点碰撞

钱钦

谈谈 A。日韩酒文化我还没体验过，只发表与欧美相关的吧。个人实际经验里，欧美酒文化与中国大不相同。中国以劝酒为尊敬，以接受劝酒为“给主人面子”。而与欧美人喝酒时，若说明了不能喝酒的原因，一般不会被强劝。让学生明白这种差异，并且入乡随俗，对商务合作的成功大有好处。关于 B，行酒令多是与朋友休闲喝酒时才会用到，商务交际场合较为正规庄重，行酒令没有实际用处。我觉得老师可以稍微介绍一下，并说明使用场合。其实许多外国学生常去泡吧喝酒，这些东西他们迟早会“自学成才”。我认识的外国人中，自己学会说“啤酒”“冰的”“干杯”“随意”的不在少数。

孙岩

A、C 的例子都表明了商务汉语中文化教学要注意选择会直接影响商务交际的文化点，B 中行酒令也是中国人餐桌文化的一部分，但是商务宴请属于比较正式的场合，出现行酒令的机会不大。

张思

教师在教学中舍弃了行酒令这个文化点，应该是遵循了文化教学中的“共时性原则”和“实用性原则”，商务汉语教学有自己的特殊性，应该把文化教学的重点放在中国当代社会文化知识上，行酒令产生已久，在现代社会不具文化代表性，且在商务场合也没有什么实用性。

王波

在商务谈判中，寒暄是必不可少的。一个有经验的谈判者，能通过寒暄时的那些应酬话去掌握谈判对象的背景材料：他的性格爱好、处事方式以及谈判经验等，进而找到双方的共同语言，为相互间的沟通做好准备，这些都对谈判成功有着积极的意义。因此，适当给学生介绍一些寒暄话是必要的。

方杰

在给欧美国家的学生介绍中国酒文化的时候，要注意学生的年龄。在美国，学生的年龄不满 21 周岁，法律规定不能饮酒，在课堂上介绍中国的酒文化是不妥的。如果在课堂播放中国的电影，里面都不能有饮酒的画面。

理论广角

跨文化视角下的商务汉语文化教学

商务汉语教学培养的应该是跨文化交际人才，跨文化交际的特点决定了商务汉语教学对中国社会、历史、文化知识等具有多方面的需求。

对于商务汉语中的文化要素应该包含哪些内容，学界看法不一。朱黎航（2003）认为，“作为一种跨文化经济交际的载体，商务汉语渗透了大量的中国文化因素和文化知识”。

（1）受中国传统文化的影响，商务汉语口语的话语表达方式含蓄委婉。比如这样的句子经常可以在中国商人口中听到，“看来我们成交的希望不大。”“如果这样，那我们就很难谈下去了。”“如果贵方肯让一步，说不定这笔生意还能成交。”许多欧美商人不习惯中国人的这种话语方式，听不懂其中的实际意思，即话语中的潜台词，反而觉得中国人吞吞吐吐，故意兜圈子，没诚意。

（2）商务汉语具有庄重文雅的语体风格。这种独特性是由于商务汉语与中华文化的紧密关系决定的。可以这么说，商务汉语口语庄重文雅的语体特点在很大程度上来自敬辞、婉辞、谦辞、套语等词汇的普遍运用。例如：

敬辞：贵、尊、令、惠、拜、光临、诸位、光顾、阁下、恭候等；

婉辞：方便、告便等；

谦辞：鄙、敝、见笑、哪里、冒昧等；

套语：久仰、恕、赏光、笑纳、幸会、见教等；

文言词汇：接风、洗尘、饯行等。

这些词汇在日常生活中用得不多，但在商务活动中使用得较为频繁，而且越是高规格的商务活动，使用得就越为频繁。与人交谈时，如能贴切地使用这些词，不仅能增进与谈话对象的感情，而且能表现出一个人的道德修养水平。

肖路（2007）认为，“中国商务文化是汉文化中的一部分，它包括中国本土的经营观念、管理方法、商业心理、从商者价值观等。教学中有必要对中国传统的世界观、价值观进行阐释，并对言语行为的文化特质以及交际中的非言语行为的文化特性的内容作研究。”

应该说，商务文化教学的内容既需要有表层的、较为狭义的中国现代商务文化，也应该有深层的、广义性的中国传统文化，相得益彰，缺一不可。

延伸阅读

1. 覃俏丽. 对外商务汉语中的文化因素及其教学. 现代语文（语言研究版），2009（8）.
2. 孙红，巩喜云. 国际商务汉语教学中的文化教学问题. 国际商务（对外经济贸易大学学报），2014（4）.
3. 肖路. 以任务为本的商务汉语教学刍议. 汉语国际推广论丛（第2辑）. 上海：华东师范大学出版社，2007.

4. 徐家祯. 基础语言课中语言教学与文化教学结合的问题. 世界汉语教学，2000（3）.

5. 朱黎航. 商务汉语的特点及其教学. 暨南大学华文学院学报，2003（3）.

6. Chostelidou, D. et al.（2012）. Multilingual Learning for Specific Purposes：Identifying Language Strategies, Awareness and Preferences. Procedia–Social and Behavioral Sciences, Volume 46.

7. Hsu, L.W. (2014). Effectiveness of English for Specific Purposes Courses for Non-English Speaking Students of Hospitality and Tourism: A Latent Growth Curve Analysis. *Journal of Hospitality. Leisure, Sport & Tourism Education*, Volume 15.

8. Johns, A. (2006). Languages for Specific Purposes: Pedagogy. *Encyclopedia of Language & Linguistics* (Second Edition).

9. Kareva, V. (2013). English for Specific Purposes: Public Administration and Political Sciences. Procedia–Social and Behavioral Sciences, Volume 70.

10. Liu, J.Y. et al. (2011). Is What I Need What I Want? Reconceptualising College Students' Needs in English Courses for General and Specific/Academic Purposes. *Journal of English for Academic Purposes*, Volume 10, Issue 4.

11. Nault, D. (2006). Going Global: Rethinking Culture Teaching in ELT Contexts. *Language, Culture and Curriculum*, 19 (3).

“观点碰撞”参与者

◎ 彭宗平：@萍ping踪，中国传媒大学教授，博士。曾在泰国、美国任教。

◎ 刘颂浩：@刘颂浩，北京大学教授，博士生导师，曾在斐济、美国和日本任教。

◎ 江新：北京语言大学教授，博士生导师，心理学博士。

◎ 方杰：北京外国语大学中文学院资深教师，曾在美国任教，曾任慕尼黑孔子学院中方院长。

◎ 张世涛：中山大学国际汉语学院副院长，曾任菲律宾亚典耀大学孔子学院中方院长。

◎ 施正宇，@桃李在天下，北京大学副教授，曾在美国、日本、西班牙等国任教。

◎ 刘弘：@hliu，华东师范大学对外汉语学院资深教师，博士。

◎ 鲍思冶：@国际学校鲍老师，国际学校资深教师，曾在中国香港、新西兰、越南和新加坡任教。

◎ 刘颖：@junmazaixian，山东大学国际教育学院副教授，曾在韩国、蒙古国任教。

◎ 王波：北京外国语大学中文学院资深教师，曾在韩国、马来西亚任教。

◎ 张京京：@北京外国语大学张老师，北京外国语大学中文学院教师，曾在韩国、德国任教。

◎ 马秀丽：中央民族大学国际教育学院教师，香港大学教育学院博士。

◎ 蒋楠：@京派对外汉语人－蒋楠，澳门科技大学国际学院教师，香港中文大学硕士，曾在美国任教。

◎ 孙岩：意大利罗马大学东方系博士，有丰富的汉语教学经历。

◎ 鞠慧：高等教育出版社资深编辑，北京大学硕士。

◎ 曹芳：@手里汉语_曹芳，资深对外汉语教师，2006年创立“手里汉语”品牌。

◎ 范红娟：@穆若清风Phoenix，重庆大学国际学院教师，北京大学硕士。

◎ 苏磊鑫：@白勺猫对外汉语，西北农林科技大学教师，南开大学硕士。

◎ 何一薇：北京外国语大学中文学院副教授，曾在韩国、丹麦和日本任教。

◎ 林琳：@水木倾城之恋，郑州大学副教授，曾在美国任教。

◎ 宋海燕：@淡然并超然，郑州大学副教授，北京大学硕士。

◎ 高永安：@凉夏记忆，中国人民大学文学院副教授，博士，曾在德国任教。

◎ 张璐：@芝糊_不是糊涂，中国人民大学文学院资深教师，博士，曾在以色列任教。

◎ 吴海燕：@北烟南，金陵科技学院副教授，毕业于北京外国语大学中文学院。

◎ 车溪：@蓝调的后花园，新加坡中学华文教师，北京大学硕士。

◎ 薛白：@Betty小白，美国威斯康辛大学麦迪逊分校教育学博士。

◎ 郑丽杰：@郑丽杰老师，资深HSK教师，寰语学院创始人。

◎ 刘志刚：@北语刘志刚，北京语言大学硕士，著有《麻辣汉语》，曾任教于多家机构。

◎ 曹丽梦：北京外国语大学中文学院硕士，曾任教于美国杜克大学项目。

◎ 曹丽媛：@媛本是吾，计算机专业毕业，现从事以使馆、高管为主的汉语教学工作。

◎ 陈园园：广东外语外贸大学对外汉语专业本科生，曾在印度尼西亚实习。

◎ 迟晓雪：澳大利亚汉语教师志愿者，北京外国语大学中文学院硕士。

◎ 邓馨：@邓朵拉，曾在泰国公立学校任教三年，目前就读于香港理工大学。

◎ 顾秋燕：@秋水_Chloe，北京大学康奈尔项目中文教师。

◎ 韩娟：孔子学院专职教师，曾在新西兰、阿尔巴尼亚从事汉语教学。

◎ 韩莎：@小糯米鹿，河北大学工商学院对外汉语专业学生。

◎ Helen Zhang：南京国际学校汉语教师。

◎ 贾泰宇：@泰宇在北京，澳大利亚汉语教师志愿者，北京语言大学硕士。

◎ 姜梦霞：@I寻Me，广东外语外贸大学汉语国际教育专业硕士。

◎ 姜书君：@君子不言书，北京外国语大学中文学院硕士。

◎ 金雄：韩国人，北京语言大学博士。韩国中学汉语教师。

◎ 江雪：北方学院教师，北京外国语大学中文学院硕士。

◎ 静静做功课：广东外语外贸大学硕士。

◎ 康菲：山东师范大学学生。

◎ 郎媛：@郎小芸芸，小学语文老师。

◎ 李芳慧：华侨大学学生，曾任菲律宾青少年学中文夏令营汉语教师。

◎ 李红叶：北京外国语大学中文学院硕士。

◎ 李青蔚：@博航特中学李青蔚，西南交通大学硕士，现在英国任教。

◎ 刘苗苗：@苗苗刘在路上，首都师范大学硕士。

◎ 刘潜楠：@森森不够二，河南平顶山学院对外汉语专业学生。

◎ 刘仙佑：@國際漢語教育__劉仙佑，澳门科技大学国际学院硕士。

◎ 刘悦：华东师范大学硕士。

◎ 马莉丽：@思密达新娘，现在韩国任教。

◎ 孟嘉君：北京外国语大学中文学院硕士。

◎ 聂丝：@浅瑭，澳门科技大学硕士在读，曾在南京从事对韩员工中文培训。

◎ 潘燕：@也之君，北京语言大学汉语国际教育专业硕士。

◎ 庞红波：@某某庞，苏州韩国学校教师，苏州大学硕士。

◎ 钱钦：福州外语培训师，毕业于南京工程学院，因热爱语言弃理从文。

◎ 邱洁：@芝麻豆妈，就读于复旦大学新闻系、MPA，曾在新加坡从事商务汉语教学，目前长居德国。

◎ 秋媛：@shun_papaya，任教于 Frontiers 中文学校。

◎ 沈冰：北京大学对外汉语教育学院硕士。

◎ 施仁娟：@云影在心，浙江理工大学文化传播学院讲师，博士。

◎ 隋桂滨：北京外国语大学中文学院硕士。

◎ 孙迪：@nobody 的 2015，辽宁中医药大学讲师。

◎ 陶冶：@筱晓桃，重庆大学汉语国际教育硕士、兼职汉语教师。

◎ 佟叶：北京外国语大学中文学院硕士，曾在泰国担任汉语教师志愿者。

◎ 王惠：@对外汉语惠惠王，香港中文大学硕士，曾在泰国任教。

◎ 王若木：Hofstra 大学外语教育硕士，Connecticut 中文学校教师。

◎ 王伟：@微汉语_David，中央民族大学汉语国际教育硕士。

◎ 王琤：@玩转汉语王琤，北京“玩转汉语”创始人，著有《HSK 规范教程》，曾在香港、英国任教。

◎ 王颖华：@小意答的花儿，兰州大学硕士，目前在泰国清莱大学任教。

◎ 吴梦冉：北京外国语大学中文学院硕士，现在意大利担任汉语教师志愿者。

◎ 向敏：@春兮散人，纽约大学外语教学硕士，有中小学和成人教学经验。

◎ 谢柳：@海花仔，现在韩国任教，烟台大学汉语言文学专业毕业。

◎ 熊晨晨：@熊晨晨 Bear，吉林师范大学硕士。

◎ 徐波：@davyhsu，湖北黄冈师范学院教师，现在巴巴多斯任教。

◎ 许雅琳：@ 汉语教学笔记，智利国际学校教师，毕业于北京语言大学。

◎ 阎卫：@wyan2000，留美硕士，业余汉语教师和中文学校教务长，现居美国。

◎ 杨珮：北京外国语大学中文学院硕士，曾在西班牙担任汉语教师志愿者。

◎ 杨依沐：澳大利亚汉语教师志愿者，北京外国语大学中文学院硕士。

◎ 杨翼瑄：@ 轩瑄，毕业于哈尔滨师范大学，目前就职于德国使馆学校。

◎ 袁紫阳：巴塞罗那孔子学院公派教师，北京外国语大学硕士，曾在墨西哥任教。

◎ 曾薇：@ 对外汉语曾老师，成都信息工程大学毕业，曾在印度尼西亚、新加坡任教。

◎ 张莱宴：华侨大学硕士。

◎ 张家莉：@ 現世貓妖，曾任柬埔寨孔子学院汉语教师志愿者，目前定居柬埔寨。

◎ 张思：@ 对外汉语－张小思，华北电力大学教师，北京语言大学硕士。

◎ 张晓明：北京外国语大学中文学院硕士。

◎ 张潇雪：@ 米线儿张，北京乐成国际学校教师，巴斯大学硕士在读。

◎ 张燕：兰州大学汉语国际教育硕士。

◎ 赵晗：@ 赵小晗扭了个腰，毕业于华东师范大学和纽约大学，现在纽约中学任教。

◎ 赵敏：北京外国语大学硕士。

◎ 周金川：@ 土豆和鸡，湖北科技学院学生。

◎ 朱定琳：@ 女女 513，毕业于中央民族大学，曾在泰国任教。

◎ 朱海丰：@ 勤奋的海龟，南京大学文学院硕士，曾在美国项目任教。

◎ 朱玺：西安外国语大学俄语专业毕业，曾在乌克兰和俄罗斯任教。

◎ 朱勇：@ 对外汉语朱勇，北京外国语大学中文学院副教授，博士，曾在日本、美国任教，曾担任罗马大学孔子学院中方院长。

◎ 邹桂娇：@littlepinkk，任教于泰国彭世洛皇家大学。

读者意见反馈

为收集对教材的意见建议，进一步完善教材编写并做好服务工作，读者可将对本教材的意见建议通过如下渠道反馈至我社。

咨询电话 0086-10-58581350

反馈邮箱 xp@hep.com.cn

通信地址 北京市西城区德外大街 4 号

高等教育出版社海外出版事业部（国际语言文化出版中心）

邮政编码 100120

图书在版编目（C I P）数据

国际汉语教学案例争鸣 / 朱勇主编. -- 北京 : 高等教育出版社，2015.8（2025.3 重印）
ISBN 978-7-04-042882-7

Ⅰ. ①国… Ⅱ. ①朱… Ⅲ. ①汉语－对外汉语教学－教案（教育）－研究 Ⅳ. ①H195.3

中国版本图书馆CIP数据核字(2015)第126469号

策划编辑 李 玮　　责任编辑 李 玮　　封面设计 赵 阳　　版式设计 张 楠
责任校对 李 玮　　责任印制 赵 佳

出版发行 高等教育出版社
社　　址 北京市西城区德外大街 4 号
邮政编码 100120
印　　刷 北京中科印刷有限公司
开　　本 787 mm×1092 mm　1/16
印　　张 25.5
字　　数 547 千字
购书热线 010-58581118
咨询电话 400-810-0598
网　　址 https://www.hep.com.cn
网上订购 https://mall.hep.com.cn
版　　次 2015 年 8 月第 1 版
印　　次 2025 年 3 月第 7 次印刷
定　　价 68.00 元

物 料 号 42882-A0